GW00672032

LAS VIDAS EN LAS QUE JESÚS Y BUDA SE CONOCIERON

UNA HISTORIA DE PODEROSOS COMPAÑEROS

GARY R. RENARD

Título original en inglés: THE LIFETIMES WHEN JESUS AND BUDDHA KNEW EACH OTHER.
Copyright ⊠ 2017 Gary Renard
Publicado originalmente en 2017 por Hay House Inc.

Título en castellano: Las vidas en las que Jesús y Buda se conocieron
Autor: Gary R. Renard
Traducción: Miguel A. Iribarren
Ilustración de portada: Rafael Soria

© para la edición en España, El Grano de Mostaza Ediciones
Primera edición en España: septiembre de 2017
Depósito Legal: B 18393-2017
ISBN: 978-84-946798-8-9

EL GRANO DE MOSTAZA EDICIONES
Carrer de Balmes 394 principal primera
08022 Barcelona
www.elgranodemostaza.com

LAS VIDAS EN LAS QUE JESÚS Y BUDA SE CONOCIERON

UNA HISTORIA DE PODEROSOS COMPAÑEROS

GARY R. RENARD

Al doctor Kenneth Wapnick.
No puedo ser tú, pero, como tú,
puedo ceñirme a la verdad.

Contenidos

Introducción 11
Una nota del autor sobre *Un curso de milagros:*
    lo que enseña y su relevancia para Jesús y Buda 15

Primera parte: antes de Cristo

    La escalera a la iluminación................................. 39
    Del sintoísmo a Lao-Tsé: primeras experiencias cumbre..... 53
    Una vida como hindúes....................................... 81
    Platón y sus amigos... 97
    Siddhartha y su hijo.. 115

Segunda parte: después de Cristo

    Las últimas vidas de J y Buda............................... 133
    Gnosticismo... 153
    J canalizado, 1965-1977:
        esta vez la verdad no será enterrada 171
    La importancia de la mente.................................. 221
    La escalera desaparece...................................... 265

Índice de referencias 285
Sobre *Un curso de milagros*.................................. 289
Sobre el autor 291

Introducción

El texto siguiente relata hechos verdaderos ocurridos entre octubre de 2013 y septiembre de 2016. A excepción de mi narración y algunas notas, estos hechos se presentan dentro del marco de un diálogo con tres participantes: Gary (ese soy yo) y Arten y Pursah, dos maestros ascendidos que se me aparecieron en carne y hueso. Mi narración no está señalada a menos que interrumpa el diálogo, en cuyo caso simplemente lo indico con la palabra *nota*. Las numerosas palabras que verás en cursiva corresponden a un énfasis por parte del orador.

No es absolutamente esencial creer que se produjeron estas apariciones de los maestros ascendidos para derivar beneficios de la información contenida en estos capítulos, y a mí, personalmente, no me importa lo que pienses. No obstante, puedo atestiguar que es extremadamente improbable que un lego como yo, sin educación superior, pueda escribir algo así sin la inspiración de estos maestros. En cualquier caso, dejo en tus manos, lector, pensar lo que desees sobre los orígenes del libro.

Aunque este es mi cuarto libro con Arten y Pursah, no es necesario haber leído los tres primeros, que componen la trilogía *La desaparición del universo,* para comprender y disfrutar este. Si eres nuevo con respecto a *Un curso de milagros,* que es una de las enseñanzas que aquí se comentan, encontrarás los conocimientos básicos que necesitarás para entenderlo en la nota que sigue a esta introducción. Las ideas contenidas en esa nota se ampliarán en los diálogos. Verás la relación que tienen con otras enseñanzas clásicas y serás introducido, si todavía no lo has sido, al concepto de la no dualidad.

Este libro no debe considerarse parte de la trilogía *La desaparición del universo*, en la que Arten y Pursah completan sus historias individuales y explican la interconexión entre tres de sus vidas pasadas, presentes y futuras. En último término, todas nuestras vidas están interconectadas, pero el enfoque de mis profesores se dirigió a estos tres periodos de tiempo por motivos didácticos. Asimismo explicaron cómo habían alcanzado la iluminación, que también puede describirse como el despertar del sueño que llamamos vida. Ese despertar, y cómo alcanzarlo, es uno de los principales temas del presente libro.

Uno de los aspectos por los que estos diálogos son únicos, y es la razón por la que este libro es algo aparte de los anteriores, es que Arten y Pursah han elegido enfocarse en otros dos amigos suyos, en cómo esos dos seres alcanzaron la salvación y en el hecho de que se conocieron e incluso se ayudaron en ciertos momentos históricos. Cuando me contaron esta revelación por primera vez, me resultó chocante. Me estoy refiriendo a Jesús y a Buda, aunque estos no eran sus verdaderos nombres.

Por favor, ten en cuenta que este libro no está destinado a ser una explicación pormenorizada de las disciplinas y tradiciones espirituales que aquí se comentan, sino una historia de cómo estos dos grandes maestros llegaron a ser quienes fueron.

En opinión de mis profesores, la manera más rápida de alcanzar la iluminación —no la única, pero sí la más rápida— puede hallarse en la obra maestra de la metafísica que ya he mencionado, *Un curso de milagros*, a la que en este texto nos referiremos como "el *Curso*" o "*UCDM*". Pero hay muchos paralelismos entre el *Curso* y las enseñanzas a las que Jesús (al que en este libro me referiré como "J", tal como he hecho en mis otros libros) y Buda se expusieron y que llegaron a vivir. A veces los corolarios son sorprendentes, de modo que aquí empleo citas del *Curso,* pero también de otros textos. En cualquier caso, es importante indicar que, hasta que las enseñanzas no se comprenden dentro del contexto del no dualismo puro, que más adelante explicaremos, no es posible mirar atrás y darse cuenta de que cada paso del camino ha sido necesario para llevarnos al siguiente.

Todos los caminos espirituales acaban llevando a Dios, y nunca es la intención de este autor menospreciar o invalidar el camino o la vía espiritual de los demás. Al mismo tiempo, no hacer concesiones es uno de los rasgos más importantes de *Un curso de milagros.* Sin dicho rasgo, el *Curso* sería como todo lo demás, y no habría habido necesidad de él. Por lo tanto, yo también me niego a hacer concesiones en cuanto a su mensaje, y creo sinceramente que J y Buda no lo querrían de otra manera.

Nótese que, cuando las palabras *Unicidad, Realidad, Guía, Verdad, Creador* o *Espíritu* aparecen con mayúscula, estas hacen referencia al nivel de la mente de Dios que está más allá de la idea de separación. Cuando estas palabras no llevan mayúscula inicial, incluida la palabra *unicidad,* hacen referencia a un nivel que aún no ha reconocido a Dios como la única Realidad. Como verás, esta es la diferencia entre el no dualismo y el no dualismo puro.

Si hay algún error en este libro, puedes estar seguro de que es mío y no fue cometido por mis profesores. Yo no soy perfecto, y este libro tampoco lo es. Pero creo que lo importante es el mensaje principal, y no los detalles. Ciertamente, muchos estudiantes son tan puntillosos con algunas frases de las enseñanzas que no pueden *ver* el mensaje; los árboles les impiden ver el bosque.

En definitiva, este libro aborda nada menos que la ascensión de la escalera que lleva a la iluminación, las distintas etapas por las que pasaron J y Buda en su ascenso por la escalera ilusoria y cómo podemos aprender de sus experiencias, y así ahorrarnos miles de años en nuestro propio camino espiritual.

Me gustaría dar las gracias a Hay House por lo bien que cuidan mis libros; a Cindy Lora-Renard, mi esposa, coprofesora y un alegre ejemplo de cómo vivir las enseñanzas, y a la maravillosa administradora de mi página web, Roberta Grace, por su importantísimo apoyo. Sin ellos, hacer este libro habría sido mucho más difícil. También me gustaría enviar desde aquí un saludo a William Shakespeare.

Además, quiero dar las gracias a mis amigos de la Fundación para la Paz Interior en Mill Valley, California, y a la Fundación para Un Curso de Milagros en Temécula, California, por sus décadas de importante trabajo gracias a las cuales *Un curso de milagros* está disponible para el mundo. Además de la mía, estoy seguro de que cuentan con la gratitud de millones de personas.

Gary Renard,
en algún lugar en la ilusión de California,
y no en la ilusión de California

Una nota del autor sobre
Un curso de milagros

Lo que enseña y su relevancia para Jesús y Buda

El propósito de esta nota es explicar algunos de los conceptos esenciales de *Un curso de milagros,* cómo se relacionan con el tema del no dualismo y, por tanto, cuál es su relevancia con respecto a la iluminación de maestros espirituales como Jesús y Buda. Esto facilitará al lector, experto o inexperto, la comprensión y el disfrute de las conversaciones de este libro.

Esta obra no está pensada para sustituir el *Curso* (como mencioné en la "Introducción", habitualmente nos referiremos a *Un curso de milagros* como "el *Curso*" o "*UCDM*"). Ni siquiera una comprensión verdadera y no dualista del *Curso,* que es poco común, da como resultado la iluminación. Esta solo se produce practicando y aplicando sus enseñanzas a la vida de cada día: a tus relaciones, a tus experiencias e incluso a los sucesos que ves en la televisión. Con esto en mente, prosigamos.

UCDM fue canalizado por una psicóloga investigadora que escuchó la Voz de Jesús. Su nombre era doctora Helen Schucman, y recibió una enorme cantidad de ayuda de su colega el doctor

William Thetford. Él mecanografiaba las palabras del *Curso* que Helen le leía de su cuaderno de taquigrafía. Los dos mantenían una relación tensa, y trabajaban en un entorno que Helen describió como "deprimente". Un día Bill le dijo a Helen que pensaba que debía haber "otra manera". Ella estuvo de acuerdo, y decidieron encontrarla juntos. Es evidente que el *Curso* surgió de esa decisión.

La histórica completa de *UCDM* es fascinante, pero larga, y ya se ha contado en varios libros. Dentro del marco de esta breve nota, mencionaré que a Helen le llevó siete años canalizar el *Curso,* pero continuó oyendo lo que ella llamaba "la Voz" al menos durante cinco años más. Helen también canalizó dos secciones que se añadieron al *Curso* posteriormente. Está claro que J nunca dejó de trabajar con ella. También está claro que, debido a esta continuidad, J fue el corrector del *Curso* de principio a fin. Corrigió los errores de Helen, principalmente en los primeros cinco capítulos de los treinta y uno que tiene el "Texto", y fue totalmente responsable de su consistencia a lo largo de medio millón de palabras. (Además del "Texto" principal, también hay un "Libro de ejercicios", que abarca 365 lecciones, y un "Manual para el maestro"). Por conveniencia y para su estudio posterior, se han anotado las citas del *Curso* en un índice que viene al final del libro.

Los otros tres protagonistas principales en la historia del *Curso* fueron el doctor Kenneth Wapnick, Judith Skutch Whitson y Bob Skutch. Junto con Helen y Bill, crearon la Fundación para la Paz Interior, que se convirtió en la editora del *Curso* en 1976. El doctor Wapnick fue, como mis profesores describen en *La desaparición del universo,* "el más grande de los profesores del *Curso*".

El volumen combinado —la tercera edición de *Un curso de milagros**— es la única edición que contiene en el mismo lugar

---

*   En este caso el autor se refiere a la edición inglesa. En la edición castellana los dos anexos se publican separadamente.

todos los escritos que la doctora Helen Schucman, su escriba, autorizó que fueran publicados. Y solo lo publica la Fundación para la Paz Interior, la organización que Schucman eligió en 1975 para este propósito. Este volumen combinado también incluye los anexos del *Curso* "Psicoterapia: propósito, proceso y práctica" y "El canto de la oración". Estos anexos son extensiones de los principios del *Curso,* y fueron dictados a Schucman poco después de haber completado *Un curso de milagros.*

UCDM es un curso de autoestudio; no es una religión. Aunque las personas se reúnen en grupos de estudio y fundan iglesias que según ellas están basadas en *UCDM,* finalmente el *Curso,* como la espiritualidad, está diseñado para producir una experiencia que no se encontrará en el mundo, sino en cierta manera de mirar al mundo. Esta experiencia viene de dentro.

Mi papel como estudiante del *Curso* durante los últimos veinticuatro años es el de clarificarlo y explicarlo de tal modo que los estudiantes puedan aplicarlo. Solo puedo hacer esto gracias a mis profesores. No habría sido capaz de entender *UCDM* si no hubiera contado con mucha ayuda.

La repetición ingeniosa forma parte del estilo del *Curso.* Sería imposible aprender el *Curso* sin que este expresara sus ideas una y otra vez. Así es como se aprende el sistema de pensamiento que posibilita la clase de verdadero perdón que propone el *Curso.* En este libro encontrarás repeticiones, así como algunas de las cosas que ya se han dicho en mis otros libros, y, si las usas, te ayudarán a cumplir el propósito que tienen asignado. La repetición no solo es aceptable en la enseñanza y el aprendizaje del *Curso;* de hecho, es obligatoria. El planteamiento del *Curso* consiste en deshacer el falso tú al que llamamos el *ego,* lo que lleva a la experiencia de tu Divinidad. Comentaremos esto en breve, pero antes queremos señalar que hay una diferencia entre la espiritualidad real y lo que el movimiento de la autoayuda ha llegado a aceptar como espiritualidad durante las últimas décadas.

No es mi intención menospreciar el movimiento de autoayuda. No soy un hipócrita. La autoayuda me ha sido muy útil en mi vida. Simplemente conozco la diferencia entre la autoayuda y la auténtica espiritualidad, y lo que mis profesores me ofrecen es la segunda.

El movimiento de autoayuda guarda relación con conseguir lo que quieres, hacer que ocurran cosas en el mundo, atraer hacia ti cosas que están fuera de ti y alcanzar tus objetivos. Este planteamiento se basa en una premisa falsa. La premisa es que, si consigues lo que quieres, te hará feliz. Lo cierto es que, si consigues lo que quieres, te sentirás bien durante un breve tiempo, y después querrás alguna otra cosa. Es como el palo y la zanahoria, diseñados por el ego. El sistema de pensamiento del ego se basa en la idea de separación: la idea de que, de algún modo, nos hemos separado de nuestra Fuente, que es Dios, así como unos de otros. Y si tu felicidad y tu paz mental dependen de lo que ocurra en este mundo, tienes un problema, porque de lo único que puedes estar seguro en este mundo ilusorio del ego es de que cambiará. Eso es lo que el mundo hace. Es evanescente y transitorio, y en el mejor de los casos solo ofrece una satisfacción temporal.

Pero, ¿qué pasaría si no importara lo que ocurre en el mundo? Esto es una herejía para el ego, pero ¿qué pasaría si realmente no importase? ¿Qué pasaría si pudieses ser feliz, sentirte fuerte y mostrarte pacífico independientemente de lo que ocurra en el mundo? Eso sería verdadero poder. Sería verdadera fuerza y libertad, sería verdadera espiritualidad.

He enseñado en cuarenta y cuatro estados de Estados Unidos y en treinta países del mundo durante catorce años y, a partir de las muchas preguntas que se me han planteado, no he podido evitar notar que hay un tremendo sentimiento de escasez en todas partes. La gente trata de remediar esa escasez en el nivel de la forma —en lo que podríamos denominar la pantalla que creemos que es nuestra vida— y consigue cosas que cree que de algún modo borrarán la sensación de carencia, como objetos materiales o una relación. Sin embargo, buscan en el lugar equivocado. La carencia está dentro, no fuera, y no está causada por lo que la mayoría de la gente cree. Tal como dice *Un curso de milagros,* "la única carencia que realmente necesitas corregir es tu sensación de estar separado de Dios".[1]

He dicho que el ego es el falso tú, pero hay otro tú: el tú real. El tú real es algo que no tiene nada que ver con este mundo o con el cuerpo. Tu cuerpo es simplemente un símbolo de separación. El tú real es inmortal, invulnerable, constante e inmutable, inseparable y pleno; algo que no puede ser tocado por nada de este mundo, que no puede ser amenazado en modo alguno.

Es de esto de lo que habla el *Curso* cuando empieza diciendo: "Nada real puede ser amenazado".[2] Se refiere al verdadero tú. Y cuando dice: "Nada irreal existe",[3] habla de todo lo demás, de cualquier cosa que no sea este yo inmortal, inmutable e invulnerable. Por eso el *Curso* es un sistema de pensamiento espiritual puramente no dual. Dice que, de los dos mundos, el mundo no visto de Dios y el mundo visto falsamente del ser humano, solo el de Dios es verdad, y nada más es verdad.

El mundo de Dios no se puede ver con los ojos del cuerpo, excepto de vez en cuando en símbolos temporales, porque el cuerpo representa un límite para la conciencia. Sin embargo, tu perfecta unicidad con tu Fuente puede ser *experimentada.* Incluso mientras pareces estar en un cuerpo, es posible experimentar el verdadero tú. Y la experiencia espiritual es muy importante. De hecho, es lo único que te hará feliz. Las palabras no te harán feliz; mis palabras no lo conseguirán. Como dice el *Curso,* "[...] las palabras no son más que símbolos de símbolos. Por lo tanto, están doblemente alejadas de la realidad".[4] Y si te pones a pensar en ello, ¿cómo podría un símbolo de un símbolo hacerte feliz? ¿Cómo podría hacerte sentir lleno, pleno, completo y satisfecho? Ni siquiera una descripción del mundo de Dios lo conseguiría. Siguen siendo únicamente palabras. Pero una experiencia de la realidad, una experiencia de lo que realmente eres y de dónde estás realmente, te hará feliz porque te llenará y será plena, completa y satisfactoria.

Los gnósticos llamaron *gnosis,* que significa 'conocimiento', a esta experiencia directa de Dios. Pero no significa conocimiento intelectual o información. Cuando el *Curso* emplea la palabra *conocimiento,* a menudo usa la "C" mayúscula porque, como la palabra *gnosis,* se refiere a la experiencia directa o Conocimiento de Dios.

¿Cómo llega uno a esta experiencia que se lleva por delante todo lo que el mundo tiene que ofrecer? Esto se consigue deshaciendo el ego. Como *UCDM* dice sucintamente, "la salvación es un deshacer".[5] Y este es un planteamiento brillante porque, si realmente puedes llevarlo a cabo, si puedes deshacer completamente el falso tú, entonces, finalmente, lo único que queda es el verdadero tú. ¡Y no tienes que hacer nada con respecto al verdadero tú! El tú real ya es perfecto; ya es exactamente lo mismo que su Fuente. Para experimentar esta perfección, lo que tienes que hacer es retirar el ego de tu mente inconsciente: los muros de separación que te impiden experimentar esta perfección. El *Curso* te lleva a realizar un proceso que deshace el falso tú, que cree equivocadamente que ha asumido una identidad personal e individual, una existencia separada de Dios. Como veremos a lo largo de este libro, esto no es algo que puedas hacer por ti mismo.

La descripción anterior suscita otra pregunta: ¿cómo desempeñas tu parte en el deshacimiento del ego? Esto se consigue mediante cierto tipo de perdón, que no es el tipo de perdón en el que piensa la mayoría de la gente del mundo, si es que piensa en el perdón. El perdón tradicional hace que el mundo ilusorio sea real en tu mente, y por tanto conserva al mundo y al ego intactos en ella.

Hay personas que enseñan que deberías "hacerte amigo de tu ego". Pero tengo noticias para ellas. Al ego no le interesa ser tu amigo. Tu ego quiere matarte. Porque, si puedes ser herido o morir, entonces eres un cuerpo. Y si eres un cuerpo, todo el sistema de pensamiento de separación del ego es verdad. En realidad, lo único que puedes hacer con tu ego es deshacerlo. *Un curso de milagros* consiste en deshacer el ego, o el falso tú que ha llegado a identificarse con el cuerpo y la separación. Pero el verdadero tú no tiene nada que ver con el ego o la separación. El *Curso* dice en muchas ocasiones: "No soy un cuerpo. Soy libre. Pues aún soy tal como Dios me creó".[6] Y Dios te creó para ser exactamente como Dios, igual que tu Fuente para siempre, eternamente en un estado de unicidad.

Esta existencia aparentemente separada en realidad es un sueño. La enseñanza de que el mundo y el universo son una ilusión tiene miles de años de antigüedad, pero el *Curso* la refina y la acerca a la idea de que este mundo es un sueño del que despertarás, y ese despertar *es* la iluminación. A esto se refería Buda cuando dijo: "Estoy despierto". Actualmente, la mayoría de los estudiantes de espiritualidad piensan que, cuando Buda dijo "estoy despierto", se refería a que se sentía increíblemente alerta y preparado para manifestar al máximo. Ciertamente, esto es lo que pasa por ser iluminación en la mayor parte de la espiritualidad de nuestros días. Pero Buda no se refería a que estaba más despierto *en* el sueño, sino a que había despertado *del* sueño. Y esta no es una distinción menor. Lo es todo. Buda se dio cuenta de que él no era el sueño, sino el *soñador*. En realidad no estaba en el sueño en absoluto. El sueño venía de él, y él no era un efecto del sueño, sino su causa.

Por eso *UCDM* es completamente relevante para J y para Buda. No puedes alcanzar la iluminación sin que antes se produzca un cambio total por el que pasas de ser un efecto del sueño a ser el soñador, a ser la causa del sueño. Entonces es cuando se vuelve posible despertar. Y, para hacer *eso,* el ego, que te mantiene bloqueado en un estado onírico de separación, tiene que irse.

No podemos despertar de este sueño sin la ayuda que nos llega procedente de fuera del sueño, de fuera del sistema. Veamos una analogía que me gusta utilizar: digamos que tienes una hija de tres años y ella está en la cama por la noche, soñando. Echas una mirada para ver cómo se encuentra y te das cuenta de que tiene una pesadilla: da vueltas y más vueltas, y tiene una expresión inquieta en la cara. ¿Qué haces? No vas y la zarandeas con energía, porque eso podría asustarla todavía más. De modo que, tal vez intuitivamente, te sientas al lado de su cama y le susurras. Podrías decirle con suavidad algo como: "Oye, solo es un sueño. No te preocupes. Lo que estás viendo no es verdad. De hecho, tú lo has inventado, y después te has olvidado de que lo inventaste. Pero estás viéndolo con tu mente". Y, si piensas en ello, ¿con qué está viendo su sueño ella? ¡Tiene los ojos cerrados! Y sigues susurrándole; le dices, por ejemplo: "Todo está bien. Estoy aquí contigo y voy a cuidarte". Entonces ocurre algo interesante. Tu hija puede empezar a oír tu voz en el sueño. Es posible oír la verdad en el sueño. La verdad no está *en* el sueño nunca, pero puede ser oída en el sueño. Y, si tu hija escucha la voz correcta, en lugar de la voz que habla de la realidad del sueño, empieza a relajarse. Tal vez comience a pensar que ese sueño que ella creía tan importante en realidad no es para tanto. Entonces, cuando está preparada para despertar sin miedo, despierta. Y cuando despierta, se da cuenta de que nunca ha salido de la cama. Ha estado allí en todo momento. No era que la cama no estuviera allí, sino simplemente que estaba fuera de su *conciencia*.

Y cuando esta mañana despertamos de los sueños que tuvimos en la cama por la noche, solo despertamos a otra forma de sueño. *Un curso de milagros* dice: "En Dios estás en tu hogar, soñando con el exilio, pero siendo perfectamente capaz de despertar a la realidad".[7] Y dentro de *este* sueño, que no es la realidad, el Espíritu Santo nos susurra el mismo tipo de cosas que nosotros podríamos susurrar a una niña de tres años que tuviera un mal sueño en la cama por la noche. Ahora mismo el Espíritu Santo nos está diciendo: "Oye, solo es un sueño. No te preocupes. Lo que ves no es verdad. De hecho, tú lo has fabricado, y después te has olvidado de que lo hiciste tú. Pero estás viéndolo con tu mente". El *Curso* nos dice que estamos "repasando mentalmente lo ocurrido".[8] Además, hace una afirmación que no admite transigencias: "Estás soñando continuamente".[9]

Si este sueño parece mucho más real que los que tenemos en la cama por la noche, se debe a los niveles. En el Cielo no hay niveles ni diferencias, solo perfecta Unicidad. Pero el mundo del ego está lleno de niveles y diferencias. Es un truco para hacernos creer que, como este sueño parece mucho más real que los nocturnos, debe ser la realidad. Sin embargo, incluso muchos físicos de nuestros días te dirán que el universo tiene que ser una ilusión; no es posible que esté aquí. Algunos se están convenciendo de que todo esto es una simulación. Pero, independientemente de cómo quieras llamarle, el hecho es que sueñas que naces, sueñas que tienes esta extraña vida, sueñas que mueres, sueñas que tienes un periodo entre vidas, sueñas que vuelves a nacer y así sucesivamente. Nuestras vidas son como sueños en serie que se producen uno tras otro, de modo que siempre estamos en un estado irreal. La *forma* de los sueños parece cambiar, pero el *contenido* siempre es el mismo: separación. El *Curso* enseña que este es un estado irreal, y en un estado de irrealidad y confusión siempre hay ansiedad subyacente, sea consciente o no. Sin embargo, si estamos dispuestos a escuchar la Voz adecuada que habla de la realidad del Espíritu, en lugar de la voz del ego que habla de la realidad del sueño, empezamos a relajarnos. Tal vez comencemos a darnos cuenta de que lo que parecía tan importante en el sueño en realidad no era gran cosa. Tal vez haya una realidad mayor que esté más allá del sueño, y sin embargo presente por doquier. No es que no esté ahí; simplemente está fuera de nuestra conciencia. Por eso el *Curso* habla de "despejar los obstáculos que impiden experimentar la presencia del amor, el cual es tu herencia natural".[10] Tu herencia natural es nada menos que el Reino del Cielo, y no tienes que ganártela; te la regaló Dios. No tienes que ganarte un regalo, pero, si crees estar aquí, tienes que despertar a él. Me encanta la pregunta que el *Curso* nos plantea: "¿De qué otra forma puedes encontrar dicha en un lugar desdichado excepto dándote cuenta de que no estás en él?".[11]

El *Curso* es una enseñanza muy GRANDE, no la pequeña enseñanza que retratan la mayoría de sus profesores. El Espíritu Santo nos guía a despertar, no a ser mejores individuos, sino a ser la TOTALIDAD, nada menos que a ser Uno con Dios. Y esto no ocurre de la noche a la mañana. Pasamos por un proceso. El Espíritu es una forma de vida más elevada que ser un cuerpo. Tienes que estar preparado para esta forma de vida más elevada, porque de otro modo el despertar te daría demasiado miedo. Tal como la mariposa pasa por el proceso de ser oruga, nosotros también lo hacemos a fin de despertar a lo que realmente somos. Lo que facilita esa metamorfosis es que el Espíritu Santo nos enseña cierto tipo de perdón. El *Curso* nos dice: "El perdón es el eje central de la salvación, pues hace que todos sus aspectos tengan una relación significativa entre sí, dirige su trayectoria y asegura su resultado".[12]

Hay tres pasos básicos que componen el tipo de perdón del Espíritu Santo. Practicarlos con determinación acaba dando como resultado lo que el *Curso* llama Visión, y te conducirá inevitablemente a despertar del sueño de la dualidad y de los opuestos.

Podemos empezar a hacer lo que *Un curso de milagros* dice que es necesario para la salvación de "la Filiación", cuyo significado incluye a todas las personas y cosas que parecen existir. J dice: "De esta manera la forma de pensar del mundo se invierte por completo".[13] Haces tu parte en la salvación —y esa es tu única responsabilidad en todo este lío en el que parecemos encontrarnos— practicando la forma única de perdón que enseña el *Curso*. Tú no tienes que salvar al mundo. Ese es el trabajo del Espíritu Santo. Tu trabajo consiste en *seguir* al Espíritu Santo, en lugar de tener que ser el jefe. Ahora bien, si te dedicas a lo que te toca, no tienes por qué decir a nadie que tú no eres el jefe, aunque en tu mente sepas quién es el verdadero líder. Muchas personas piensan que Jesús fue el líder supremo, pero lo cierto es que fue el seguidor supremo. En el *Curso*, él dice que solo escuchó una Voz. Esta es la Voz que el *Curso* describe sabiamente como "la Voz que habla por Dios",[14] el Espíritu Santo, más que la Voz de Dios. Dios no interactúa con el mundo porque Dios es perfecta Unicidad, y deberíamos sentirnos felices de que Dios no sea responsable de este mundo. Si lo fuera, estaría tan loco como nosotros. Pero, como Dios sigue siendo Perfecto Amor, como dicen tanto la Biblia como el *Curso,* eso nos da un hogar perfecto al que regresar.

En este sueño, el Espíritu Santo puede ver y ve nuestras ilusiones, pero sin creer en ellas. Aprendemos a pensar como el Espíritu Santo siguiendo su consejo de perdonar, y así despertamos al Espíritu. Para hacer esto, los primeros pasos requieren disciplina, el tipo de disciplina que es necesaria para hacer una elección a la que no estás acostumbrado cuando las cosas se ponen difíciles.

Como ejemplo personal, imaginemos que conduzco por la autopista en Los Ángeles, donde vivo, y alguien se cuela en mi carril sin previo aviso y me obliga a frenar en medio del tráfico. Todos sabemos que conducir saca a relucir lo mejor de las personas, y justo en ese momento tengo que hacer una elección entre dos interpretaciones de lo que estoy viendo. Puedo pensar con el ego y hacer lo que hace la mayoría de la gente: juzgar y tal vez incluso reaccionar (un gran error). Si tengo un mal día y me siento muy molesto, es posible que le haga un gesto despectivo mostrándole mi dedo. Esto puede generar todo tipo de problemas. ¿Y si la persona tiene un arma de fuego? Yo podría morir, y no es que haya nada malo en el hecho de estar muerto. Después de todo, cuando el cuerpo parece detenerse y morir, la mente sigue adelante, de modo que en realidad nunca estás "muerto". Pero, si quieres seguir haciendo cosas aquí, *puedes hacer* otra elección.

En lugar de reaccionar con el ego, puedo detenerme. Esto no resulta fácil porque va en contra de todo lo que me han enseñado desde que tengo memoria. Detenerse es particularmente difícil para los hombres. Los hombres tenemos un problema llamado testosterona. Si me empujas, te devuelvo el empujón. Esto forma parte del sistema. Los hombres empezamos guerras. Parece que la mitad de nosotros no sabemos hacer nada constructivo. Sin embargo, es posible hacer otra elección. Puedo darme cuenta de que estoy empezando a pensar con el ego y detenerme. Este es el primer paso del verdadero perdón, y es el más duro. Dar este primer paso de manera consistente exige una decisión firme de cambiar y un esfuerzo determinado por adoptar el hábito de pensar con el Espíritu Santo y no con el ego.

Una vez que has aprendido a detener esta reacción del ego dentro de ti, lo que requiere el tipo de disciplina y entrenamiento mental que se enseña en las lecciones del "Libro de ejercicios" del *Curso,* puedes dar el siguiente paso del perdón. Al final los tres pasos se funden en uno, y los integrarás en un hábito sin tener que pensar mucho en los pasos separados. Simplemente *sabrás* la verdad y pensarás de acuerdo con ella. Esto es muy parecido al concepto zen de *saber* algo directamente, sin recurrir al razonamiento. Ahora bien, al principio es esencial aprender y practicar los pasos para saber lo que estás haciendo, para saber entre qué estás eligiendo. Así es como estos pasos llegan a ser parte de ti, y sabrás que forman parte de ti cuando eches de menos el perdón si *no* lo practicas. Una de las razones por las que puedes llegar a echarlo de menos es que sabes que eres tú quien se beneficia al practicarlo.

Si puedes dejar de reaccionar con el ego, puedes dar el segundo paso y empezar a pensar con el Espíritu Santo. Esto requiere lo que el *Curso* denomina "un Instante Santo". Es el instante en que pasas de pensar con el ego a pensar con el Espíritu Santo. Ahora has hecho la elección adecuada. Y, te guste o no, siempre estás eligiendo. No puedes pensar a la vez con el ego y con el Espíritu Santo. Representan dos sistemas de pensamiento completos y mutuamente excluyentes. Elegir sabiamente te llevará a tener una experiencia de vida completamente distinta. Incluso podría llevarte a un desenlace mejor, pero eso solo es un efecto. Nosotros nos enfocamos en la causa. Si puedes encargarte de la causa, el efecto cuidará de sí mismo. El ego te ha estado diciendo que lo que ves es real, que el cuerpo es real, que tienes un problema real del que tienes que ocuparte, con personas reales en un mundo real. El Espíritu Santo te cuenta una historia totalmente diferente: lo que estás viendo no es verdad.

Además de describirlo como un sueño, el *Curso* también describe el mundo ilusorio del ego como una proyección procedente de tu propia mente inconsciente. Como no puedes ver tu inconsciente, no puedes ver que la proyección procede de ti. Has proyectado cuerpos y un trillón de formas de separación. Pero las personas no son cuerpos; siguen siendo perfecto espíritu que está en casa en Dios. Ahora bien, esto lo has olvidado. El *Curso* te pregunta: "¿Qué pasaría si reconocieses que este mundo es tan solo una alucinación? ¿O si realmente entendieses que fuiste tú quien lo inventó? ¿Y qué pasaría si te dieses cuenta de que los que parecen deambular por él, para pecar y morir, atacar, asesinar y destruirse a sí mismos son totalmente irreales?"[15] Finalmente te sería completamente imposible reaccionar al mundo como lo hacías antes y, al elegir al Espíritu Santo, darías el segundo de los tres pasos para despertar al espíritu en ti. El *Curso* enseña: "El término *mente* se utiliza para representar el principio activo del espíritu, el cual le suministra a este su energía creativa".[16] Al elegir el espíritu, lo activas en tu propia mente. El *Curso* también enseña que los milagros "curan porque niegan la identificación con el cuerpo y afirman la identificación con el espíritu".[17]

En *Un curso de milagros,* el "milagro" es el tipo de perdón que estoy describiendo: un perdón que viene de situarte en la causa y no en el efecto, un perdón en el que dejas de ser una víctima y empiezas a ser responsable de tu propia proyección. Los nativos norteamericanos solían decir: "Contempla el gran misterio". *Un curso de milagros* dice: "Contempla la gran proyección",[18] porque eso es lo único que es el universo de tiempo y espacio. Como algunas disciplinas han enseñado durante miles de años, todo ello es una ilusión. Es posible que no puedas ver de dónde viene la proyección, pero puedes deshacer cualquier efecto que la proyección tenga en ti retirando tu creencia en ella, que es lo que le da poder sobre ti.

El sueño no es soñado por nadie más. No hay nadie más, solo la proyección. Si alguien o algo en este mundo tiene el poder de hacerte daño, es porque tú le has dado ese poder. Ahora es el momento de recuperarlo y de situar el poder de la creencia en su justo lugar: en Dios. Con el tiempo, esto lo cambia todo. El *Curso* dice: "Los milagros son hábitos".[19] Tu mente está siendo reentrenada para perdonar en lugar de juzgar.

Y en cuanto a tu experiencia, puedes llegar a un punto en el que el mundo no pueda herirte. Como dice el *Curso* con respecto al perdón del Espíritu Santo, "dicha paz no permite que nada que no proceda de Dios te afecte. Este es el uso correcto de la negación".[20] Al situarte en la causa en lugar de en el efecto, inviertes el pensamiento del mundo. Ahora el perdón está justificado. Si todo este mundo es real, entonces el perdón no está justificado. Pero si se trata de una proyección tuya, el perdón está totalmente justificado. Cuanto más te acostumbras a contemplar que el mundo no viene hacia ti, sino que viene de ti, más imposible se vuelve reaccionar a él como antes, y cada vez te das más cuenta de que estás soñando.

En 2003, poco después de la publicación de mi primer libro, *La desaparición del universo*, puse en marcha un grupo de estudio sobre mi libro y sobre *Un curso de milagros* en Yahoo. Ha seguido adelante hasta convertirse en el mayor grupo de estudio del *Curso* del mundo. En él hemos acuñado la frase "oportunidades de perdonar". Empezamos a llamarla JAFO, acrónimo de "just another forgiveness opportunity" ("tan solo otra oportunidad de perdonar"). Esta frase nace del hecho de que, mientras parezca que estás aquí, siempre habrá oportunidades de perdonar. Sin embargo, es posible llegar a un punto en el que estas oportunidades de perdonar no te afecten. Cuando al fin llegue ese momento en tu camino espiritual, las oportunidades de perdonar resultarán menos gravosas y tu perdón será cada vez más automático, lo que conlleva grandes cambios en la experiencia.

En mis talleres, a menudo se me plantean diversas preguntas con respecto a qué significa el *Curso*, y suelo empezar diciendo que la mejor manera de saber qué significa el *Curso* es fijarse en lo que dice. Es posible que esto parezca evidente, pero el *Curso* dice muchas cosas que la gente no quiere escuchar y hay una enorme resistencia psicológica a entenderlo. Por ejemplo, dice: "¡El mundo no existe! Este es el pensamiento básico que este *Curso* se propone enseñar".[21] La mayoría de la gente no quiere escuchar esto. La mayoría de la gente quiere el mundo, y desea las cosas del mundo hacia las que se siente atraída, y al mismo tiempo espera que no le pasen cosas malas, o al menos no *demasiado* malas. Sin embargo, el *Curso* también dice (con la Voz del *Curso,* Jesús, hablando en primera persona): "Te pedí una vez que vendieses todo cuanto tuvieses, que se lo dieses a los pobres y que me siguieras. Esto es lo que quise decir: si no inviertes tu atención en ninguna de las cosas de este mundo, puedes enseñarle a los pobres dónde está su tesoro. Los pobres son sencillamente los que han invertido mal, ¡y vaya que son pobres!".[22] Aquí el *Curso* habla de tu inversión psicológica. Sus enseñanzas siempre atañen al nivel de la mente, no al nivel físico. Te preparas para volver a casa deshaciendo el ego y dejando gradualmente que el Espíritu Santo se convierta en la fuerza dominante en tu mente y, al final, en la única fuerza que existe en tu mente.

El mundo en el que una vez creímos es un sueño, y nada más. William Shakespeare, que según mis profesores estaba iluminado, acertó de lleno cuando escribió estas palabras en *La tempestad:*

Parecéis como emocionado, hijo mío;
dijérase que algo os conturba. Tranquilizaos, señor.
Nuestros divertimientos han dado fin. Esos actores,
como os había prevenido, eran espíritus todos y
se han disipado en el aire, en el seno del aire impalpable;
y a semejanza del edificio sin base de esta visión,
las altas torres cuyas crestas tocan las nubes, los suntuosos palacios,
los solemnes templos, hasta el inmenso globo,
sí, y cuanto en él descansa, se disolverán,

y lo mismo que la diversión insustancial que acaba de desaparecer,
no quedará rastro de ello. Estamos tejidos de idéntica
tela que los sueños, y nuestra corta vida
no es más que un sueño.

Estas palabras encajan muy cómodamente en el texto de
UCDM. El *Curso* conduce a soñar lúcidamente a todo un nuevo
nivel. Finalmente te das cuenta de que estás soñando. Cada oportunidad de perdonar es igualmente perdonable. Empiezas a rela-
jarte. La verdadera paz mental es tuya. Paradójicamente, ahora
funcionas mejor en el sueño porque puedes pensar con más claridad, y cuentas con la guía y la inspiración del Espíritu Santo.

Repasemos el primer paso del perdón: ¡puedes darte cuenta
de que estás pensando con el ego y detenerlo! Esto requiere disciplina, porque el ego es muy listo y se le ocurrirán mil maneras
de convencerte de que tú y los demás sois cuerpos, lo cual da
realidad a toda la situación. Por otra parte, el Espíritu Santo te
brinda otra identidad completamente distinta que quiere que tú
recuerdes: "No soy un cuerpo. Soy libre. Pues aún soy tal como
Dios me creó".[23] Esto también es aplicable a los demás. El segundo paso del perdón implica entender que lo que estás viendo
no es verdad, y tienes que hacer el cambio para pensar con el
Espíritu Santo en lugar de pensar con el ego.

Si llegas hasta aquí, el Espíritu Santo te dará las ideas de la
mente recta de la que habla el *Curso,* que podrás aplicar ópti-
mamente a la situación o evento en el que estés involucrado. O
bien es posible que no tengas que pensar en absoluto. Es posible que simplemente te sientas en paz.

Al final, a medida que el ego se deshace y el Espíritu Santo
comienza a dominar tu mente, podrás oír con más claridad sus
mensajes y su inspiración. Incluso es posible que recibas res-
puestas a cuestiones prácticas sobre cómo proceder en tu vida
ilusoria. Una vida vivida con el Espíritu Santo es una experiencia
totalmente distinta de una vida vivida con el ego. Ahora nunca
estás solo, aunque seas la única persona en la habitación.

Tu mente inconsciente lo sabe todo. Tendría que saberlo, porque es de donde procede originalmente toda la proyección del universo de espacio y tiempo. Y si lo sabe todo, sabe que en realidad solo hay uno de nosotros. Y si sabe que solo hay uno de nosotros, interpretará lo que pienses del mundo o de las demás personas como si en realidad lo pensaras de *ti*. Este es un pensamiento aleccionador. Las personas se preguntan por qué están deprimidas, pero basta con ver la basura que han pensado sobre los demás durante toda su vida. No se dan cuenta de que la basura vuelve a ellos, de que determina cómo se van a sentir consigo mismos, ¡e incluso de que establece su propia identidad tal como la ven y consideran! Así, otro aspecto importante del segundo paso del perdón consiste en entender que estás perdonando a la otra persona no porque realmente haya hecho algo, sino porque en realidad no ha hecho nada, porque, para empezar, eres tú el que te la has inventado. De modo que estás perdonando a esa persona porque en realidad no ha hecho nada. Por eso es inocente. Este tipo de perdón lleva a cambiar la imagen que tienes de ti mismo. Si los demás son culpables, tú eres culpable. Pero, si los demás son inocentes, tú eres inocente. No hay modo de evitarlo. Esto se debe a una ley muy importante de la mente que se articula en *UCDM*: "Tal como le consideres a él, así te considerarás a ti mismo".[24]

Sin embargo, al mismo tiempo es vital que *no te detengas ahí*, como hacen muchos estudiantes. Hay una parte muy importante de este proceso que la mayoría de la gente nunca toma en consideración. Si es cierto que tal como le veas a él te verás a ti mismo, y si vas por la vida pensando que el mundo y las personas solo son ilusiones, tu mente interpretará que esto significa que *tú* mismo eres una ilusión. Eso te hará sentir vacío y sin significado, lo cual es una buena descripción de la depresión. Pero *Un curso de milagros* es mucho más proactivo de lo que la mayoría de la gente llega a darse cuenta. No se limita a describir el sistema de pensamiento del ego, que es el de la mayor parte del mundo, sino que reemplaza completamente el sistema de pensamiento del ego por el del

Espíritu Santo. De modo que es imperativo que combines el tercer paso del perdón con los dos primeros.

El mayor error de los estudiantes de *Un curso de milagros,* así como de otros estudiantes de espiritualidad, en lo tocante al perdón es que no lo llevan hasta el final. Su perdón es demasiado limitado. Esto trae a colación el tercer paso del perdón, que se basa en la Unicidad del Espíritu, en lugar del caos de un mundo inestable y aparentemente separado. Esto es visión espiritual. Aprendes a ver como ve el Espíritu Santo y así contactas con lo que realmente eres. El Espíritu Santo ve el amor y la inocencia del Espíritu por todas partes. De hecho, el *Curso* dice: "Dondequiera que mira, se ve a SÍ Mismo".[25] Así, el tercer paso es lo que mis profesores llaman la *visión espiritual,* y lo que el *Curso* describe no solo como Visión, sino como verdadera percepción. La manera de cambiar tu experiencia, y en último término lo que crees que es tu identidad, es cambiar tu forma de pensar con respecto a las demás personas y tu forma de identificarlas. Como nos dice el *Curso* en la última sección del "Texto": "Elige de nuevo lo que quieres que él sea, recordando que toda elección que hagas establecerá tu propia identidad tal como la has de ver y como creerás que es".[26] Por esta razón es vital recordar que el Espíritu Santo no piensa en términos de separación. El Espíritu Santo piensa en términos de la totalidad y la Unicidad del Espíritu. La visión espiritual involucra tu manera de pensar. Con la visión espiritual *pasas por alto* el cuerpo, así como la idea de individualidad, y piensas fuera de lo establecido. Piensas en esa persona no como *parte* del todo, sino como la totalidad misma.

Es posible mantener una conversación normal con alguien y al mismo tiempo reconocer en tu mente lo que esa persona realmente es, que es perfectamente Una con Dios, y dónde está realmente, en la perfecta unicidad del Cielo. Y si piensas de esta manera con respecto a los demás con la suficiente frecuencia y durante el suficiente tiempo, finalmente no podrás evitar experimentar que eso es lo que tú realmente eres y donde realmente estás. Así es como funciona la mente. Así es como Jesús entró en contacto con su propia Divinidad. Así fue como Buda despertó del sueño. Así es como algunos de los otros maestros de los que se habla en este libro pensaron de maneras distintas, pero con la misma idea: que la Unicidad de la Realidad está más allá del velo de la separación, y solo esta realidad es verdad. Esto es no dualidad. Y al situarse en la causa, no fueron víctimas del sueño, sino los autores del sueño. Así, cuando se completa el proceso de deshacer el ego porque se han completado todas las lecciones de perdón, y ya no queda culpa en la mente, llega el momento en se que deja el cuerpo a un lado por última vez, y se está despierto y en casa en Dios para la realidad atemporal de la eternidad.

El perdón, cuando se practica correctamente, conduce automáticamente al amor, porque eso es lo que eres. Y el amor conduce a la paz. La aplicación práctica de estas ideas por parte de un número suficiente de personas puede llevar, y finalmente llevará, no solo a su propia iluminación, sino a la paz mundial. Tú puedes desempeñar tu parte en la curación de la mente colectiva de todos los seres.

El mundo ha estado tratando de alcanzar la paz mundial en el lugar equivocado: ahí fuera, en la pantalla. Pero, cuando se enfoque en el lugar correcto, llegará un momento en que finalmente se logrará. Esto no ocurrirá en nuestro ciclo de vida, pero eso no importa. Puedes desempeñar tu papel *ahora*. Puedes despertar e ir a casa.

En *La desaparición del universo,* mis profesores y yo hablábamos de la posibilidad de la paz mundial cuando me dijeron algo muy interesante: "La gente del mundo nunca vivirá en paz hasta que tenga paz interior". Por esta razón el *Curso* nos enseña que lo que vemos ahí fuera, en la pantalla que llamamos la vida, en realidad es "la imagen externa de una condición interna".[27] De hecho, el mundo ilusorio solo es una representación simbólica de lo que existe en una gran mente oculta, a la que Carl Jung llamó el inconsciente colectivo. Si lo que vemos es un reflejo de lo que tenemos dentro, entonces, mientras haya conflicto en la mente, siempre habrá conflicto en el mundo, sean guerras, asesinatos, delitos, terrorismo, disturbios o meros desacuerdos. Pero llegará el día en que una cantidad suficiente de personas alcance la paz interior mediante el tipo de perdón que deshace el ego. Cuando eso ocurra, lo cambiará todo.

Creo que fue muy apropiado que las personas que publicaron *Un curso de milagros* se llamaran a sí mismas la Fundación para la Paz Interior. La raza humana ha tratado de alcanzar la paz mundial durante miles de años tan solo en este ciclo histórico. De modo que probamos la diplomacia, y cuando no funciona, probamos la negociación, y cuando tampoco funciona, probamos la guerra. Pero después de unos años la gente se cansa de la guerra, y entonces probamos la Liga de las Naciones. Y eso tampoco funciona, y así, después de la siguiente guerra, probamos las Naciones Unidas, y en ocasiones parece que tenemos paz. Pero no es una paz *real*. El *Curso* dice: "No confundas una tregua con la paz".[28] Nadie olvida nunca dónde ha enterrado el hacha. Y eso se debe a que no hemos abordado la causa. Pero, cuando haya una masa crítica y un número suficiente de personas alcancen la paz interior, la paz externa tendrá que producirse necesariamente. Como diría Shakespeare: "Debe seguir como la noche al día".

Tienes una oportunidad de hacer una contribución real a la curación de la mente inconsciente, y por tanto al mundo, con tu perdón y con el logro de la paz interior. Es posible que los historiadores no te incluyan en los libros de historia, pero ¿qué más da? La mayoría de los que figuran en los libros de historia hicieron guerras. Nosotros hacemos la paz. Como dijo el inmortal Gandhi, "tú debes ser el cambio que deseas ver en el mundo". No fue Gandhi el primero en decir esto, porque se puede rastrear al menos hasta Buda, y probablemente más allá. Pero Gandhi sabía que era verdad y lo vivió. Tú puedes hacer lo mismo si tienes la suficiente determinación para alcanzar la iluminación y la paz de Dios. No tenemos que sentirnos intimidados por los maestros que nos han precedido. Jesús explica en el *Curso:* "No hay nada con respecto a mí que tú no puedas alcanzar".[29]

Tanto Mary Baker Eddy como el *Curso* dicen: "Todos son llamados, pero son pocos los que eligen escuchar".[30] ¿Estás dispuesto a escuchar? Una de mis frases favoritas del *Curso* aparece en la última sección del "Texto", llamada "Elige de nuevo". Nos dice: "Elige de nuevo si quieres ocupar el lugar que te corresponde entre los salvadores del mundo, o si prefieres quedarte en el infierno y mantener a tus hermanos allí".[31] Mucha gente teme la idea de ir al infierno y no se da cuenta de que ya está en él. Según la metafísica inexorable del *Curso,* cualquier estado que no sea el Cielo es el infierno. Pero es posible cambiar nuestra experiencia por una forma de vida más elevada: una vida que no tenga forma. Puedes graduarte de la experiencia de ser un cuerpo y vivir la Unicidad del Espíritu.

El mundo está lleno de oportunidades de perdonar si queremos aprovecharlas. Con confianza y perseverancia, podemos llegar a tener la actitud de J: "¡Alegrémonos de poder caminar por el mundo y de tener tantas oportunidades de percibir nuevas situaciones donde el regalo de Dios se puede reconocer otra vez como nuestro! Y de esta manera, todo vestigio del infierno, así como los pecados secretos y odios ocultos, desaparecerá. Y toda la hermosura que ocultaban aparecerá ante nuestros ojos cual prados celestiales, que nos elevarán más allá de los tortuosos senderos por los que viajábamos antes de que apareciese el Cristo".[32]

Podemos desempeñar nuestro papel de aportar auténtica paz no solo a nosotros mismos, sino también al sueño que llamamos el universo, que acabará desapareciendo del mismo modo que cualquier otro sueño desaparece cuando despiertas de él. Podemos conseguir esto practicando el perdón y viendo con la visión espiritual. Esta es nuestra única responsabilidad, pero es importante. Es la profesión natural de todos aquellos que están ascendiendo por la escalera hacia la iluminación. Si deseas unirte, recibirás la bienvenida. El Espíritu Santo se encargará del resto.

Primera parte: antes de Cristo

1

La escalera a la iluminación

"Hay tres grandes misterios en la vida.
Para el pájaro, el aire.
Para el pez, el agua.
Para el ser humano, él mismo".

DICHO TRADICIONAL BUDISTA

Había muchas preguntas que quería plantear a mis profesores Arten y Pursah, y todavía no había tenido ocasión de hacerlo. Muchas veces, cuando se me aparecían, me olvidaba de lo que quería preguntarles porque me sentía muy asombrado en su presencia. Cada experiencia seguía siendo surreal para mí, incluso después de haber tenido docenas de ellas. Por ejemplo, algunas de las cosas que quería preguntarles eran cómo llegó Jesús a ser Jesús, cómo fue su vida anterior antes de ser Jesús y cómo llegó Buda a ser Buda, qué experiencias tuvieron y qué disciplinas practicaron para despertar y alcanzar la iluminación antes que otras personas.

Mis profesores me habían contado que estas vidas anteriores eran como sueños en serie. En realidad nunca encarnamos en un cuerpo. En realidad nunca hemos estado en un cuerpo, y nunca estaremos. Nuestra experiencia es un truco del ego: un juego de manos, una ilusión óptica o, como dijo Einstein, "una ilusión óptica de la conciencia". Creemos estar en un cuerpo y ver el universo con los ojos del cuerpo, cuando la verdad es que lo vemos con la mente. Todo lo que vemos, incluso nuestros cuerpos, forma parte de la misma proyección que todo lo demás en el universo onírico. Y solo son eso: proyecciones sin sustancia, muy parecidas a las de una sala de cine.

En el otoño de 2013 llevaba nueve meses sin ver a mis profesores. Sentía que podían presentarse en cualquier momento; mi intuición con respecto a sus apariciones se había agudizado mucho. Esto se debía a que yo estaba más en contacto con el Espíritu y había aprendido que Arten y Pursah *eran* el Espíritu Santo que asumía una forma a fin de comunicar. El Espíritu Santo tiene que tomar una forma, de otro modo no seríamos capaces de oírle y nos quedaríamos atascados para siempre en la ilusión. La manera más común que el Espíritu Santo tiene de presentarse es en forma de ideas que vienen a nuestra mente. Una idea tiene forma. Y, en algunos casos, el Espíritu Santo asume otras formas. Todo depende de qué es mejor para la persona que recibe la comunicación. Por esta razón no deberíamos comparar nuestras experiencias con las de otras personas. El Espíritu Santo sabe qué es lo mejor para nosotros.

Mientras esperaba a que se presentaran mis profesores, no dejaban de ocurrirme cosas que ocupaban mi tiempo. Acababa de publicar un libro basado en nuestras últimas conversaciones, *El amor no ha olvidado a nadie*. Una de las novedades más sorprendentes era el creciente interés que había en Asia por el *Curso*. De repente, mi esposa Cindy, que se había convertido en una buena profesora por derecho propio, y yo fuimos invitados a enseñar en Japón, Taiwán, Corea del Sur y, lo más sorprendente, en China continental. De hecho, una organización de enseñanza china nos invitó a hacer giras de dos semanas, dos veces al año, durante los siguientes cinco años. Era una posibilidad muy interesante ir a una tierra lejana y ver cómo el *Curso,* que era nuevo allí, se abría camino hacia las mentes de las personas del Lejano Oriente. Chiao lin Cabanne, la mujer que tradujo *Un curso de milagros* al chino tradicional que se habla en Taiwán, también lo tradujo al chino simplificado que se habla en China continental, pero hicieron falta años de incansables esfuerzos por su parte para conseguir publicarlo en el continente. El Partido Comunista tenía que asegurarse de que el *Curso* no cuestionara su autoridad. Chiao lin también tradujo *La desaparición del universo* a ambas formas del idioma chino, y una vez que se aprobó la publicación del *Curso* en el continente, *La desaparición* no tardó en estar disponible allí también. Y para mí todo ocurrió en el momento perfecto. Aparte de la propia Chiao lin, que es china-estadounidense, fui el primer profesor norteamericano del *Curso* en ser conocido allí.

China continental había cambiado rápidamente durante años. El Partido Comunista había permitido que el capitalismo fuera la norma con la esperanza de contener el descontento social. Yo había oído y leído que ahora ir a Shanghái era como ir a Tokio. Pero había una cosa que *no podías* hacer allí. No podías criticar ni cuestionar la autoridad del Partido. Eso podía resultar fatal. De hecho, en el país no llegó a conocerse la matanza de estudiantes a manos del ejército que se produjo en la plaza de Tiananmén en 1989, aunque algunos estudiantes valientes que residían en el extranjero hablaban abiertamente de ello en un intento de preservar la memoria de lo ocurrido.

Los chinos tenían prohibido acceder a la mayor parte de Internet. Páginas como las de Google, Facebook, Twitter y YouTube no estaban permitidas, pero eso no impedía que muchos de ellos consiguieran lo que querían. Podían obtener programas que engañaban a los censores chinos y hacían parecer que sus ordenadores accedían a dichas páginas desde otros países. Buena parte de la exposición al *Curso* y a mi trabajo había ocurrido por este medio, y algunas personas, especialmente los budistas y los psicoterapeutas, se sentían muy animadas con esta nueva enseñanza y sus puntos de encuentro con la antigua sabiduría.

Otra cosa que no podías hacer en China continental era apoyar verbalmente al dalái lama. Aunque este no tenía ejército, el Partido todavía temía su influencia y su potencial recuperación del Tíbet. Esto parecía muy poco probable, a pesar de los deseos de muchos occidentales. En cualquier caso, la exótica expectación que se había generado en China hizo que me sintiera feliz de poder ir allí y contemplar cómo el *Curso* y el Espíritu Santo obraban sus milagros de perdón.

Otro acontecimiento sorprendente que se había producido en mi vida desde la última visita de mis profesores era que me había enamorado de una gatita. Siempre había sido amante de los perros. Tuve el mismo perro durante quince años. Me encanta el entusiasmo de los perros, y los gatos me parecían un poco distantes. Pero Cindy vio en Internet una adorable gatita de tres meses que no tenía casa, y pronto nos encontramos saliendo al rescate. Le dimos el nombre de Luna, y acabó siendo una alegría total para nosotros. Era increíblemente hermosa. Era rápida como el rayo y entretenida, pero también podía tener la actitud de la realeza. Al haber tenido un perro y una gata, ahora podía entender las diferencias entre sus maneras de pensar.

Así es como piensa un perro: "¡Vaya! Esta gente es genial. Me aman, me alimentan, cuidan de mí. Me lo dan todo. ¡Deben ser dioses!".

Así es como piensa un gato: "¡Vaya! Esta gente es genial. Me aman, me alimentan, cuidan de mí. Me lo dan todo. ¡Debo ser un dios!".

Durante el verano Cindy y yo dirigimos un retiro en Hawái, como hacíamos casi cada año. Al regresar a nuestra habitación por la noche, tuvimos una de las experiencias más inusuales de nuestra vida.

Miramos hacia arriba y vimos dos objetos semicirculares entre las nubes. Eran como las dos mitades de una totalidad, aunque separadas entre sí. No estaban a mucha altura, tal vez unos trescientos metros. Salían luces de cada una de las naves; era como si con ellas nos estuvieran enviando mensajes. Tuve una impresión clara de que estaban comunicándose con nosotros, hablando un lenguaje que no entendía. No tuvimos miedo en ningún momento. Supe intuitivamente que eran naves espaciales procedentes de años luz de distancia. Me pregunté si serían pleyadianos, como los que conocí cuando Arten y Pursah me llevaron a dar una vuelta por el universo. Era como si nos reconocieran, como si nos saludaran. El episodio solo duró como un minuto, pero fue tan cercano y claro que nos dejó maravillados. La nave espacial desapareció al instante, como si nunca hubiera estado allí. Supe que, aunque no habíamos podido entender lo que decían, unos seres alienígenas se habían dirigido a nosotros en un sentido positivo. Estaba dispuesto a dejarlo así hasta que el significado exacto de la experiencia me fuera revelado.

Cindy y yo a menudo nos juntábamos con su hermana, Jackie, y el marido de esta, Mark. Manteníamos fascinantes conversaciones metafísicas sobre espiritualidad, alienígenas, curación por el sonido, teorías de la conspiración y las fuerzas ocultas que dirigen el mundo. Estas conversaciones eran normales para nosotros; sin embargo, recuerdo haber pensado que, si alguien nos escuchara, pensaría: "¿De qué demonios están hablando?". Y lo mismo cuando los cuatro empezábamos a hablar del *Curso*. A los no iniciados, nuestras palabras les parecerían ultrarradicales, pero para el estudiante avanzado son completamente aceptables.

Un día sorbía mi café matinal y pensaba en el pasado. Hubo un tiempo en que bebía seis tazas de café al día y fumaba treinta cigarros. "¡Vaya! —pensé—. Aparte de todo lo demás, ¡hacer eso requiere dedicarle tiempo!". Ahora tomaba una taza de café al día y no fumaba, pero seguía sin tener suficiente tiempo para hacer las cosas que quería hacer. "Extraña ilusión", pensé.

Entonces, de repente y sin ceremonia, mis profesores estaban allí, sentados en nuestro sofá de cuero negro.

ARTEN: Oye, hermano, has tenido un año ajetreado. Felicidades por la publicación del nuevo libro.

GARY: Gracias, pero soy yo quien debería felicitaros a vosotros. Después de todo, las mejores partes del libro vienen de vosotros.

ARTEN: Oh, no lo sé. Como te escribió uno de tus lectores, tú ya has dejado de ser el chico que nos sirve el agua.

GARY:¿Y cómo estás tú, mi belleza inalcanzable?

PURSAH: Sigo siendo inalcanzable. De modo que vamos al grano, ¿de acuerdo?

GARY: Pareces seria. ¿Hay algo urgente?

PURSAH: En realidad no, pero queremos resaltar que la razón por la que seguimos visitándote es ayudar a la gente a mantener en marcha y acelerar el proceso de deshacer su ego. El deshacimiento del ego lleva tiempo, y a la gente le resulta fácil distraerse de muy diversas maneras. Mencionaremos algunas a medida que vayamos avanzando.

ARTEN: Y no olvides que eso requiere combinar la repetición de viejas ideas con la introducción de otras nuevas. Vas a oír ambas. De modo que, dime, ¿cómo te va con el perdón a tus críticos?

GARY: Muy bien. Además, ya sabes lo que dicen de los críticos.

ARTEN: No, Gary. ¿Qué dicen de los críticos?

GARY: Los críticos son como eunucos en un harén. Ven qué se hace cada noche, pero ellos mismos no pueden hacerlo.

PURSAH: Eso no es exactamente a lo que Arten se refería con la palabra *perdón,* pero aprecio el humor.

GARY: Sabes, Cindy y yo comimos en una ocasión en Wilshire con un tipo llamado John con el que ella se había graduado de la Universidad de Santa Mónica. La conversación se orientó hacia el hecho de que hay mucha gente enfadada y negativa en Internet, y él dijo algo que me sorprendió mucho. Dijo: "Gary, hay dos tipos de personas. Tienes a tu gente y a los que no son tu gente.

¿Por qué gastar tiempo y energía respondiendo a, o pensando en, los que no son tu gente? No te molestes. De todos modos no van a cambiar de opinión; no cambiarán hasta que estén preparados para ello. Lo que has de hacer es dedicar tu tiempo y energía a los que *son* tu gente. Entonces tu esfuerzo siempre estará bien invertido". Esto tuvo mucho sentido práctico para mí. Y sí, el perdón es aún más profundo.

PURSAH: Vamos a ahondar mucho contigo durante esta serie de visitas, hermano mío. Y vamos a seguir una vía que sabemos que estás esperando.

GARY: ¡Lo sabía! Habéis captado que quiero saber cómo Jesús llegó a ser Jesús. Por supuesto, lo llamaré J. Y ya que estamos en ello, ¿cómo llegó Buda a ser Buda? ¿Cómo fueron sus vidas oníricas anteriores? ¿Qué aprendieron y aplicaron? Todos sabemos que un gramo de aplicación vale más que un kilo de conocimiento.

PURSAH: Sin duda, y estás planteando una pregunta apropiada. Cuando un maestro como J vuelve para su última vida, ya no tiene mucho más que aprender. Ya sabe todo lo que tiene que saber para estar iluminado. Esa historia sobre Jesús y su enseñanza a los rabinos en el templo cuando tenía doce años es verdadera. Incluso le llamaban *rabí,* que significa 'profesor'. Él ya lo sabía todo. Solo había un par de grandes lecciones que era apropiado que enseñara y aprendiera en esa vida, incluyendo, por supuesto, la crucifixión.

ARTEN: Otra razón por la que un maestro vuelve en su última vida es para estar disponible para los demás. Hay muchas personas que necesitan que se les señale la dirección correcta. El maestro no puede hacer el trabajo mental de los alumnos; son ellos los que tienen que hacerlo. Y el estudiante no puede iluminarse simplemente por estar en presencia del maestro, aunque a algunos les gustaría que fuera así. Pero el maestro puede señalar el camino.

Esto es lo que hizo J, el maestro de sabiduría que pareció existir en este mundo hace dos mil años: indicar a la gente la dirección correcta. No comenzar una religión, sino señalar el camino. Tal vez recuerdes que en una ocasión le describimos como una luz que guiaba a los niños de vuelta a casa, al Reino de los Cielos.

PURSAH: También podemos decir que eso es exactamente lo que está haciendo hoy con *Un curso de milagros*. Es como si dijera: "Mira, esto es lo que funcionó para mí. Tal vez deberías probarlo. Tal vez te ahorres unos miles de años". Y, como sabes, en el *Curso* a menudo se muestra muy enérgico en su estilo de enseñanza. Es implacable en cuanto a no hacer concesiones.

GARY: Ya me he dado cuenta. Y la gente siempre trata de hacer concesiones con relación al *Curso*.

ARTEN: No dejes que eso produzca ningún efecto en ti. Solo es un sueño, ¿recuerdas? Y es *tu* sueño, no el de nadie más. No hay nadie más.

PURSAH: Es interesante que hayas preguntado por los dos, Jesús y Buda. Más interesante de lo que crees.

GARY: De acuerdo, voy a jugar. ¿Por qué es así?

PURSAH: ¿Y si te dijera que se conocieron en varias vidas, y que incluso se ayudaron mutuamente a lo largo del camino?

GARY: Me tomas el pelo. Siempre he pensado en ellos como dos seres completamente separados porque sus culturas eran muy diferentes.

ARTEN: Descubrirás que, finalmente, sus culturas eran lo único diferente en ellos. En último término, todos somos uno. Y tenemos unas pocas sorpresas para ti a lo largo del camino.

GARY: A estas alturas, lo que me chocaría sería que no las tuvierais. Pero, dime, ¿cómo se ayudaron mutuamente a lo largo del camino?

ARTEN: La explicación de esto será gradual, porque en la ilusión la iluminación se produce gradualmente. Incluso J y Buda empezaron desde abajo, aunque ellos tenían una gran ventaja sobre los demás que les garantizaba llegar a casa más rápido que cualquier otra persona.

GARY: Dilo.

ARTEN: Ellos no compraban el sueño tanto como otros. Sí, al principio se lo creyeron, pero no se lo creyeron *tanto*. Desde el principio dudaron de que el sueño tuviera sustancia, y sintieron que solo un Dios demente crearía un mundo demente. También sentían que Dios *no* era demente, y que había algo fuera de lugar.

PURSAH: Esa simple ventaja resultó ser enorme, y no tienes que ser ellos para aprenderla. Pero ellos la aprendieron antes que otros porque ya la habían sentido.

ARTEN: Sí, pero aun así tuvieron que ascender por la escalera que lleva a la iluminación.

GARY: No recuerdo que en el *Curso* haya gran cosa sobre una escalera.

ARTEN: Lo cierto es que esta idea de la escalera aparece varias veces. Por ejemplo: "Lo que espera en perfecta certeza más allá de la salvación no nos concierne ahora, pues apenas has empezado a dejar que se te guíe en tus primeros e inciertos pasos de ascenso por la escalera que la separación te hizo descender".[1]

Todos los que piensan que están aquí descendieron la escalera ilusoria de la separación. De hecho, es la experiencia de la separación de tu fuente, que es Dios, lo que constituye el problema en sí. En otras ocasiones ya hemos abordado cómo pareció ocurrir la separación, de modo no lo repetiremos aquí. Toda la gente que emprende una búsqueda espiritual sincera se encuentra en el escalón más bajo de la escalera, inmersa en una condición de dualidad. La dualidad significa que crees que hay un mundo fuera de ti. De modo que crees en sujeto y objeto. Estás tú *y* está el mundo. Antes de descender por la escalera solo había perfecta unicidad; solo estaba Dios. Pero ahora estás atrapado en un estado de dualidad. Estás tú *y* está Dios. Esto es cierto para la gente que cree en Dios. Si no son creyentes, entonces están ellos por un lado y el mundo por el otro. De cualquier manera, y de ambas maneras, creen en la separación. Y aquí la palabra *creer* es de enorme importancia. Como hemos resaltado a lo largo de las últimas series de visitas, tu creencia en el mundo es lo que le da poder sobre ti. Tu creencia te hace estar en el lado del efecto, y si eres un efecto del mundo, el mundo tendrá un efecto en ti. Por otra parte, Jesús y Buda no creyeron en esto tanto como otras personas.

PURSAH: Todo el mundo tiene que empezar en alguna parte, y el dualismo es la condición en la que vive el 99 por ciento de la gente del mundo, incluso los que están en el camino espiritual. Pero, como sabes, *Un curso de milagros* no es un sistema dualista. Y no solo es no dualista, sino que es puramente no dualista; ya llegaremos a ello. Por eso el *Curso* dice: "Mantente alerta solo en favor de Dios y de Su Reino".[2] Pero eso es mucho pedir, y es la razón por la que casi todos los estudiantes del *Curso* acaban en algún atolladero dualista y nunca van hasta el final, y esto incluye a los que están convencidos de que tienen razón con respecto a que el *Curso* hace que exista algo aparte de Dios, cuando ciertamente no es así.

A pesar de su ventaja, hasta J y Buda aparentemente tuvieron que empezar en este mundo como todos los demás; y ya te contaremos cómo lo hicieron. Pero, debido a su ventaja de partida, no cometieron algunos de los errores comunes en la mayoría de la gente.

GARY: Errores como…

PURSAH: Uno de los problemas que se producen en la historia de los estudiantes espirituales es que *piensan* que entienden lo que el maestro enseña, cuando no es así. Así, un estudiante que había estado con Lao-Tsé, cuando aparentemente Lao-Tsé ya no seguía allí en un cuerpo, decía: "Esto es lo que él dijo y a esto se refería al decirlo". E invariablemente el estudiante se expresaba desde un lugar de dualismo, cuando el maestro se había expresado desde un estado más elevado. Existen más de un estado elevado y más de un escalón en la escalera; ya llegaremos a ello. Pero la mayoría de los estudiantes quieren ser profesores en lugar de alumnos. Uno se siente especial siendo un líder en lugar de un seguidor.

Así es como comienzan las religiones. La gente cree que entiende a Buda, de manera que un día acabas teniendo el budismo. Pero Buda no quería iniciar una religión. La gente le preguntaba:

"¿Qué eres tú?", y él decía: "Estoy despierto". Esto es lo que quería de ellos, que despertaran, no que practicaran cientos de rituales. Era un maestro de sabiduría.

Y por supuesto, todo quisqui pensaba que sabía lo que J estaba diciendo, o bien tenía algún plan que le llevaba a decir algo que iba en el sentido contrario, y un día acabas teniendo una religión que supuestamente tiene que ver con él. Sin embargo, al igual que Buda, J no estaba interesado en fundar una religión. Él también era un maestro de sabiduría.

ARTEN: Por eso la mayoría de la gente occidental piensa que Jesús fue el líder supremo. Pero ¡es justo al revés! No fue el líder supremo, sino el supremo seguidor. ¿Por qué? Porque solo escuchó al Espíritu Santo. El líder era el Espíritu Santo, no él. Y finalmente tan solo escuchó al Espíritu Santo. Solo se mantuvo alerta a Dios y Su Reino, y por eso en el *Curso* se te aconseja hacer lo mismo.

GARY: De modo que el dualismo generalmente lleva a fundar religiones (o al menos organizaciones) que se basan falsamente en lo que los miembros imaginan que un fundador, que tal vez ni siquiera quiso ser un fundador, quiso enseñar.

PURSAH: Bien expresado. Casi.

ARTEN: Recuerda una cosa: todos le dan realidad. En cuanto las personas rezan a un Dios que imaginan que está fuera de ellas mismas, hacen real la dualidad. Perpetúan la idea de separación sin darse cuenta siquiera. Por eso la iluminación es un proceso.

Hablaremos más sobre los diferentes niveles o pasos de la escalera a medida que avancemos. Pero, de momento, recuerda que en la base de la escalera todo es sujeto y objeto, y todo es real.

PURSAH: Volveremos pronto para contarte más sobre J y Buda y cómo se conocieron. No estuvieron juntos en muchas vidas, pero sus encuentros fueron muy importantes para sus respectivos progresos. No olvides que te hemos contado que las mentes viajan unas en las órbitas de otras. Puede parecer que se separan, pero, como están en las órbitas una de otra, están destinadas a volver a juntarse.

GARY: Como dijo Ralph Waldo Emerson, "si estamos relacionados, nos encontraremos".

PURSAH: Muy bello. Y hay algo más. Las lecciones de perdón que se te presentan en esta vida son las mismas que se te han presentado en otras vidas. Esta es una de las razones por las que el *Curso* menciona "las aventuras en serie del cuerpo".* Las lecciones no parecen ser las mismas. Las cosas no parecían iguales hace quinientos años y ahora. Pero el *significado* es el mismo. A su vez esto significa —y es una buena noticia para ti— que, si pudieras completar todas tus lecciones de perdón en esta vida, completarías simultáneamente todas las lecciones de perdón de cada vida.

GARY: ¡Vaya! Esto me recuerda la característica de ahorrar tiempo que tienen los milagros, y es algo que no he visto en ningún otro lugar.

ARTEN: Sí. Cuando haces tu trabajo de perdón en esta vida, el Espíritu Santo toma ese perdón y lo hace brillar a través de todas las vidas de las que tú no eres consciente en ese momento. El *Curso* está en lo correcto cuando dice: "Las pruebas por las que pasas no son más que lecciones que aún no has aprendido que vuelven a presentarse de nuevo a fin de que, donde hiciste una elección errónea, puedas ahora hacer una mejor y escaparte así del dolor que te ocasionó lo que elegiste previamente".[4] Esto es cierto no solo en el ámbito de una vida; es cierto en el ámbito de todas ellas.

A propósito, supongo que el encuentro con el ovni en Hawái te dejó anonadado.

GARY: ¡Sin duda! Tuve una sensación clara de que se comunicaban con nosotros.

ARTEN: Así fue.

GARY: ¿Eran pleyadianos?

ARTEN: Exacto. Te daban reconocimiento. Te decían "hola".

---

* Esto es en la versión original inglesa. En la traducción española del Curso se pierde este matiz. *(N. del t.)*

Estaban por el vecindario en una de sus pequeñas naves. Y como tú habías estado antes en una de sus grandes naves y habías demostrado ser una mente pacífica, te consideran un amigo.

GARY: ¿Estoy en el club? ¿Significa esto que los pleyadianos y yo estamos cada cual en la órbita del otro? No es mi intención hacer un juego de palabras.

ARTEN: Así es. No obstante, por ahora está claro que el idioma es una barrera, de modo que yo no tendría demasiadas expectativas. A ellos no les gusta hablar inglés, aunque lo entienden. De momento piensa en ellos como en parientes lejanos. Aquí tampoco hay intención de hacer un juego de palabras.

PURSAH: Volveremos.

Y con esto se fueron. De inmediato descubrí que ya estaba esperando su regreso. ¿J y Buda juntos? Eso era demasiado.

Durante nuestra charla, mencioné el ahorro de tiempo que supone el milagro, y esto me recordó una cita de *UCDM*. Muchas personas usan la cita de la "pequeña alocada idea" del *Curso*, pero pocos añaden las frases circundantes. Mientras mi mente se disponía a descansar, pensé en estas palabras:

Devolvámosle al soñador el sueño del que se desprendió, el cual él percibe como algo que le es ajeno y que se le está haciendo a él. Una diminuta y alocada idea, de la que el Hijo de Dios olvidó reírse, se adentró en la eternidad, donde todo es uno. A causa de su olvido ese pensamiento se convirtió en una idea seria, capaz de lograr algo, así como de tener efectos reales. Juntos podemos hacer desaparecer ambas cosas riéndonos de ellas, y darnos cuenta de que el tiempo no puede afectar a la eternidad. Es motivo de risa pensar que el tiempo pudiese llegar a circunscribir a la eternidad, cuando lo que esta significa es que el tiempo no existe.[5]

2

Del sintoísmo a Lao-Tsé: primeras experiencias cumbre

"El deseo y el descontento conducen a la desgracia. Buscar las cosas del mundo es locura. Los ricos son los que están contentos con lo que tienen".

TAO TE CHING

Yo no era estudiante de las antiguas tradiciones ni de religión comparada. En realidad no me importaban mucho, y no tenía intención de cambiar ese estado de cosas. Aun así, pensé que, si Arten y Pursah iban a hablar de diferentes vidas en las que J y Buda se habían conocido, tal vez debía ponerme a estudiar y prepararme un poco, pero no lo hice. La gente suele sorprenderse cuando descubre que yo no leo mucho. Habré leído unos veinte libros en mi vida que hayan supuesto una verdadera diferencia para mí. Lo cierto es que habitualmente prefiero ver una película a leer un libro.

En cualquier caso, la primera vez que me interesé por la espiritualidad tenía veintiún años. Esto ocurrió siete años antes del momento en que diría que empecé a estar en el camino espiritual. Un amigo mío me prestó un libro y me dijo: "Tienes que leer esto". Era *Siddhartha,* de Hermann Hesse. Me deslumbró. Fue el libro que hizo despuntar mi interés por las cosas de naturaleza espiritual. Antes de eso odiaba la vida, odiaba a la gente y odiaba a Dios. Después de eso seguí odiándolos. Estaba deprimido y había perdido el interés por la vida, si es que alguna vez lo había tenido. Mi transformación no empezó hasta que fui mayor, y me ha llevado hasta este punto, en el que hoy puedo decir honestamente que amo a Dios.

Cuando leí *Siddhartha,* no entendí toda la jerga religiosa del hinduismo, pero comprendí la historia. Podía resonar con el joven que quería ser libre, y con el hecho de que era rico, pero eso le parecía insustancial, y emprendió la búsqueda de la salvación. Para mostrarte lo verde que estaba en el tema de la espiritualidad, leí todo el libro sin saber que era sobre Buda. Lo descubrí después.

En aquella época no pensaba en el Espíritu Santo. Sin embargo, al volver la vista a la alocada década de mis veintitantos, puedo ver que el Espíritu Santo siempre trabajaba conmigo, me salvaba la vida. El Espíritu Santo trabaja con todo el mundo en todo momento, tanto si la persona es consciente de ello como si no. Ahora puedo ver que a los veintisiete años el Espíritu Santo me empujaba en la dirección correcta al persuadirme para que siguiera el consejo de mi amigo Dan e hiciera el Erhard Seminars Training (EST). Sin entrar en detalles, la formación *est* era exactamente lo que necesitaba en ese momento. La formación en sí ya no existe, pero del millón de personas que la realizó, no me sorprendería que al menos cien mil pasaran a trabajar con *Un curso de milagros.* Fue una gran precursora.

Hace unos años me topé con una cita que me impactó. Es de Jack Kerouac, un miembro de la generación *beat.* Su libro *En el camino* es legendario. Por supuesto que yo no lo leí. De todos modos, nunca habría leído a Kerouac o a Allen Ginsberg: ellos eran *beatniks* y yo era *hippy*. Pero esta cita de 1957 me recordó que todo el mundo tiene el mismo acceso al Espíritu Santo:

Ahora tengo muchas cosas que enseñarte, en caso de que lleguemos a conocernos, con relación al mensaje que me fue transmitido bajo un pino en Carolina del Norte una fría noche de invierno bajo la luz de la luna. El mensaje decía que Nunca Ocurre Nada, de modo que no te preocupes. Todo es como un sueño. Por dentro, todo es éxtasis. Simplemente no lo sabemos debido a nuestras mentes pensantes. Pero en la verdadera y dichosa esencia de nuestra mente se sabe que todo está bien eternamente, por siempre jamás. Cierra los ojos, relaja las manos y las terminaciones nerviosas, deja de respirar por tres segundos, escucha el silencio dentro de la ilusión del mundo, y recordarás la lección que olvidaste, enseñada hace mucho en inmensas vías lácteas de innumerables mundos nebulosos, aunque ni siquiera fue enseñada. Todo es una vasta cosa despierta. Yo la llamo la eternidad dorada. Es perfecta. En realidad nunca nacemos y en realidad nunca moriremos. No tiene nada que ver con la idea imaginaria de un yo personal, de otros yoes, de muchos yoes por doquier, o de un yo universal: el yo solo es una idea, una idea mortal. Lo que lo atraviesa todo es una cosa. Este es un sueño que ya acabó. No hay nada que temer ni nada de lo que alegrarse.[1]

Todos tenemos una mente recta donde mora el Espíritu Santo, y una mente equivocada dominada por el ego y sus pensamientos de separación. La tercera parte de la mente, la que observa y elige, es la que decide qué parte de la mente nos controla. Ahí es donde está nuestro verdadero poder, el poder de decisión. Y tomas esa decisión principalmente en función de cómo eliges pensar sobre los demás.

Siempre es posible decir qué estudiantes entienden y aplican el *Curso* y cuáles no. Los que lo entienden no tienen necesidad de juzgar y condenar a otros; si lo hacen, se dan cuenta, se detienen y cambian de manera de pensar. Por otra parte, los estudiantes que se resisten al mensaje y a la práctica del *Curso* son muy muy buenos para señalar el ego en *alguna otra persona*. Son expertos en ello. "Oh, él está en su ego" es una de las observaciones favoritas. Pero eso no es perdón. *Un curso de milagros* no tiene que ver con señalar el ego en los demás. Más bien tiene que ver con reconocer que, en realidad, no hay nadie más, y que todas las cosas que no te gustan de los demás en realidad son "los pecados secretos y odios ocultos"[2] que albergas con respecto a ti mismo, y que has elegido ver en otros mediante la dinámica de la proyección. Así, cuando perdonas a la otra persona que parece estar allí, en realidad te perdonas a ti mismo. Me preguntaba si J y Buda estuvieron abiertos a estas ideas en los primeros años de su experiencia espiritual.

No tuve que esperar mucho para averiguarlo. Un día soleado y suave, típico de California, volvía a casa después de hacer unos recados. Cuando llegué, cerré la puerta, me di la vuelta y me quedé anonadado al descubrir que mis profesores ya estaban sentados en el sofá. Con la sorpresa, les dije: "¡No me hagáis esto!". Ellos simplemente me miraron con sus amables sonrisas.

PURSAH: ¿No te cansas nunca de este clima perfecto?

GARY: No. Pero, si no llueve pronto, vamos a estar muy jodidos y muy apurados. ¿Sabéis? Llevo oyendo que sufrimos una sequía desde hace dos años. (Nota: Esta conversación tuvo lugar en enero de 2014). Pero yo llevo aquí seis años, y por lo que he podido ver, ha habido sequía todo ese tiempo, a excepción, tal vez, de dos semanas de lluvias. ¿Asumo que es el calentamiento global?

PURSAH: Eso es una parte de ello. Pero no olvides que siempre ha habido sequías, a lo largo de la historia, en todo el mundo. A veces son tan extremas que acaban con civilizaciones enteras porque la gente tiene que desplazarse adonde hay alimento y agua. Fue lo que les ocurrió a los mayas y lo que ocurrió en Cahokia.

GARY: De modo que damos a la naturaleza por supuesta hasta que se revuelve contra nosotros y nos muerde las gónadas. Pero el calentamiento global existe, ¿cierto?

PURSAH: Sí, y vuestra situación de sequía aquí va para largo. Un problema tan grande no puede resolverse en un año o dos. Pero no hemos venido a hablar de esto.

ARTEN: En esta visita vamos a hablarte de un par de vidas en las que nuestros dos maestros se encontraron, se conocieron y se ayudaron mutuamente. Más adelante te contaremos algo más sobre algunas de estas vidas en común.

PURSAH: Kajiki está lleno de canciones y poemas que, cuando se juntan con los rituales y las historias de los ancestros, conectan a las personas con un pasado remoto. En el sintoísmo, mostrar respeto a los ancestros es una de las prácticas más sagradas.

GARY: He visto en televisión esas ceremonias a la luz de la luna que hacen los japoneses en Hawái, en las que encienden esos preciosos objetos que son como pequeñas barcas de papel y a continuación los ponen a flotar sobre el mar para honrar a sus ancestros. Es muy bello.

ARTEN: Y muy importante para ellos.

GARY: Lo que has dicho sobre la tradición oral, las historias sobre el origen y los rituales, me recuerda la tradición oral polinesia. He visto muchas cosas de esta tradición en Hawái. Su historia está en sus corazones, no en los libros.

PURSAH: Muy bien, como también está en el corazón la conexión con la naturaleza. El sintoísmo no pensaría necesariamente en la unicidad, pero la sensación de conexión está presente. Hay paralelismos con los dioses hawaianos de la naturaleza y con las leyendas sobre los orígenes de las islas; estas similitudes también pueden extenderse al chamanismo.

Aunque la mayoría de los japoneses de la época no pensaba en términos de unicidad, nuestros amigos Saka e Hiroji la experimentaban de vez en cuando. Si bien sus experiencias místicas eran temporales, como les ocurre a la mayoría de los místicos, ciertamente tuvieron momentos cumbre que no guardaban mucha relación con el marco de su religión. De hecho, Saka tuvo una experiencia de unicidad con la naturaleza muy similar a la que tú tuviste con la selva tropical.

NOTA: Cindy y yo habíamos dirigido un retiro en la gran isla de Hawái en junio del año anterior. Se celebró en Kalani Resort, en el bosque tropical de la vertiente Hilo, cerca del mar. El lugar donde dormíamos estaba protegido por mosquiteras, pero era muy abierto; era como dormir en medio del bosque. En torno a la media noche tuve la sensación de que el bosque tropical y la isla me hablaban. El sonido de las ranas arborícolas *(bup, bip, bup, bip)*, las olas del océano cercano, el crujir de los árboles y el sonido del viento, así como un sonido de fondo que parecía conectarlo todo, pero que yo no podía identificar, todo se aunaba para hacerme sentir que me hacía uno con todas esas cosas y desaparecía en ellas. Allí había un lenguaje. La selva se comunicaba conmigo. Casi podía entender lo que decía. Me sentía muy cerca. Quería entenderlo tal como había querido entender a los pleyadianos. No lo podía pillar del todo. Cuando oí todos los sonidos como uno, en lugar de escuchar las partes individuales, sentí que estaba allí. Entonces dejé de intentar entender y simplemente entendí. Nunca me he sentido más cerca del organismo viviente que es la Tierra. Y sin embargo aquello estaba más allá de la Tierra.

ARTEN: Dentro de poco vamos a hablar de un par de las primeras experiencias cumbre que J y Buda tuvieron en tiempos de Lao-Tsé. Pero antes de eso hay que establecer una distinción importante: a diferencia de las ideas del sintoísmo, en el taoísmo *el Tao no tiene forma*. De modo que, cuando Saka e Hiroji fueron taoístas —después te daremos sus nombres—, tuvieron experiencias místicas y pensaban en el sueño al que retornaban de manera diferente a como lo habían hecho cuando eran *shintos*. Es un nivel de conciencia diferente.

Las vidas en las que Jesús y Buda se conocieron

A propósito, en lo que atañe a la conciencia, hay algo que deberías recordar con respecto a todas las personas, tanto si te gustan como si no: *todo el mundo lo hace lo mejor que puede con el nivel de conciencia que tiene.*

GARY: Una pregunta rápida antes de continuar. Parece que nunca mencionáis a Mahoma, y creo que solo habéis mencionado a Zoroastro en una ocasión, hacia el principio de vuestras visitas. ¿Entraron alguna vez J y Buda en contacto con ellos?

ARTEN: No. Hay una buena razón por la que no entraron en contacto con Mahoma. Él vino seiscientos años después de sus últimas vidas. Por supuesto, eso también le sitúa seiscientos años después de Tomás y Tadeo. No es que tengamos nada contra Mahoma, simplemente no estuvimos conectados con él al nivel de la forma. Aunque, como ya hemos mencionado, en último término todos estamos conectados. En cuanto a Zoroastro, vivió mil años antes del periodo histórico de Japón al que nos hemos referido, y J y Buda entonces no se conocían. A propósito, ya te dijimos que en una ocasión fuiste un musulmán sufí.

GARY: Sí, pero eso fue después de Mahoma. En cuanto a Zoroastro, ¿no estaba en Irán?

ARTEN: Sí, pero entonces al país no se le llamaba Irán. Se le llamaba Persia.

PURSAH: Volviendo al tema que nos ocupa, ocurre que Saka e Hiroji estaban interesados en la misma mujer. Su nombre era Megumi.

GARY: De acuerdo. Ahora estamos llegando a alguna parte. Quiero detalles.

PURSAH: Lo primero que tienes que entender es que, sean aparentes o no, la gente tiene sentimientos muy profundos. Aunque parezcan calmados, habitualmente hay algún sentimiento profundo que se despliega, a menos, por supuesto, que los sentimientos se hayan negado tan completamente que sean totalmente inconscientes y el individuo no sienta nada. Pero esto es raro, y no suele ser así para la mayoría de la gente, ni para los más tranquilos.

59

GARY: Las aguas aquietadas discurren por las profundidades.

PURSAH: Sí, y para llegar a entender cómo eran nuestros dos amigos en aquella época, tienes que saber a qué tipo de cosas prestaban atención. Has oído muchas veces, en diversas enseñanzas, que deberías monitorizar tus pensamientos. Deberías examinar tus pensamientos de cerca para ver si contienen conflicto, negatividad, juicios y condenas. Esto es cierto, pero de lo que la mayoría de los profesores no se dan cuenta es de que también deberías monitorizar tus sentimientos. ¿Por qué? ¡Porque lo cierto es que es más probable que actúes a partir de tus sentimientos que de cualquier otra cosa!

La mayor parte de la gente no es consciente de que esos sentimientos han surgido como resultado de pensamientos, a menudo repetitivos, que han tenido a lo largo de un extenso periodo de tiempo. Los pensamientos vienen primero y ellos generan los sentimientos. Saka e Hiroji, al ser quienes eran, se dieron cuenta de esto. Además, como eran amigos, tenían largas conversaciones y comprensiones con respecto a muchas cosas.

Sus poderes de observación eran excelentes, lo cual también es cierto de la mayoría de la gente que está en el camino espiritual. Es más probable que ellos presten atención a cosas que para la mayoría de las personas pasan desapercibidas. Es más probable que cuestionen cosas. Es más probable que pregunten: "¿Qué clase de Dios podría haber hecho esta clase de mundo?".

Saka e Hiroji consultaron muchas de las enseñanzas de su época. Por ejemplo, se dieron cuenta de la importancia de la respiración. Aprendieron a respirar profundamente en todo momento, hasta que la respiración profunda se convirtió en su segunda naturaleza.

GARY: Me he dado cuenta de que siempre me siento mejor cuando respiro profundamente. Me ha llevado bastante tiempo conseguirlo porque, al principio, cuando quise hacerlo, tocaba la guitarra en clubes nocturnos y en bailes, y era una época en la que todavía se permitía fumar en los locales públicos. Todo el humo ascendía hasta el lugar donde nos encontrábamos sobre el escenario, y no daban muchas ganas de respirar profundamente.

Pero, en cuanto me trasladé a Maine, empecé a hacerlo en todo momento, tanto si estaba meditando como si no.

PURSAH: Sí, y hablando de meditación, Saka e Hiroji llegaron a ser muy diestros en ella. Esto los ayudó en sus vidas posteriores.

GARY: De modo que participaron en muchas cosas, aunque, como dices, aún eran cosas dualistas.

ARTEN: Sí. La principal diferencia en el caso de Saka e Hiroji era que, incluso cuando seguían un camino dualista, ya cuestionaban la validez de lo que la gente llama vida. Ya sentían que todo era una ilusión, aunque no lo exploraron con mayor profundidad hasta su siguiente vida juntos.

También se dieron cuenta de otras cosas. Por ejemplo, aprendieron a comunicarse con los animales.

GARY: ¿Hablaban con los animales?

ARTEN: No. En primer lugar, los animales no hablan con palabras. Sí, entienden algunas palabras que se les repiten una y otra vez, pero ellos no piensan así. Los animales piensan con imágenes. De modo que, si quieres comunicarte con un animal, tienes que practicar enviándole imágenes con tu mente. Si lo practicas y llegas a ser bueno en ello, puedes quedarte sorprendido. Sabes por el *Curso* que las mentes están unidas. Esto es cierto para los animales, y también para los humanos y los animales, porque solo hay una mente. De modo que puedes enviar un mensaje al animal en su lenguaje, por medio de imágenes.

¿Sabes que Luna se siente molesta cuando Cindy se va a hacer recados?

GARY: Sí. Si yo me voy no importa. Pero cuando Cindy se va, Luna tiene un arrebato.

PURSAH: La próxima vez que Cindy os deje solos y Luna se sienta molesta, envíale imágenes mentales. Envíale una breve película en la que se vea a Cindy volviendo a casa, entrando por la puerta, tomándola en brazos y besándola. Esto le hará recordar que Cindy siempre regresa a casa y que la ama, y que esta vez no será distinto. Practica hasta hacerlo con claridad. Ella lo entenderá.

NOTA: La siguiente vez que Cindy se fue y Luna empezó a lloriquear, probé esta técnica. Luna se calmó inmediatamente.

ARTEN: No te sientas mal si Luna parece favorecer a Cindy. Evidentemente, desde el día en que la rescatasteis, para Luna Cindy es mamá. Y para un bebé, tanto si es humano como gato, mamá lo es todo. Mamá es Dios. De modo que para Luna Cindy representa todo el amor del mundo.

GARY: ¿Y qué soy yo, un animal atropellado?

PURSAH: En absoluto. Otra de las cosas que los animales piensan es que forman parte de una manada. Y esto es válido tanto si son salvajes como si están domesticados. Tú eres la energía masculina de la casa, y Luna la siente. De modo que acude a ti en busca de protección. Si algo va mal, ella viene a ti.

GARY: Sabes, eso ya ocurrió cuando sufrimos un terremoto de 5.6. Fue uno de esos terremotos rodantes y toda la casa empezó a moverse arriba y abajo. Solo duró unos veinte segundos, pero fue muy intenso. En cuanto acabó, Luna vino corriendo a mí.

PURSAH: Ahí lo tienes. Después de todo, para ella no eres un inútil. De modo que ahora lo único que tienes que hacer es preguntarte: ¿realmente debe importarte lo que piense un gato?

GARY: Sí. Lo estoy haciendo real. La vida es una putada. Pero ¿dices que Saka e Hiroji emplearon este método para alcanzar la excelencia en la comunicación con los animales?

PURSAH: Sí, y aunque no recomiendo que nadie lo pruebe, también puede hacerse con animales salvajes. No obstante, la persona que lo haga debe ser muy hábil en esta área, y Saka e Hiroji lo eran. En cuanto a la época en la que tú estás viviendo, en el futuro oirás cada vez más que la gente se comunica con los animales, tanto en el hogar como en la naturaleza. Llegará un momento en que será habitual, pero ocurrirá gradualmente.

GARY: ¿Puedes darme un ejemplo de cómo ellos se comunicaban con animales salvajes?

PURSAH: Lo siento, pero no podemos. No queremos animar a nadie a probar lo que ellos hicieron, y ya sabes que alguien intentaría hacer exactamente lo mismo. El propósito de hablarte sobre esa vida en Japón es que te des cuenta de que todos los estudiantes de espiritualidad dan los mismos pasos en un momento u otro, y todos los pasos deben ser completados con éxito. En cualquier caso, todos ellos conducen a dar el gran paso al que todo el mundo llegará cuando le toque.

En cuanto a nuestros dos amigos, todos sus esfuerzos estaban encaminados a usar sus mentes de maneras cada vez más poderosas. Tienes que dominar cada paso de la escalera, incluso los comienzos de la espiritualidad que suelen estar marcados por el dualismo, y esto se consigue paulatinamente. Mucha gente no quiere hacer el trabajo necesario para completar cada paso. Quieren saltar directamente al final. Piensan que pueden limitarse a decir "estoy iluminado" y ya está todo hecho. Sería genial que fuera así de fácil, pero no lo es. Tienes que deshacer el ego.

ARTEN: Asimismo, un error común que la gente suele cometer es dar por sabido lo que solo se sabe intelectualmente. Pero ¡no es así! No basta con saber algo como simple información. Tienes que *practicarlo*.

GARY: Esto me recuerda algo que dijo Jackie. (Nota: Jackie es mi cuñada, la hermana de Cindy). Señaló que muchos estudiantes del *Curso* suelen decir: "Sí, he tenido otra oportunidad de perdonar". Y entonces ella les pregunta: "Sí, pero ¿has *perdonado*?".

ARTEN: Exactamente. No basta con saber del perdón, ni siquiera con entenderlo, aunque esto ya es bastante raro. Una vez que lo entiendes, tienes que adoptar el hábito de practicarlo consistentemente. Y esto es válido para todos los pasos de la escalera. A medida que vas aprendiéndolos, tienes que practicarlos, ¡porque, si no los practicas, en realidad no los has aprendido!

Como puedes ver por lo que hemos comentado sobre nuestros dos amigos, incluso en el dualismo hay realizaciones muy avanzadas. El progreso espiritual de Saka e Hiroji se aceleraba con rapidez, y al final de esa vida ya estaban preparados para mucho más.

GARY: Eh, ¿y qué pasó con la chica? ¿Habéis dicho que se llamaba Megumi?

PURSAH: Sí, ella, Saka e Hiroji habían crecido en la misma zona geográfica y habían sido amigos de niños. Al hacerse adolescentes, tanto Saka como Hiroji empezaron a albergar sentimientos hacia Megumi. Pero, debido a las costumbres de su cultura, les resultaba difícil acercarse a ella.

GARY: Ah, hay ciertas experiencias que son universales. A mí me pasó lo mismo con la chica que vivía al lado de mi casa, Bárbara. El amor no correspondido es una putada. También es una gran oportunidad de perdonar.

PURSAH: Sí, ¿pero la has perdonado?

GARY: Claro, treinta años después.

PURSAH: En cuanto a Saka e Hiroji, ambos soñaban con desposar a Megumi algún día. Sin embargo, para desdicha suya, muchos obstáculos impidieron que eso llegara a ocurrir. Hemos dicho que en aquella época el emperador era el dueño de todas las personas. Debido a ello, era común que su familia concertara los matrimonios. Algunos miembros de la familia imperial conocían a la familia de Megumi y dispusieron que ella se casara con un hombre al que no había visto nunca. Megumi amaba a Saka, aunque él no lo sabía, pero no tuvo otra opción que obedecer la voluntad de la familia imperial. De modo que se produjo la boda y los tres amigos no pudieron volver a verse, lo que los dejó profundamente deprimidos.

GARY:¿Llegaron a superarlo?

PURSAH: Megumi nunca fue verdaderamente feliz, pero cumplió con su deber, vivió su vida, tuvo hijos y fue respetable a ojos de su propia familia y de la familia de su marido. En aquellos tiempos eso era muy importante: cumplir tu palabra y conservar tu honor.

En aquel tiempo la reencarnación era muy *real,* y sigue siéndolo en la religión *shinto.* Se debe a la creencia de que el cuerpo es real. Como estudiante del *Curso,* ya sabes que la reencarnación es un sueño. En realidad, nunca estás dentro de un cuerpo; es una ilusión óptica. Pero la mayoría de los *shintos* no saben eso, y Megumi tampoco lo sabía. De modo que depositó sus esperanzas en llegar a tener un karma mejor. En realidad, la creencia en el karma es anterior al budismo y al taoísmo. Es una idea asociada con el hinduismo, que es mucho más antiguo.

En cualquier caso, Saka e Hiroji estaban muy decepcionados con la situación, y aunque ninguno de ellos podía estar con Megumi, ¡desarrollaron unos extraños celos el uno hacia el otro porque ambos sentían lo mismo por ella! Como sabes, el ego puede jugarte malas pasadas. Esto casi estuvo a punto de arruinar su amistad. De hecho, prácticamente dejaron de verse durante un periodo de dos años.

ARTEN: Por fortuna, ambos eran muy intuitivos y empezaron a ver todo aquel episodio, así como sus vidas en general, como una lección espiritual. Sintieron que tenían que perdonarse mutuamente, aunque aún no habían aprendido el arte que los capacitaría para hacerlo. De modo que lo hicieron lo mejor que supieron, y lo hicieron muy bien. A partir de entonces, tanto en esa vida como en otras, siempre se perdonaban el uno al otro si tenían que hacerlo, y lo hacían con rapidez. Perdonar con rapidez es un signo de madurez espiritual, y aunque todavía estaban en un estado dualista, se dieron cuenta de que el perdón es una parte esencial del progreso espiritual. También empezaron a cuestionar todo el sistema y la lógica del ciclo de nacimiento y muerte, aunque aprendieron más sobre ello posteriormente.

PURSAH: Esto y todas las experiencias de la vida *shinto* que habían compartido fueron muy útiles para ellos en la próxima vida que compartieron, en la que llegaron a conocer al maestro y autor parcial del *Tao Te Ching,* Lao-Tsé.

ARTEN: La vida en la que J y el futuro Buda fueron estudiantes de Lao-Tsé tuvo lugar en torno a 600 a. C., unos doscientos años antes de Buda y unos cincuenta años antes de Confucio. Una vez más, no esperes que los historiadores se pongan de acuerdo con respecto a las fechas, pero entonces fue cuando ocurrió. A propósito, Confucio fue un filósofo. No contaba con una disciplina o religión establecida. El taoísmo, por otra parte, era una disciplina.

GARY: ¿Creía Lao-Tsé en el no dualismo?

ARTEN: Sí, absolutamente. Entendió que todo lo que parece tener forma es una ilusión y que el Tao no tiene forma. Esto saca a la luz un punto que estableceremos de vez en cuando a lo largo de estas conversaciones. Todos los profesores de los que vamos a hablar creyeron en el no dualismo. Ellos supusieron que la verdad de la unicidad es cierta y que nada más es verdad, punto. Y lo que *siempre* ocurre a continuación es que algunos estudiantes toman sus enseñanzas y les dan una formulación dualista. Entonces, una vez que la verdad se ha cambiado, se transmite al mundo del sueño como algo que ya no es la verdad. Esto ha ocurrido durante miles de años tan solo en este ciclo histórico, porque la verdad es demasiado amenazante para la supervivencia del ego.

La especialidad del ego es cambiar la verdad, tanto si se trata del Vedanta, de Lao-Tsé, de Buda o de *Un curso de milagros*. La única solución es la que te estamos señalando desde los años noventa: tienes que deshacer el ego o el ego seguirá deshaciendo la verdad. No puede evitarlo. Eso es lo que el ego hace. Es como una máquina de sobrevivir. Y, por supuesto, los estudiantes y profesores no saben que están cambiando la verdad. Es como la proyección. Tampoco se dan cuenta de que están proyectando. Simplemente piensan que están en lo correcto.

GARY: ¿Y la causa es la resistencia inconsciente a la verdad?

ARTEN: Sí. La mayoría de la gente considera que la palabra *Tao* significa 'tu sendero'. Pero, para Lao-Tsé, esta palabra tenía que ser entendida en dos niveles. En el nivel del mundo, sí significa 'tu sendero'. Pero, en el nivel macro, es la verdad, la unicidad que está más allá de la ilusión.

GARY: ¿Llamaría Lao-Tsé Dios a la unicidad?

ARTEN: No. A los chinos, como sabes por tus visitas a ese país, no les va mucho la idea de Dios. De modo que, para un taoísta, la verdad es simplemente la verdad sin forma. Hasta la llegada de *Un curso de milagros* y el no dualismo puro, la perfecta unicidad de Dios no se había reconocido como la única realidad, la verdad última. Por supuesto, siempre había un maestro aquí o allá que sabía la verdad última, pero no eran famosos, y a la mayoría de ellos no les importaba serlo.

GARY: Siempre me he planteado preguntas con respecto a eso. Me refiero a que, si realmente experimentas que el mundo es un sueño y que tú eres el soñador, ¿por qué te podría importar que alguien supiera que estás iluminado?

PURSAH: Ese es un buen punto. Pero, a veces, con fines didácticos, es apropiado decir cuál es tu experiencia.

GARY: Te refieres a ocasiones como cuando Buda dijo: "Estoy despierto".

PURSAH: Sí, y hablando de Buda, sus enseñanzas y las de Lao-Tsé fueron muy similares. A veces se atribuyen a Buda frases que Lao-Tsé dijo primero, y otras de Buda se atribuyen a Lao-Tsé. En cualquier caso, finalmente Buda superó parte del planteamiento de Lao-Tsé.

GARY: ¿Cómo fue eso?

PURSAH: Te contaremos más sobre Buda más adelante, pero aquí vamos a apuntar una diferencia entre él y Lao-Tsé porque ayudará a explicar las experiencias de J y Buda con él. Lao-Tsé era inusual en el sentido de que, aunque entendía el no dualismo, también era un asceta y exigía que sus alumnos lo fueran. Esto condujo a sus estudiantes más hacia una experiencia de semidualismo que de no dualismo, porque, si crees que tienes que negarte los placeres del mundo, estás dando realidad a la ilusión a través de tu resistencia a ella.

GARY: Es como cuando piensas que tienes que renunciar a algo, esto lo hace tan real en tu mente como cuando lo deseas.

PURSAH: Exactamente. Sin embargo, Lao-Tsé fue el primero en enseñar que el deseo conduce al sufrimiento. Y pensó que renunciar al mundo ayudaría a sus estudiantes a renunciar al deseo. Argumentaba mucho en contra de participar en las cosas del mundo, como cuando dijo: "El sabio, como no hace nada, nunca arruina nada".

GARY: ¡Por fin! Una buena excusa para ser vago.

PURSAH: Bien, Buda, que estaba bajo la influencia de Lao-Tsé y del Vedanta, creyó exactamente lo mismo doscientos años después. Pero, al vivirlo, tuvo una revelación importante. Se dio cuenta de que, si quieres escapar del sufrimiento a través de la renuncia al deseo —uno de los principales objetivos del taoísmo y del budismo—, vivir tu vida de manera extrema a menudo te impedirá tener claridad mental. Además, no resulta verdaderamente satisfactorio. Finalmente Buda adoptó "el camino medio". Al renunciar al ascetismo, que él mismo y sus seguidores habían practicado durante años, explicó que, si el mundo no es real, no necesitas renunciar a él. Al mismo tiempo, tampoco tienes que volverte loco experimentando los placeres mundanos y hacer intentos orgiásticos para que te resulte más tolerable. En otras palabras, ¡sé normal! Desde ese lugar de normalidad es más fácil aplicar la verdad a la ilusión de la que eres testigo, porque puedes pensar con más claridad y vives situaciones normales a las que puedes aplicar las enseñanzas. Date cuenta de que no he dicho que sean situaciones *fáciles;* he dicho situaciones normales. A veces las situaciones de la vida son muy duras, como la muerte de un ser querido. Pero, incluso entonces, sé normal. Si necesitas tiempo para vivir el duelo, tómatelo. Si tienes hambre, come. Si estás enfermo, toma tu medicina o haz lo que funcione mejor para ti.

Tenemos el nivel de la mente y el nivel del sueño. Pertenecen a órdenes distintos, como manzanas y naranjas. No tienes que cambiar el mundo del sueño, solo la manera de mirarlo. Esta es la diferencia entre situarse en la *causa* o en el *efecto*. Tu trabajo es ocuparte de la causa. Si lo haces, el efecto cuidará de sí mismo.

ARTEN: Aunque Lao-Tsé no siempre fue perfecto en sus enseñanzas, era un maestro, de modo que vamos a dejar claro que entendía los trucos del ego. Por ejemplo, cuando eres joven, es como si lo vieras todo por primera vez, realmente crees que es eso lo que está ocurriendo. El velo del olvido es tan grueso que te hace ver todo como si fuera nuevo, y ciertas cosas atraerán tu interés, e incluso es posible que te fascinen. Es un truco del ego para que eso te parezca importante y te involucres. Evidentemente, el guion está escrito, como después dijo el *Curso,* pero tú no lo sabes en ese momento. Simplemente crees que es real y asombroso.

GARY: Sí, recuerdo que, cuando tenía unos tres años, fui a casa de mi primo, y había unos estantes detrás de un cristal. Sobre uno de los estantes había un globo de color azul brillante, y me sentí tan fascinado por él que quería tenerlo a toda costa.

ARTEN: ¿No es asombroso cómo una cosa muy simple puede significar tanto para ti? Y sabes que eso no para nunca. Simplemente las cosas se vuelven más complicadas, e incluso si solo se trata de aficiones, parecen muy importantes.

GARY: Es verdad. Como la primera vez que mi padre nos llevó a mi hermano Paul y a mí a Fenway Park. Yo tenía siete años, vivíamos en New Hampshire y hacía un par de años que veíamos al equipo de béisbol de los Red Sox en la televisión en blanco y negro. Nunca los había visto en el estadio. Caminamos a lo largo de la pista y vimos Fenway por primera vez, y yo me sentí absolutamente asombrado y fascinado de lo *verde* que era —la hierba, las paredes— y de los vivos colores de todo lo demás. Estaba enganchado. Acabé yendo allí al menos cien veces a lo largo de los años, y probablemente habría ido todavía más si hubiera residido en Boston.

ARTEN: Las fascinaciones que duran toda la vida están incluidas en el guion, Gary; pueden presentarse a lo largo de todo el recorrido y ninguna de ellas es accidental. La cuestión es para qué son.

GARY: Bueno, sé que los Red Sox ganaron las series mundiales en 1918 y no volvieron a ganarlas hasta que yo los perdoné.

ARTEN: No sé si te puedes atribuir algún mérito por su triunfo en las series mundiales, excepto a nivel macro, pero ciertamente puedes disfrutar los beneficios de perdonarlos.

PURSAH: Debido al velo, la novedad de la experiencia siempre estará presente ocasionalmente, incluso a medida que te hagas mayor. Las personas siempre actúan como si ellas fueran las primeras en tener un bebé, y no se dan cuenta de que, aunque sea su primer bebé, no es la primera vez que tienen uno. Solo el olvido hace que bloqueen el recuerdo de todas las demás familias que han tenido a lo largo de miles de años de vidas oníricas.

GARY: De modo que el ego quiere que pensemos que las relaciones especiales son vitales, y esas relaciones empiezan con la familia y siguen presentes más adelante.

PURSAH: Absolutamente. Y en la vida de la que estamos hablando, J y Buda también tuvieron una relación desde la infancia. Pero no eran niños comunes. Debido a su anterior disciplina *shinto,* sus mentes ya estaban más avanzadas que la mente de la persona media, que no está particularmente interesada en lo invisible. De hecho, eran lo que se podría denominar *psíquicos* o *clarividentes*.

GARY: De niño, nunca me sentí clarividente. Más bien creo que tenía clarievitación.*

PURSAN: Como decía, eran únicos, no especiales, sino únicos por su capacidad de ahorrar tiempo. Esto los llevó a estar en los lugares adecuados en los momentos adecuados.

GARY: Espera. Una pregunta rápida antes de seguir. ¿En cuántas vidas se conocieron estos dos sujetos?

PURSAH: No siempre fueron hombres, pero en unas cuarenta. Solo vamos a mencionar las siete más relevantes.

GARY: ¡Cuarenta! Son muchas, ¿no?

ARTEN: En realidad no es un número muy elevado, en absoluto. Hay seres a los que has conocido varios cientos de veces a lo largo de miles de existencias oníricas. J y Buda no tuvieron tantas vidas oníricas como tú porque no las necesitaron, y la razón por la que su relación te parecerá muy importante es que conocieron a personajes famosos que eran maestros espiritua-

---

* Aquí el autor hace un juego de palabras entre términos que suenan parecido en el original inglés. *(N. del t.)*

les. Hay una buena razón para ello. Recuerda que no creían en el sueño tanto como otros. Por eso estaban preparados para estar con personas dispuestas a enseñarles.

GARY: Así que, cuando el estudiante está preparado, el profesor aparece.

ARTEN: Sí, y viceversa.

PURSAH: En aquel tiempo, en China, la vida tenía más diversidad de lo que podrías pensar, en parte porque China es muy grande. Lo que lees en los libros de historia solo es una pequeña parte de la historia, pero no tiene sentido entrar en ello ahora. En cuanto a lo que nos atañe, lo importante es la verdad, y usarla para despertar del sueño.

A partir de ahora, cuando hablemos de Buda, nos referiremos a él simplemente como B. Y los nombres de J y B en los tiempos de los que hablamos eran Shao Li, que era mujer, y Wosan, que era hombre. Eran vecinos y ambos tenían capacidades psíquicas. En principio, esta no era una circunstancia favorable para sus familias, que se preocupaban de que sus hijos fueran considerados distintos, y de que la gente se riera de ellos o algo peor. Pero la actitud de los padres cambió cuando la gente supo de las capacidades de los niños y las familias ricas empezaron a pedirles consejo. Estas familias podían pagar con oro, y los padres, que no eran ricos, no estaban dispuestos a desaprovechar la oportunidad. Los niños les contaban cosas y detalles que era imposible que ellos supieran, y así las familias comprobaban que sus habilidades eran verdaderas. Seguidamente Shao Li y Wosan les describían lo que debían hacer para conseguir lo que querían.

GARY: ¿De modo que Shao Li fue más adelante J y Wosan fue más adelante B?

PURSAH: Correcto. Ahora bien, la gente no ha cambiado mucho en dos mil seiscientos años, solo cambian los escenarios. Quienes venían a consultar a los niños querían dinero, éxito, fama y amor especial. Y los niños eran realmente muy buenos para guiarlos hacia esas cosas. Si hubieran querido, Shao Li y Wosan habrían tenido "la vida resuelta" para el resto de su existencia.

No obstante, ese no fue el final de la historia. Shao Li y Wosan, que habían sido amigos de niños, se enamoraron de adolescentes. También empezaron a desear algo más que la vida que tenían. Es posible que sus padres fueran relativamente felices, pero ellos no. Sabían que había más, mucho más: más que aprender, más que experimentar y algo más importante que lo que el mundo físico tenía que ofrecer. Planearon su escapada durante meses. Entonces, una noche, cogieron lo que pudieron, incluyendo cierta cantidad de oro, y escaparon. Llegaron a irse muy lejos.

Se casaron y continuaron viajando. Al principio eran como peces fuera del agua; daban pasos tentativos y trataban de integrarse en las ciudades donde se encontraban. Pero, trascurrido más o menos un año, oyeron hablar de un profesor que conocía "los secretos de la vida" y podía guiarlos hacia la salvación. Shao Li y Wosan empezaron a animarse. Su aguda intuición les indicó que debían ir a ver a ese hombre y aprender de él.

El hombre era Lao-Tsé. En aquel tiempo, la mayoría de los profesores y de las tradiciones no aceptaban estudiantes de sexo femenino, pero Lao-Tsé era diferente. Llevó a los dos recién llegados a un lugar aparte para dirigirse a ellos. Les dijo que, para ser sus seguidores, debían renunciar a las posesiones mundanas y al apego a las viejas creencias, y que, en último término, se les pediría que renunciaran al deseo. ¿Estaban preparados para aceptar ese tipo de vida?

Lo estaban. Confiaron en su sabiduría innata, aunque no sabían si ese estilo de vida sería algo permanente para ellos. Lao-Tsé buscaba personas comprometidas, pero Shao Li y Wosan estaban experimentando, querían ver si esto era realmente lo que buscaban. Ya habían vivido años de descontento y no querían repetir. De modo que, si estar con Lao-Tsé no funcionaba para ellos, estaban dispuestos a pasar a otra cosa. No obstante, sí mostraron cierto compromiso y regalaron el oro que les quedaba a los mendigos de la calle. Llevaban a algunos de estos mendigos a un lugar aparte y les daban pequeñas cantidades para evitar que se montaran escenas o hubiera reyertas.

ARTEN: Hace falta tiempo para acostumbrarse a ser un asceta. Si uno está acostumbrado a comer con regularidad, se puede pasar mucha hambre. Al principio, Shao Li y Wosan echaban de menos la comida sabrosa y abundante, así como los numerosos servicios que habían sido capaces de costearse. Pero el maestro les enseñó mucho sobre la naturaleza del mundo, que según él era completamente ilusorio. Hablaba con claridad sobre el hecho de que el mundo entero es el resultado de los trucos del ego.

En ocasiones, Lao-Tsé se llevaba a uno de ellos aparte para hablar. Cualquier estudiante a quien se brindaba esta oportunidad la consideraba un privilegio. Lo que sigue es un ejemplo de un intercambio que tuvo con Shao Li, traducido al castellano. Puedes encontrar algunos de los dichos de Lao-Tsé en el *Tao Te Ching*. Por supuesto, el *Tao Te Ching* ha sido reinterpretado y cambiado en múltiples ocasiones, tal como otras enseñanzas y tradiciones.

LAO-TSÉ: Lo que un ser humano ve viene del yo, que es mente, y no se está haciendo a la persona, que es como la mayoría de la gente lo experimenta. Casi todos los seres humanos se ven a sí mismos como víctimas de un mundo externo a ellos. Y si el mundo estuviera fuera de ellos, *serían* víctimas. Pero el pensamiento del mundo de la multiplicidad no está fuera, sino dentro, y a continuación se lo ve como si estuviera fuera. La idea no ha abandonado la mente, donde siempre ha permanecido. Y este es el único lugar donde el pensamiento puede ser cambiado y donde se puede tratar el problema.

La verdad es el Tao, y el Tao es Uno. No tiene partes. No colisiona con otras cosas ni hace ruido. Simplemente es. Solo necesita ser. Y tú solo necesitas ser.

SHAO LI: Maestro, si la ilusión no es verdad, ¿por qué parece tan real?

LAO-TSÉ: Ciertamente parece real, pero también lo parecen los sueños que tienes en tu mente por la noche. Ahora bien, ¿el hecho de que parezcan reales los hace reales? No. Es tu lealtad a ellos lo que los hace reales: tu firme creencia en los trucos del ego da como resultado una vida ilusoria. A todo el mundo le llega el momento de retornar a la Unicidad, pero no serás capaz de permanecer allí hasta que tú misma hayas alcanzado la condición de Unicidad.

El Camino está vacío, y sin embargo lo contiene todo. Las palabras no pueden describirlo. Es mejor buscarlo dentro de uno. La respuesta espera a quien está libre de deseo.

SHAO LI: Pero, maestro, ¿cómo puedo no tener deseo?

LAO-TSÉ: No hay "pero". Si no crees en él, el mundo no puede tentarte con deseos. Practica el camino de la renuncia y descubrirás que tus creencias cambian.

SHAO LI: Si todo esto está en mi mente, entonces, ¿por qué cambiar mi conducta? ¿Por qué no limitarme a cambiar mi mente?

LAO-TSÉ: Esa es una pregunta excelente, alumna brillante. Pero ten cuidado con el exceso de lucidez. ¿*Puedes* tú cambiar tu mente directamente? Eso es algo que no puede hacerse sin disciplina. Y es más fácil disciplinar la mente disciplinando la conducta. La disciplina de la conducta mundana nace de hábitos, y lo mismo ocurre con la disciplina mental. Debes adoptar los hábitos correctos. Renunciar al mundo en tus acciones te ayudará a renunciar a tu creencia en él. Esto, a su vez, te ayudará a liberarte del deseo y del sufrimiento. Cuando estés libre de sufrimiento, estarás en paz. La Unicidad es paz, y tú estarás más preparada para volver a unirte a ella. El mundo y su ilusión de conflicto ya no tendrán poder sobre ti.

ARTEN: Aquí puedes ver la lógica de Lao-Tsé. Pero, al mismo tiempo, hace pasar a sus alumnos por una etapa en la que piensan que tienen que renunciar a las cosas para poder liberarse de ellas. Sin embargo, al pensar que deben renunciar a ellas, las hacen reales en su mente y esto les impide dejar de creer en ellas.

GARY: ¿Y esa es la razón por la que Buda acabó recomendando el camino medio, no demasiado mundano, pero sin volcarse tampoco en la renunciación?

ARTEN: Exactamente. Además, estoy seguro de que sabes que no sería fácil renunciar completamente al mundo.

GARY: No, no lo sería, aunque saldría más barato.

ARTEN: En cualquier caso, el objetivo era acabar renunciando al apego mental al mundo. Según Lao-Tsé, renunciar a él físicamente solo era un paso intermedio. De modo que demos crédito a quien se lo merece. Lao-Tsé influyó mucho en Buda y en todo lo que vino después del taoísmo, empezando por nuestro amigo Wosan e incluyendo el budismo, el platonismo, J, el gnosticismo e incluso, en cierta medida, el cristianismo antes de convertirse en una farsa romana. Lao-Tsé entendió y enseñó no dualismo, aunque no todos pudieron captarlo.

PURSAH: Lao-Tsé y algunas partes del *Tao Te Ching* escritas por él hacen énfasis en la ética, pero debe entenderse que su propósito era domesticar el ego. Él consideraba que la humildad es la piedra angular de la verdadera ética.

Lo que sigue es un intercambio entre Lao-Tsé y Wosan.

LAO-TSÉ: Debes tener la humildad que inclinaría su cabeza ante un niño. Renuncia al respeto. No lo necesitas. No pienses que necesitas nada. Necesitar algo es ser prisionero de ello. No necesitar nada es ser rico, pues ya tienes todo lo que necesitas.

WOSAN: Entonces, ¿cómo sabré qué hacer?

LAO-TSÉ: No tienes que hacer nada. El Tao es vacío. En tu vida ilusoria, estar vacío es no tener planes. La ilusión carece de significado. ¿Por qué tendrías que planear para conseguir algo que no tiene significado?

WOSAN: Entonces, ¿por qué tratamos de liberarnos de ello?

LAO-TSÉ: Exactamente.

GARY: ¿Aquí hay un pequeño *koan*?

ARTEN: Sí, y esto fue antes de que existiera el zen. Lao-Tsé supo que cada estudiante pasa por muchas etapas, todas ellas temporales. Tú has pasado por muchas fases tan solo en este ciclo de vida. ¿Ha durado alguna de ellas?

GARY: No. Según mi experiencia, las distintas fases del sendero parecen durar entre seis y nueve meses, y ocasionalmente llegan a durar más de un año y medio. Nunca dos años. Algunas etapas son buenas, incluso divertidas, pero otras son duras.

ARTEN: Bien. En esta vida Shao Li y Wosan pasaron por diversas fases, y también tuvieron algunas de las que podríamos llamar experiencias cumbre. Tú también las has tenido, ¿cierto?

GARY: Sí, pero creo que llegué a la cumbre demasiado pronto.

PURSAH: La meditación formaba parte de la rutina diaria de cada alumno de Lao-Tsé. La idea era alcanzar la quietud mental absoluta; llegar finalmente a que ningún pensamiento, de ningún tipo, interfiera. Así la mente se vuelve más pacífica.

GARY: Mi comprensión es que uno no puede iluminarse únicamente con la meditación. ¿Es correcta?

ARTEN: Sí, pero no nos adelantemos demasiado. Es conveniente calmar la mente. La meditación ayuda a preparar la mente para el entrenamiento. Pero el entrenamiento más importante es el que se hace a través de un sistema de pensamiento. El sistema de pensamiento de Lao-Tsé, como la mayoría, no cubría todo el camino de vuelta a casa, aunque era bueno. Más adelante entraremos en la importancia de tener un sistema de pensamiento.

PURSAH: Un día, Wosan estaba meditando en una colina. Como sabes, China es un país montañoso. No tiene tanta abundancia de tierra de labor como América.

GARY: Por eso todo lo que pueden lo convierten en comida. Comí pies de pollo, lengua de pato y sangre de cerdo. Puedo probar cualquier cosa una vez, menos cerebro de mono. Yo también tengo mi ética, ¿sabes?

PURSAH: Wosan empezó a perder la conciencia de su cuerpo. Empezó a desaparecer hasta hacerse invisible. Su conciencia comenzó a expandirse, y ya no estaba limitado al espacio que había ocupado antes. Todavía podía ver el mundo, pero ya no le parecía que nada en el mundo fuera más grande que él. El mundo salía de él en lugar de venir a él. Ya no era un cuerpo, sino una mente, y era con la mente con lo que veía, no con los ojos del cuerpo. Era ingrávido y la experiencia fue extática. Mientras continuaba expandiéndose, supo que aquel estado era más acorde con su verdad. La razón por la que se había sentido tan pequeño era que creía que el cuerpo era él, pero ahora sabía que ya nunca podría volver a creer eso.

GARY: Esa es una experiencia genial. Imagino que le costó ponerla en palabras.

ARTEN: Oh, sí. Las experiencias cumbre están más allá de las palabras, tal como la verdad está más allá de las palabras. Establezco la distinción entre estas dos cosas porque la verdad real, como veremos, está todo un nivel más allá de la experiencia de Wosan. Pero, sin duda, esta fue un paso en la dirección correcta.

PURSAH: Wosan explicó lo mejor que pudo su experiencia a Shao Li y a Lao-Tsé. Ellos pudieron ver su sinceridad y se alegraron por él. Shao Li y Wosan estaban muy enamorados, y se animaban mutuamente siempre que podían.

GARY: ¿Tenían sexo?

PURSAH: Sí, tenían una relación normal, pero no estaban obsesionados con él. Era una manera de expresar amor. No obstante, tenían que ocultarlo de Lao-Tsé, que pedía a sus estudiantes que fueran ascetas para contarse entre sus seguidores.

ARTEN: Wosan tuvo otras experiencias cumbre, y Shao Li también tuvo las suyas. En una ocasión los dos dormían fuera, bajo las estrellas, cuando ella despertó. Miró hacia arriba y empezó a abrazar la Luna, las estrellas y todos los sonidos de la oscuridad. No se sentía separada de nada en el universo; más bien ella *era* el universo. Estaba por todas partes. Las limitaciones de tiempo y espacio se habían roto, y sintió la Unicidad de todo lo que es. Nada era sólido; todo era intercambiable. Cuando esta experiencia se disipó, Shao Li ya no volvió a pensar en el universo del mismo modo.

PURSAH: Este es el tipo de experiencias que todo buscador tiene en algún momento, en alguna vida. Es posible que ese momento no se dé en esta vida que vives ahora, aunque estés en el sendero. Es posible que ya hayas tenido experiencias así en otra vida, y que en esta vida tengas que enfocarte más en la disciplina, en lugar de repetir vivencias que ya has tenido. Por eso nadie debería comparar sus experiencias con las de otros. Ningún paso del sendero ocurre por accidente, y tampoco son accidentales las experiencias que pareces tener o no tener a lo largo de él.

GARY: ¿Pasaron nuestros amigos el resto de sus vidas con Lao-Tsé?

ARTEN: No, no lo hicieron. Le siguieron durante seis años, la mayor parte del tiempo trasladándose de un lugar a otro. Transcurrido ese periodo, y después de considerarlo muy cuidadosamente, decidieron irse. Acumularon el coraje para decírselo. No querían escapar. De hecho, querían darle las gracias, y se las dieron. Habían aprendido mucho en poco tiempo, pero sentían que podían seguir haciendo buenos progresos por su cuenta. Él los había introducido a la no dualidad, y ahora ellos estaban preparados para "tomar lo aprendido y desarrollarlo". También habían decidido tener hijos.

GARY: ¿Los tuvieron?

ARTEN: Sí, cuatro, aunque uno de los niños murió de pequeño.

PURSAH: Nuestros dos amigos habían pasado del semidualismo como *shintos* al no dualismo del taoísmo. Pero no es fácil pasar por el ojo de la aguja. Todo debe ser perdonado, y buena parte de las experiencias repetitivas del ser humano solo consisten en establecer el aula para aprender, mediante estas oportunidades repetidas, a perdonar completamente a aquellos con los que sigue entrando en contacto una y otra vez.

Más adelante fue J quien se dedicó completamente a enseñar el perdón, aunque la mayoría de la gente no le entendió. Actualmente sus explicaciones son más profundas y hay más gente que las está entendiendo.

ARTEN: Continuaremos examinando el no dualismo hasta llegar al no dualismo puro. Entre tanto, confiamos en que seguirás hablando mentalmente con J y aprendiendo de él. Tienes una relación íntima con él, ¿cierto?

GARY: Claro. De no ser por Jesús, no tendría nadie a quien admirar.

PURSAH: Cuando volvamos, examinaremos dos ocasiones diferentes en las que J y B se conocieron como hindúes. El hinduismo es el clásico ejemplo de no dualismo que acaba dando lugar a un dualismo. Sin embargo, algunos han sido capaces de encontrar el camino de vuelta a casa gracias a lo que aprendieron de él y, lo que es mucho más importante, a cómo lo aplicaron. Que estés bien. A propósito, Luna ha sido buena. No te olvides de darle una galleta y algunas caricias.

Y con esto se fueron, aunque en realidad nunca se fueron.

3

Una vida como hindúes

"Hay dos senderos eternos. Uno es luminoso, el otro es oscuro.
El primero conduce a la libertad de la rueda de la muerte y el
renacimiento.
El otro vuelve a traerte aquí.
Lo Real nunca deja de ser. Lo irreal nunca es".

BHAGAVAD GITA

Hace muchos años, cuando oí por primera vez la cita anterior
del Bhagavad Gita pronunciada en una conferencia espiritual, no
pude evitar darme cuenta de que decía que solo hay dos cosas
entre las que elegir, no muchas. Solo hay dos caminos, y cada
uno conduce a un resultado muy específico. Esta simplicidad me
gustó. También había oído que el antiguo Advaita Vedanta hindú lleva ese nombre porque las palabras significaban "el final
del conocimiento". Pensé que eso era genial. La mayor parte de

los métodos occidentales se enorgullecen de su abundancia de conocimientos, ¡y aquí había algo que veía el final del conocimiento como algo bueno! Me interesaba.

Hasta muchos años después no descubrí que estas ideas estaban asociadas con algo llamado no dualismo. Al principio de mi camino espiritual ni siquiera sabía qué era eso.

Las palabras pronunciadas por Lao-Tsé me recordaron algo que Cindy había dicho en una ocasión: "No tengo nada que hacer y tengo todo que ser". Pensé que era una frase brillante. Pero la propia Cindy fue la primera en añadir que esto no significa necesariamente que uno no haga nada. En un momento dado, *Un curso de milagros* dice: "No tengo que hacer nada".[1] Muchos lo han malinterpretado creyendo que significa que no has de hacer nada; eso es lo que el *Curso* llamaría una *confusión de niveles*. Lo importante es que no *necesitas* hacer nada. No "tienes que". Si piensas que "tienes que", eso implica la identificación con el cuerpo, de modo que uno tiene que poner esta cita en contexto, y añadir también el aspecto esencial de ahorrar tiempo que tiene el perdón del *Curso*:

> Cuando la paz llega por fin a los que luchan contra la tentación y batallan para no sucumbir al pecado; cuando la luz llega por fin a la mente que se ha dedicado a la contemplación, o cuando finalmente alguien alcanza la meta, ese momento siempre viene acompañado de este feliz descubrimiento: *"No tengo que hacer nada"*.
>
> He aquí la liberación final que todos hallarán algún día a su manera y a su debido tiempo. Tú no tienes necesidad de ese tiempo. Se te ha economizado tiempo porque tú y tu hermano estáis juntos. Este es el medio especial del que este curso se vale para economizarte tiempo. No aprovechas el curso si te empeñas en utilizar medios que les han resultado muy útiles a otros, y descuidas lo que se estableció *para ti*. Ahorra tiempo valiéndote únicamente de los medios que aquí se ofrecen, y no hagas nada más. "No tengo que hacer nada" es una declaración de fidelidad y de una lealtad verdaderamente inquebrantable. Créelo aunque solo sea por un instante, y

lograrás más que con un siglo de contemplación o de lucha contra la tentación.

Hacer algo siempre involucra al cuerpo. Y si reconoces que no tienes que hacer nada, habrás dejado de otorgar valor al cuerpo en tu mente. He aquí la puerta abierta que te ahorra siglos de esfuerzos, pues a través de ella puedes escaparte de inmediato, liberándote así del tiempo.[2]

No hacer nada es descansar, y crear un lugar dentro de ti donde la actividad del cuerpo cesa de exigir tu atención. A ese lugar llega el Espíritu Santo, y ahí mora. Él permanecerá ahí cuando tú te olvides y las actividades del cuerpo vuelvan a abarrotar tu mente consciente.

Mas este lugar de reposo al que siempre puedes volver siempre estará ahí. Y serás más consciente de este tranquilo centro de la tormenta que de toda su rugiente actividad. Este tranquilo centro, en el que no haces nada, permanecerá contigo, brindándote descanso en medio del ajetreo de cualquier actividad a la que se te envíe.[3]

En el estado de no dualismo, que Lao-Tsé comprendió, a ninguna parte de la ilusión se le otorga realidad, y la Verdad no incluye ninguna ilusión. La verdad y la ilusión son mutuamente excluyentes, algo de lo que casi nadie se da cuenta. En cambio, como dicen mis profesores, la gente siempre trata de hacer que la ilusión, o al menos parte de ella, sea verdad. Esto incluye el intento de traer a la ilusión a quien quiera que esas personas piensen que son el creador o los creadores del universo, haciendo que dicha deidad sea responsable de él.

Una de las creencias más comunes de la Nueva Era es que Dios creó el universo dualista para poder experimentarse a Sí Mismo. Casi nunca se cuestiona la locura de esta idea. Es como decir que, para disfrutar, apreciar y experimentar la alegría orgásmica del sexo, tienes que dispararte en el estómago a fin de disponer de una experiencia dualista con la que compararla. Pero Dios no está loco. La verdad es un estado constante, y como dicen tanto la Biblia como el *Curso,* Dios sigue siendo amor perfecto. Este mundo de sueño es lo opuesto de la perfección, pero la realidad de Dios nos da un hogar perfecto al que regresar. Sin embargo, para volver al mundo real, uno tiene que despertar de este. No hay dos mundos reales. La matemática del no dualismo es muy simple. Siempre llega al uno.

Desde el otoño de 2013, cuando se publicó mi tercer libro, *El amor no ha olvidado a nadie,* continuaba viajando por todo el mundo para enseñar el *Curso,* la mayor parte de las veces con Cindy como copresentadora. Me di cuenta de un fenómeno interesante relacionado con los sueños que tenía en la cama por la noche. Sabía que *UCDM* dice que todas las mentes están unidas. Esto es cierto porque, en último término, solo hay una mente; en realidad, solo hay uno de nosotros que piensa que está aquí. Por eso son posibles los fenómenos psíquicos. Un buen psíquico o médium es capaz de "conectar con" partes de la mente aparentemente separadas y recibir mensajes e información.

A medida que pasaban los años de viajes, me di cuenta de que mis sueños nocturnos podían estar influenciados por el número de personas que había en el área donde me encontraba. Si estaba en un lugar tranquilo —como Cedar Rapids, Iowa—, mis sueños solían ser pacíficos y tranquilos, excepto en el caso raro de que hubiera alguien cerca que viviera un gran conflicto. Por otra parte, si estaba en una gran ciudad —como Cantón, en China, que tiene trece millones de habitantes—, a menudo tenía sueños activos y caóticos, que a veces incluían escenas violentas. Mientras dormía, mi mente se sintonizaba con las mentes de otras personas del área.

Un corolario feliz de esto es que, como las mentes están unidas, si tu mente se está volviendo más pacífica y tiene más pensamientos de la mente recta con el Espíritu Santo, no puedes evitar ser una influencia benéfica para los que te rodean. El *Curso* enseña que la simple presencia de un Maestro de Dios actúa como recordatorio. A cierto nivel, llegas a la mente de la gente tanto si te das cuenta de ello como si no. Esto no significa que puedas hacer el trabajo de perdón en lugar de otras personas;

ellas siguen teniendo que hacer su parte, pero puedes indicarles cuál es la dirección correcta.

A lo largo de la historia muchos estudiantes han pensado que se iluminarían simplemente viviendo en presencia de un maestro. Pensaban que, de algún modo, la iluminación del maestro se les pegaría, como cuando uno pilla un virus o algo parecido. Sería genial. Por desgracia, la cosa no funciona así; no lo hacía hace dos mil seiscientos años ni lo hace ahora. El ego tiene que ser deshecho y eso requiere disciplina.

La siguiente vez que mis amigos ascendidos se presentaron, yo había estado viendo unos programas de noticias en la CNN y en MSNBC, y trataba de perdonar lo que había visto. Mi esfuerzo por perdonar se veía facilitado por el hecho de que las noticias se habían vuelto más cómicas, casi como dibujos animados. Sí, hay una tragedia tremenda en la película-ilusión que llamamos vida, pero lo que la vuelve dolorosa es hacerla real. Arten inició la conversación.

ARTEN: Veo que has estado entreteniéndote con las noticias. Eso está bien, siempre que recuerdes para qué son. Después de todo, a todo el mundo le gusta el circo.

GARY: Lo sé. No me puedo creer que a Donald Trump le vaya bien.

ARTEN: Entonces no te lo creas.

GARY: Oh, sí.

PURSAH: Hoy vamos a ofrecerte un vislumbre de una parte muy interesante de la historia que J y B vivieron juntos, una vida como hindúes y que supuso para ellos un salto hacia delante. Posteriormente volvieron a conocerse como budistas, al principio mismo de lo que llegaría a ser el budismo. De modo que debes darte cuenta de que el budismo es parecido al hinduismo, pero sin todos los dioses. El monoteísmo, la creencia en un solo Dios, no se popularizó hasta el judaísmo, y después con el cristianismo y el islam. A propósito, estas tres confesiones tienen el mismo Dios: el Dios de Abraham. Pero, antes de estas religiones, generalmente se tenían al menos unos pocos dioses para distintos propósitos.

GARY: Como los dioses griegos.

PURSAH: Sí. Los hindúes y los griegos probablemente tuvieron la mayor cantidad de dioses, y el budismo se enfocó en la mente. A propósito, hablaremos un poco del budismo más adelante, pero, como ahora vamos a hablar del hinduismo, debes saber que al principio el budismo era considerado parte del hinduismo, como una secta, del mismo modo que inicialmente el cristianismo se consideró parte del judaísmo, y no algo separado. Asimismo, el budismo nunca tuvo mucho arraigo en India. Solo despegó, como dirías tú, cuando llegó a China.

GARY: Sí, es difícil conseguir un gran éxito.

ARTEN: Algo preciso que se puede decir sobre el hinduismo y su historia es que son complicados, de modo que no vamos a entrar en todos los libros y escuelas de pensamiento. Los hindúes creen que muchos de sus dioses, incluso Krishna, tienen al menos tres mil doscientos años de antigüedad. Esto no puede confirmarse, pero esa es la creencia. Parte de la filosofía Advaita Vedanta también es anterior a los tiempos históricos. Tal vez recuerdes que hace mucho te dijimos que la idea original del hinduismo no dual fue interpretada por algunos seguidores de Shankara como dualista, y así es como un amplio segmento de los hindúes piensan en su religión. Lo mismo ocurre con el *Curso*. A propósito, tú dijiste que fue Shankara quien lo malinterpretó, pero eso es un error: fueron algunos de sus alumnos los que lo interpretaron y transmitieron mal.

Queremos contarte un poco sobre una vida que J y B compartieron en torno a 500 a. C. Esto fue como cien años después de su experiencia con Lao-Tsé. Sus nombres eran Harish y Padmaj. No hace falta conocer sus nombres completos. Eran primos y vecinos en un pueblo bastante grande. Fueron educados para ser hindúes devotos, pero Harish sintió la tentación de tener experiencias mundanas.

Aquí has de darte cuenta de que las personas son *lanzadas por el ego* para ser de cierta manera. Las personas son como son porque así es como tienen que ser para tener las experiencias que se les han preparado, y no lo saben porque todo esto es inconsciente.

Digamos que a día de hoy naces en Canadá, y a los seis años empiezas a jugar al hockey. Por supuesto que no sabes por qué, pero te encanta. Sigues jugando y un día llegas a ser muy bueno, tan bueno que te haces profesional. Nada en el mundo te interesa tanto como ese juego. Sí, tienes una vida personal, pero lo que te apasiona es el deporte. Esto ocurre porque tiene que ocurrir, y así es para toda la gente, sus profesiones y las cosas que más les interesan. Son lanzados a vivir un guion, y nada puede detenerlo.

PURSAH: ¿Recuerdas que cuando tenías doce años estabas en casa de un amigo, y que él te llevó a la habitación de su padre y abrió una caja que contenía un arma de fuego?

GARY: Dios mío. No pensaba en eso desde hace mucho.

PURSAH: ¿Cómo te sentiste cuando viste el arma?

GARY: Me sentí atemorizado, muy atemorizado. No quería tener nada que ver con ella. Mi amigo, no diré su nombre, probablemente pensó que me fascinaría tanto como a él y que querría jugar con ella, pero salí de allí en cuanto pude.

PURSAH: ¿Por qué crees que te sentiste así?

GARY: No lo sé. Supongo que fue inconsciente.

PURSAH: Exactamente. Hay dos cosas que debes saber con respecto a eso. En primer lugar, en tu anterior encarnación onírica moriste luchando en la Segunda Guerra Mundial. El horror de la guerra quedó profundamente grabado en tu inconsciente, y un arma era lo último que querías ver. En segundo lugar, debido a tu experiencia de la guerra en la vida anterior, no tuviste que ir a la guerra en esta vida. No era una experiencia que necesitases volver a tener de manera inmediata.

GARY: ¿Te refieres a que, cuando tenía diecinueve años, cambiaron el sistema de reclutamiento por lotería y me tocó un número tan alto que no me reclutaron para enviarme a Vietnam?

PURSAH: Sí. Ya que estamos en ello, ¿has disparado un arma de fuego alguna vez en tu vida?

GARY: No. Nunca lo he hecho.

PURSAH: Y nunca lo harás. Es algo que se supone que no vas a hacer esta vez. Por otra parte, el amigo que te mostró el arma siguió sintiéndose fascinado por ellas y practicó usándolas cuanto pudo. Finalmente decidió emprender la carrera militar. Acabó muerto en Vietnam.

GARY: No lo sabía. No seguí en contacto con él después del episodio del arma.

PURSAH: No tenías que seguir con él. Al final, debido al camino que has elegido, recordarás la experiencia de tu muerte en la Segunda Guerra Mundial y serás capaz de perdonarla. Entonces serás libre de ella.

GARY: Dices que lo que ocurre ya está determinado, pero yo sigo teniendo el poder de practicar el perdón al nivel de la mente y de ser libre de los incómodos efectos de cualquier cosa que ocurra.

PURSAH: Excelente. Y aunque el propósito del perdón no es cambiar el guion, sino liberarse de sus efectos, también es posible, dentro de un sistema fijo, que el Espíritu Santo ajuste el espacio y el tiempo para ti. De esta manera, puedes tener una experiencia distinta de la que habrías tenido. Pero eso depende del Espíritu Santo. Tu labor es hacer el trabajo de perdón. El Espíritu Santo sabe si es apropiado para ti cambiar las dimensiones temporales.

ARTEN: Decimos esto para que entiendas por qué Harish tenía cierto tipo de personalidad, y las situaciones potencialmente dañinas hacia las que se sentía atraído. Pero su primo Padmaj era diferente. Padmaj no estaba tan interesado en las experiencias temporales del mundo y quería alcanzar la iluminación.

Nacieron así debido al plan del ego de dividirlos y separarlos. Ya habían aprendido muchas cosas juntos en otras ocasiones, y el ego, a nivel inconsciente, se sentía muy amenazado y planeó que separaran sus caminos. Cuando tuvo la edad suficiente, Harish solía ir a la ciudad, que estaba como a una hora de distancia a pie. Le gustaba pasárselo bien, beber vino de arroz, jugarse el dinero y flirtear con las mujeres. Siempre pedía a Padmaj que le acompañara. A Padmaj no le interesaban mucho la diversión y los juegos, pero Harish era su único amigo, además de su primo, y prefería estar con él que sentirse solo y marginado. De modo que en la ilusión tienes la dualidad de Padmaj tratando de ser santo y Harish buscando ser mundano. Añade a esto la complicación de que, debido a sus estudios cuando eran muy jóvenes, así como a su experiencia con Lao-Tsé, ambos ya conocían una verdad básica.

Como hindúes que creían en el Advaita Vedanta, veían la Realidad absoluta, a la que llamaban Brahmán, como algo sin ninguna relación con el mundo físico. Así, entendían el *Atman,* que significa 'alma', de dos maneras. Una era ilusoria; la otra era real. El Atman ilusorio era el alma individual, que parecía estar separada de todas las personas y cosas ilusorias. Y después estaba el Atman de Brahmán, o *Realidad,* la Realidad absoluta que era solo Unicidad. Al mismo tiempo, muchos pensadores orientales, aunque consideraban ilusorio el mundo fenoménico, seguían viéndolo como un reflejo de sus dioses. Esto ayudó a perpetuar la confusión popular de que un dios o los dioses ¡habían creado la ilusión con la que un Ser perfecto no tendría nada que ver! La proyección del universo de la multiplicidad es un producto del ego, basado en la idea de individualidad y separación.

GARY: Me gusta la manera en que lo expresan en la película *Matrix*. El mundo que ves es una ilusión que pone un velo sobre tus ojos para impedirte ver el mundo real.

ARTEN: Sí, pero el mundo real del que hablan en *Matrix* no tiene nada que ver con Dios. No obstante, lo que la película señala es un paso en la dirección correcta.

GARY: A propósito, siento el error que cometí con relación a Shankara.

ARTEN: No hay problema, hermano mío. Si se tiene en cuenta toda la información que te hemos dado, has cometido muy pocos errores. Solo un par de fallos menores. Por ejemplo, contaste el mismo chiste en dos libros distintos, y Mikey lo señaló.

~~~~~~~~~~~~~~~~~~~~~~~~~~~~~~~~~~~~

NOTA: Mike Lemieux, también conocido como Giddy Up Mikey, es un buen amigo mío que conoce mis libros extremadamente bien, tal vez mejor que yo. Es autor de *Dude, Where's My Jesus Fish?;* también me ayuda con mi página de fans en Facebook y escribe muchas observaciones excelentes.

~~~~~~~~~~~~~~~~~~~~~~~~~~~~~~~~~~~~

GARY: ¿Qué otros errores he cometido?

ARTEN: En *La desaparición del universo* nos haces decir que hubo un terremoto en China en los años sesenta que mató a más de medio millón de personas. En realidad fue en los años setenta. No importa mucho; las grabaciones que te permitíamos hacer entonces no eran muy claras, y en esa época no podías canalizarnos tan bien entre visitas. Asimismo, en *La desaparición* pusiste bien la duración del matrimonio entre J y María Magdalena, quince años, pero en *El amor no ha olvidado a nadie* cometiste un error mientras tomabas notas y nos escuchabas al mismo tiempo, y dijiste que se habían casado cuando tenían veintitantos. En realidad se casaron de adolescentes. J tenía dieciocho años y María, quince. Estuvieron casados quince años, hasta la crucifixión. Eso es todo. Nada fatal.

PURSAH: Pero volvamos a nuestros dos amigos, Harish y Padmaj. Ellos habían hecho bien sus deberes de estudiar los antiguos textos transmitidos durante generaciones. Entendían las cosas de las que hablamos *intelectualmente,* pero no las experimentaban. En esa vida todavía no habían desarrollado la disciplina para emprender el tipo de prácticas que entrenan la mente.

Una noche fueron a un local donde se bebía y se apostaba. Harish tenía una buena noche, iba ganando una buena cantidad de dinero. Entonces un hombre borracho que estaba perdiendo sugirió que hacía trampas. No era cierto, pero era una acusación seria que Harish no se tomó a la ligera. Empezaron a levantarse la voz y pronto hubo una pelea. Padmaj vino en ayuda de su amigo, pero durante la pelea le apuñalaron con un cuchillo en el abdomen. Harish se sintió horrorizado, pues de inmediato se dio cuenta de que sus locuras le podrían haber costado la vida a su primo y mejor amigo.

Por suerte, los trabajadores del local consiguieron detener la pelea. Harish y un par de jugadores llevaron a Padmaj a un médico cercano que practicaba lo que hoy se conoce como medicina ayurvédica. La herida no era muy honda y el médico supo qué hacer. Padmaj sobrevivió y recuperó la salud en pocas semanas.

En cualquier caso, esto fue una llamada a despertar para Harish. No había sentido que su estilo de vida fuera pecaminoso, y seguía sin sentirlo. Pero se dio cuenta de que era una pérdida de tiempo, y de que la cosa aún podía ir a peor. Asimismo, y aquí es donde recordarás que los accidentes no existen, el médico, cuyo nombre era Sabal, tuvo tiempo de hablar con ambos, Harish y Padmaj, en las semanas en que visitó su pueblo para tratar a Padmaj. Les habló de un hombre santo a quien debían visitar. De este modo, incluso antes de que Padmaj estuviera completamente recuperado, ambos tomaron la decisión de ir a visitarle y averiguar si tenía algo que ofrecerles.

Partieron en busca del Hombre Santo, que, según les había dicho Sabal, no tenía nombre. En cierta ocasión, el Hombre Santo le había dicho a Sabal que tener un nombre le limitaba a ser un ser humano, y él no se consideraba como tal. Intrigados, Harish y Padmaj se dirigieron a la zona donde les habían dicho que era probable hallarlo.

En el camino hacia allí se encontraron con un grupo de gente que seguía a otro hombre, a quien también consideraban santo. Fueron invitados a acampar con el grupo, que era lo que actualmente llamaríamos una secta. Les dieron un poco de comida y después les preguntaron si les gustaría participar en una de las ceremonias grupales. Como parecía que allí no iba a ocurrir nada que pudiera resultar dañino, accedieron.

La ceremonia consistía en beber de un cuenco que el líder pasaba de una persona a otra. El líquido era muy parecido a lo que hoy llamaríamos ayahuasca. Los dos visitantes consideraron que beber aquel líquido solo era un acto social, parte de la ceremonia, pero pronto se dieron cuenta de que los presentes empezaban a tener experiencias singulares. Al principio vomitaban y después comenzaban a alucinar.

GARY: A lo largo de los últimos años he hablado con varias personas que me han contado que han tenido experiencias interesantes con la ayahuasca. Algunos la llaman simplemente "la planta". Como sabéis, puesto que sois conscientes de lo que hago, yo nunca la he tomado. Pero algunas de estas personas describen profundas intuiciones con respecto a su infancia, y realizaciones espirituales que parecen considerar valiosas. ¿Qué pensáis de todo esto?

ARTEN: Gary, tienes que recordar que, aunque la gente diga que tiene experiencias beneficiosas tomando ayahuasca, seguimos hablando de una droga, de un alucinógeno. Y lo cierto es que nunca sabes cómo alguien va a reaccionar a un alucinógeno. Cada mente ego y cada cerebro son diferentes —el ego no lo haría de ninguna otra manera—, y es posible que alguien tenga una mala reacción, una reacción que podría dejarle una cicatriz. De modo que, a pesar de los buenos informes que has oído, nosotros no podemos recomendar a la gente que tome drogas.

PURSAH: Recuerda: lo que experimentas bajo la influencia de un alucinógeno no es real. Sí, podrías argumentar que nada de esto es real tampoco, y tendrías razón. Pero es posible llegar exactamente a las mismas comprensiones que la gente tiene tomando ayahuasca sin tomarla. Esta es la vía que recomendamos.

ARTEN: Evidentemente, nuestros amigos tuvieron algunas revelaciones aquella noche. En el caso de Harish, estaban relacionadas con cuán profundamente amaba a sus padres, algo que había olvidado y no había experimentado durante mucho tiempo. Padmaj recordó a Lao-Tsé y de repente fue consciente de todo lo que había aprendido de él. Por la mañana ambos sintieron un renovado deseo de seguir adelante y de encontrar la realización que buscaban. Beber el amargo néctar de la planta estaba bien, pero no les encajaba como estilo de vida.

Aquel al que las gentes de allí consideraban santo quería que se quedasen. Les dijo que no había ningún otro camino que pudiera ofrecerles más, y que él podía explicarles las múltiples experiencias que tendrían viviendo con el grupo, meditando, aprendiendo sus enseñanzas y tomando la pócima. Pero ellos sintieron que ese no era el lugar donde debían quedarse, y se fueron, a pesar de unas pocas miradas amenazantes de ciertos miembros del grupo.

Después de un par de semanas de viajar a pie, Harish y Padmaj encontraron al hombre que buscaban. Se acercaron al sin nombre y se presentaron.

GARY: De acuerdo. Un repaso para no perderme. B y J estaban en estado de dualismo cuando eran *shintos,* aunque podríamos llamarle un estado de dualismo avanzado, una especie de semidualismo, porque no compraban el sueño tanto como otros. Pero seguía siendo dualismo en el sentido de que lo relacionado con la reencarnación y el respeto a los ancestros, que eran aspectos muy destacados en esa cultura, seguía siendo real para ellos. Y si algo externo es real, eso significa que hay algo fuera de ti, de modo que tenemos un sujeto y un objeto, alguna otra cosa de la que ser consciente, lo cual no es la unicidad del no dualismo.

Seguidamente, con Lao-Tsé, aunque él enseñaba no dualismo, la experiencia que J y B tuvieron en esa vida también fue de lo que podríamos llamar semidualismo porque, como ascetas, se les enseñaba a resistirse al mundo, y esto hacía que el mundo fuera real en sus mentes, y por tanto en su experiencia.

Ahora, como hablas de un profesor sin nombre, sospecho que nuestros amigos se dirigieron no solo hacia una teoría que se limitaba a decir que en la ilusión nada es real, sino hacia algo que pudieron sentir realmente.

PURSAH: Muy sucinto, aunque no puedo decir que en la vida que consideramos ahora J y B experimentaran el no dualismo en todo momento. Ten en cuenta que hay diferentes niveles de aprendizaje; al principio los estudiantes entran y salen de ellos, avanzando y retrocediendo en su experiencia. De modo que tienes una experiencia de unicidad, y te encanta, pero después vuelves a la dualidad. Debes acostumbrarte al nuevo nivel, e incluso si te acostumbras a él, la única manera de mantenerlo permanentemente es mediante el proceso de deshacer el ego. El profesor que nuestros amigos estaban a punto de conocer fue el primero que empezó a enseñarles a hacer eso, con lo que finalmente pudieron acelerar el proceso.

ARTEN: Cuando Harish y Padmaj se presentaron al que no tenía nombre, al que vamos a referirnos como O, él les pidió que se sentaran en el suelo en la parte de atrás del grupo y escucharan. Les dijo que podían decidir por sí mismos si su enseñanza les interesaba. Eran libres de irse cuando quisieran, pero sería él quien decidiría el momento en que pudieran venir a hablar con él en privado.

Transcurrieron tres meses antes de que O les enviara recado para que se reunieran con él. Entre tanto, mientras formaban parte del grupo, les enseñó muchas cosas. Les explicó que los cuerpos más importantes en la historia que ellos pensaban que era su vida eran completamente irreales. Sus padres nunca habían estado allí. Eran falsas imágenes que el ego había creado para atraerlos a la ilusión de la multiplicidad. Ellos, al igual que sus padres, en realidad nunca habían nacido. Ellos no existían. Todo era un montaje. El mundo físico no era verdad. Todo era una mentira, y sus vidas eran una mentira. Y si tenían hijos, eso también sería mentira, porque todo lo que se ve y tiene una forma no es verdad.

Les propuso hacer una visualización en la que flotaban muy por encima de la Tierra y veían todos los cuerpos de la humanidad por debajo de ellos. Se les instruyó para que vieran parte de esa masa de gente desaparecer, decenas de miles de personas morían cada día, para ser reemplazadas por más cuerpos que soñaban que volvían a nacer, y en todo momento nada de ello era real. Los cuerpos solo eran velos y no algo que pudiera ser valorado.

GARY: Esto me recuerda algo que se dice el *Curso* sobre la muerte: "Lo que parece morir tan solo se ha percibido incorrectamente y se ha llevado al campo de las ilusiones".[4]

ARTEN: Sí, y nuestros dos amigos estaban teniendo algunas experiencias de no dualismo. Cuando O les habló en privado, les dijo que había llegado la hora de que practicaran cierta disciplina mental a fin de pensar de manera consistente según las líneas que les había enseñado. Les dijo que practicaran cada día pensando en las personas que veían no como cuerpos, que solo son falsas imágenes, sino como la unicidad que está detrás del velo. Les aconsejó que, cuando se descubrieran haciendo real en su mente cualquier cosa del mundo, detuvieran ese proceso y pensaran que todo —no solo los cuerpos humanos, sino todas las cosas— era un fino velo que cubría la unicidad de Brahmán.

PURSAH: Les dijo que, si alguien hacía algo que a ellos no les gustaba, lo perdonaran en su mente no porque esa persona hubiera hecho algo realmente, sino porque en realidad no había hecho nada.

ARTEN: Como puedes ver, esta fue su introducción a cierto tipo de perdón que incluía un elemento importante del perdón avanzado que aprenderían posteriormente. Una parte esencial del perdón había quedado fuera, ya llegaremos a eso, pero lo que hacían con O supuso un paso adelante vital en su progreso espiritual.

PURSAH: Estos dos alumnos de O estaban muy dedicados, y eran muy firmes en su determinación de deshacer cualquier cosa que hubiera en sus mentes que les hiciera creer en el mundo de la multiplicidad, en lugar de en la verdad de la unicidad que existía justo detrás. Durante años reinterpretaron todo lo que veían, así como todo lo que recordaban de su vida. Hicieron grandes progresos.

Harish y Padmaj no vivieron vidas largas. Su determinación de no dar realidad al mundo o a los cuerpos los llevó a no cuidar de sus propios cuerpos, el típico error que cometen los estudiantes espirituales. Esto se debe a la confusión de niveles. El simple hecho de que el mundo no sea real no significa que no hayas de vivir como si estuvieras en él; y el hecho de que tu cuerpo no sea real no significa que no tengas que dar los pasos necesarios para mantenerlo sano. No dejarías de poner aceite en el motor de tu coche. Si no lo pones, el motor se avería. Bueno, hasta que no seas un maestro del nivel de J o B y sepas usar el poder de tu mente para superar completamente el mundo, tu cuerpo se estropeará si no le das lo que necesita. Nuestros amigos no comían bien. Asimismo, generalmente no disponían de buen agua para beber, lo cual formaba parte del guion del ego. Ambos vivieron más o menos hasta los veintisiete años. Como Shakespeare escribió posteriormente en *Como gustéis:*

> El mundo entero es un escenario,
> y todos los hombres y mujeres, meros actores:
> tienen sus entradas y sus salidas,
> y un hombre representa varios papeles en su vida.

ARTEN: La buena noticia es que Harish y Padmaj no solo aprendieron mucho, también practicaron mucho. En sus mentes se produjo una gran sanación, lo que les abrió la posibilidad de completar el trabajo de deshacer el ego antes que otros.

PURSAH: La próxima vez que vengamos te diremos todavía más cosas sobre la diferencia entre la filosofía, que puede estar bien, y la práctica mental de la filosofía, que es esencial. Sigue perdonando; volveremos pronto.

Estaba feliz de haber oído hablar de Harish y Padmaj, y descubrí que me identificaba con ellos y con sus breves pero importantes vidas. Tenía muchas ganas de seguir oyendo más cosas sobre J y B. Me sentí animado al saber que sus ejemplos podrían ayudarnos a todos a seguir su guía.

4

Platón y sus amigos

"Debemos, en mi opinión, empezar por distinguir entre eso que siempre es y nunca deviene, y eso que siempre está deviniendo y nunca es".[1]

PLATÓN

Durante las semanas siguientes revisé lo que mis visitantes ascendidos me habían contado sobre J y B, y sus aventuras de aprendizaje. Mi conocimiento del hinduismo era casi inexistente. Entendí lo que Arten y Pursah decían sobre el no dualismo, aunque no comprendía la jerga religiosa. Asimismo, mis profesores ya me habían enseñando que la idea de que el mundo es una ilusión tiene un valor muy limitado. No puedes detenerte ahí porque, si lo haces, debido a la manera de funcionar de la mente, acabarás pensando que tú también eres una ilusión, lo que te hará sentir vacío y carente de significado. Tienes que reemplazar esa idea por alguna otra cosa. Al mirarla desde fuera, me parecía que la espiritualidad en India insistía demasiado en la ilusión y no lo suficiente en la realidad que debe reemplazarla. A continuación, me pregunté si no estaba juzgando demasiado.

En Estados Unidos había conocido personas muy respetables que sentían mucho entusiasmo por los profesores hindúes. Un quiropráctico llamado Bruce, al que he mencionado antes y que marcó una gran diferencia en mi vida en los años ochenta, era un gran creyente en Babaji, el avatar inmortal indio que trajo al mundo un estilo avanzado de Kriya Yoga. De hecho, cada año Bruce llevaba a su hijo a India para estudiar y practicar allí con él.

A Cindy y a mí nos encantaba ir a Lake Shrine, la preciosa sede de la Self-Realization Fellowship, fundada por Paramahansa Yogananda. Lake Shrine está a solo quince minutos de donde vivimos y es un lugar maravilloso para hacer una escapada, pasear y meditar. Es un placer observar los cisnes y los patos que habitan en el pacífico estanque. Si estamos por la zona, también nos encanta visitar el otro maravilloso enclave de Yogananda, la Self-Realization Fellowship en Encinitas. Al caminar por sus preciosos jardines, uno tiene la sensación de estar en el sur de Asia, porque hay muchos árboles y flores que generalmente solo se encuentran en India. He intentado leer el libro de Yogananda, *Autobiografía de un yogui,* pero para mi gusto es demasiado largo. Supongo que algún día volveré a él. Cuando paseo por estos lugares relacionados con Yogananda, de algún modo me siento como un hindú. Es posible que en mi mente inconsciente se activen antiguos recuerdos, pero no puedo distinguirlos con claridad.

Un día Cindy yo caminábamos por uno de los muchos y excelentes centros comerciales de Los Ángeles cuando un caballero me reconoció. Se acercó y me dijo que leía mis libros y que era nieto de Yogananda. Supe que seríamos amigos. Siempre me siento fascinado por las numerosas conexiones que se establecen en el camino espiritual.

Mi única otra conexión con el hinduismo es mi primo Bobby, que en los años setenta me regaló una copia del libro *Be Here Now,* de Ram Dass. Me gustó la filosofía del libro y su estilo irreverente, pero aún me faltaban algunos años para entrar en el camino espiritual. No obstante, libros como este y *Siddhartha* despertaron un interés en mí.

Me impactó que inicialmente las vidas de Harish y Padmaj hubieran estado dominadas por el ego, pero consiguieran seguir adelante y aprender mucho sobre el camino espiritual. Y lo hicieron a pesar de haber tenido unas vidas breves. A continuación pude mirar atrás y contemplar todas las fases por las que he pasado en mi vida, y las correspondientes fases por las que ha pasado conmigo la sociedad en la que he vivido.

A los dieciocho años era músico y tenía la intención de ir a Woodstock. Al final no pude ir porque mi banda tuvo una actuación ese fin de semana. Las actuaciones siempre tenían prioridad sobre cualquier otra cosa, incluso las novias. Uno de nuestros eslóganes era: "Una chica está aquí hoy, pero la banda ha venido para quedarse". Más adelante, cuando llegaron las esposas, la banda dejó de ocupar el primer puesto en nuestro universo.

Recuerdo bien el espíritu de Woodstock, que prevaleció durante casi dos años, desde el verano de 1969 hasta la primavera de 1971. Para mí y mis amigos y compañeros músicos, aquel espíritu tenía que ver con la paz, el amor y la música. Éramos hermanos y hermanas. El dinero no importaba. Íbamos a cambiar el mundo mediante el amor y la resistencia pasiva a los poderes establecidos.

Hacia la primavera de 1971 pude darme cuenta de que las cosas habían cambiado. Recuerdo que en mayo de ese año asistí a un concierto en la Universidad Estatal de Salem en el que tocaron las bandas Spirit y Sha Na Na. Buena parte de las diez mil personas que se congregaron se portaron como animales. No dejaba de ser común que, cuando alguien de un grupo acababa una botella de vino, la lanzara al aire. Parecía no importarles en absoluto que al caer pudiera dar en la cabeza de algún otro miembro del público. Recuerdo que un compañero músico comentó: "El espíritu de Woodstock está muerto, tío". Tenía razón.

En realidad, la desaparición de este espíritu pacífico empezó tan solo tres meses después de Woodstock, con el concierto ultrapendenciero que dieron los Rolling Stones ante cientos de miles de personas en Altamont, California. Los ángeles del infierno, que eran el servicio de seguridad, llegaron a matar a uno de los asistentes. El apuñalamiento fue captado por una cámara y posteriormente se mostró en el documental *Gimme Shelter*. Parecía que la persona asesinada tenía un arma y apuntaba a Mick Jagger. Nada es simple con el ego.

Sin embargo, el verano de 1970 todavía tuvo una vibración genial, en parte por la publicación de la película y del álbum *Woodstock,* que pronto se convirtieron en clásicos. Pero solo era cuestión de tiempo que el espíritu de Woodstock cediera el lugar al ego.

En cuanto a los Rolling Stones, yo los había visto tocar en uno de sus primeros conciertos en Estados Unidos a mediados de los sesenta, en un estadio de fútbol americano llamado Manning Bowl, en Lynn, Massachusetts. El concierto acabó con disturbios, lo cual era parte de la tradición durante la primera parte de la carrera de los Stones. Aunque no hubo partido, las porterías del estadio quedaron destrozadas. A continuación una de ellas se usó para intentar destruir la limusina de los Stones, que se iba con ellos dentro. Cuando la gente alucina, alucina.

No sabía que volvería a ver a los Stones casi cincuenta años después, en 2013, en el Staples Center de Los Ángeles. Si me hubieran dicho que esto podía ocurrir cuando yo era un chico flaco a mediados de los años sesenta, me habría quedado de piedra. En primer lugar, la idea de tener sesenta y dos años me habría parecido improbable, y ni siquiera deseable. En segundo lugar, en aquel tiempo California parecía estar tan lejos que muy bien podría haber sido Marte. Pero ocurrió. Y debido al *Curso,* todavía me sentía joven, como si no hubiera envejecido ni un día durante los últimos veintitrés años desde que empecé a practicarlo. Asimismo, para hacer de ello una verdadera celebración, los Stones seguían siendo geniales, y Mick Jagger se movía y cantaba como si no supiera nada del paso del tiempo.

El espíritu de Woodstock fue inspirado por el Espíritu Santo, y a continuación el ego se reafirmó, como siempre hace. En la primavera de 1971 empezó a verse que la música tenía mucho que ver con ganar dinero. Bill Graham (que no ha de confundirse con el evangelista Billy Graham) tuvo que cerrar las dos principales salas de conciertos del país, el Fillmore de San Francisco y el Fillmore East de la ciudad de Nueva York, de las cuales era dueño, por el simple hecho de que las bandas habían empezado a cobrar demasiado y no le salían las cuentas. Todo el mundo se vendía. El egoísmo había salido triunfante, y la paz desapareció bajo tierra. Pero un nuevo movimiento, con un propósito superior basado en la idea de ser "espiritual pero no religioso", aguardaba entre bastidores. Aunque no me lo esperaba, en la segunda parte de esa década emprendí un camino espiritual, como millones de otros buscadores.

Acababa de volver de un viaje con Cindy a Río de Janeiro, donde ofrecimos un taller de fin de semana sobre *UCDM*. Fue una experiencia enriquecedora, llena de personas cálidas y amistosas, como nuestra amiga Nadja, que nos enseñó la zona. Y las vistas desde la famosa estatua del Cristo Redentor cortaban la respiración. Volví a casa y estaba disfrutando de los recuerdos de este gran viaje, cuando de repente Arten y Pursah estaban allí conmigo.

ARTEN: Hola, Gary. ¿Qué te parece si vamos directamente a ello? Con lo que hemos comentado hasta ahora, ya sabes más sobre las experiencias personales del dualismo y del semidualismo que tuvieron J y B. Y también tienes tus propias experiencias. Además, está lo que has aprendido en otras conversaciones, como las cuatro actitudes hacia el aprendizaje que te enseñamos en la primera serie de visitas. A modo de repaso, ¿recuerdas cómo te expliqué las dos primeras allá en los años noventa?

GARY: ¿Si un oso...? No importa, no voy a decirlo. En cualquier caso, como hemos comentado, la primera actitud, o nivel, es el dualismo; así es como piensa el 99,9 por ciento de la gente. Se trata del mundo que la gente da por hecho, junto con la experiencia de la conciencia, que es el dominio del ego. Para tener conciencia, tienes que tener algo *de lo que* ser consciente. De modo que eso no es la unicidad del espíritu. El mundo está fuera de ti y es real, punto. La gente de la Nueva Era piensa que la conciencia es muy importante, y a continuación trata de espiritualizarla; pero no es el espíritu. El verdadero espíritu es perfecta unicidad. No obstante, puedes aprender a entrenar la mente y *usar* la conciencia para elegir con el Espíritu Santo en lugar de hacerlo con el ego.

Después tenemos el semidualismo, un movimiento que va en la dirección del espíritu y se aleja lentamente del dualismo. A propósito, debería mencionar que la gente ni siquiera se da cuenta de que está en una etapa que es temporal. Simplemente piensan que las cosas son como son, y que ellos tienen razón con respecto a la interpretación de todo. A la actitud del semidualismo la acompañan creencias más amables, como la idea de que Dios es amor. Esta idea puede hacerte pensar y hacerte formular preguntas, como les ocurrió a Saka e Hiroji cuando pasaban del dualismo al semidualismo. Por ejemplo, si realmente Dios es amor, ¿también puede odiar? Empiezas a sospechar que la respuesta es no, y tu mente comienza a perder parte del miedo inconsciente que sentía hacia Dios, aunque tal vez ni siquiera supieras que lo tenías.

PURSAH: Bien, e incluso si recorres diversos caminos espirituales, puede llevarte siglos conservar el progreso realizado y no volver atrás.

GARY: ¿Y por qué es eso, mi flor misteriosa?

PURSAH: Tú sabes por qué, Gary: porque hay una enorme resistencia inconsciente a la verdad. El ego hará cualquier cosa, desde el principio hasta el final, para mantenerte alejado de la verdad. La verdad es unicidad, no la separación que fomenta el ego. De modo que esto es el principio del fin del ego, y el ego lo siente.

ARTEN: Nos gustaría hablar un poco sobre Platón y algunos de sus asociados.

GARY: ¿Fue entonces cuando J y B consiguieron experimentar el no dualismo de manera permanente, a diferencia de las experiencias temporales que tuvieron cuando eran Shao Li y Wosan, o Harish y Padmaj?

ARTEN: No, pero fue una época de aprendizaje importante para ellos, un paso necesario hacia la unicidad. Como verás, llegaron a una conclusión importante.

En la vida ilusoria de la que vamos a hablar, J y B fueron estudiantes de Platón en su Academia de Atenas.

GARY: ¡Por supuesto! Debería haberlo sabido. ¿Y sabíais que yo solía estar con Aristóteles?

ARTEN: ¿Cómo sabes que no estuviste con él? No lo recuerdas todo, colega, aunque tienes acceso a más recuerdos que la mayoría de la gente. Pero lo digo en serio. En la Academia, J fue un estudiante llamado Takis y B fue otro llamado Ikaros. Ambos eran brillantes y se esperaba que asumieran papeles de liderazgo de algún tipo. Una de las ideas que estaban detrás de la Academia, que fue la primera institución de enseñanza superior, era la de formar a las personas en la ética y desarrollar los intelectos de sus estudiantes de tal modo que pudieran crear un mundo mejor. Una ambición muy elevada, por supuesto, pero Platón se la tomaba en serio. Asimismo, posiblemente él fue el mayor escritor sobre temas filosóficos que haya vivido nunca. Por supuesto, tiene a su favor que, a diferencia de otros antiguos maestros, la mayoría de sus escritos sobrevivieron.

GARY: Recuerdo que hace mucho tiempo hablamos sobre su alegoría de la caverna. Eso fue genial.

PURSAH: Tu mamá acostumbraba a plantar semillas en tu mente leyéndotela cuando eras niño. Esa alegoría deja muy claro que Platón entendía que lo que vemos en este mundo no es real. Los prisioneros de la cueva están tan sujetos por las cadenas que ni siquiera pueden mover la cabeza para tener otro ángulo de visión. Y llevan tanto tiempo allí que han olvidado cómo es la realidad. Piensan que las sombras que ven ante ellos en la pared son la realidad, y no entienden que solo son las sombras de los que caminan por fuera. Cuando uno de los prisioneros escapa, finalmente es capaz de volver a mirar a la luz, y entonces ve de dónde vienen las imágenes. Vuelve corriendo a la cueva para contar la verdad al resto de los prisioneros, pero ninguno de ellos quiere oírla. Están atrapados en el desánimo de ser como son. Es a lo que están acostumbrados y odian al prisionero escapado que retorna.

ARTEN: En el *Curso* hay una descripción paralela a esta. Evidentemente la siguiente cita es un guiño de complicidad a Platón: "Los que llevan años aprisionados con pesadas cadenas, hambrientos y demacrados, débiles y exhaustos, con los ojos aclimatados a la oscuridad desde hace tanto tiempo que ni siquiera recuerdan la luz, no se ponen a saltar de alegría en el instante en que se les da la libertad. Tardan algún tiempo en comprender lo que es la libertad".[2]

La mayoría de la gente no está preparada para la verdad. Se sienten cómodos en sus jaulas y al principio no dan la bienvenida a la verdad. Están centrados en conseguir que su vida funcione y han olvidado que el final siempre va a ser el mismo para todo cuerpo humano, y que sería más sabio construir sus vidas sobre algo permanente, en lugar de sobre la imitación barata de la vida que el ego les ofrece. En cualquier caso, no se los puede culpar porque eso es todo lo que conocen. La verdad es como el *Curso*, Gary. Puede que sea simple, pero no es fácil.

Platón escribió: "Podemos perdonar fácilmente a un niño que tiene miedo de la oscuridad. La verdadera tragedia de la vida es cuando los hombres tienen miedo de la luz".

GARY: En el grupo de estudio de Maine tenía un buen amigo llamado Chaitanya que solía decir: "La verdad te hará libre, pero antes te fastidiará".

ARTEN: Muy apropiado. A propósito, en la historia de la caverna, el prisionero que se escapa hace referencia al profesor de Platón, Sócrates, que fue la persona que más influyó en él. En sus diálogos, Platón hace que sea Sócrates quien plantee las principales preguntas; esta técnica, conocida como método socrático, fue la que Sócrates practicó con Platón en su relación de profesor y alumno. Y en la *República,* así como en otros de sus diálogos, Platón presenta su filosofía de esta manera. De hecho, él dio origen al diálogo como forma de enseñanza.

GARY: ¿La palabra *platónico* no viene de Platón?

PURSAH: No, fue creada posteriormente por sus alumnos y lectores. Hacía referencia a la negación del mundo material. Posteriormente, la gente empezó a usarla para describir la relación "platónica", que significa la negación del sexo. Pero la idea original que estaba detrás de esta palabra era que Platón negaba la realidad de cualquier cosa que no fuera la fuente de todo, a la que simplemente denominaba "lo Bueno".

GARY: ¿De modo que Platón era no dualista?

PURSAH: No. Verás que eso se menciona en el breve intercambio que mantuvieron Takis e Ikaros después de una clase con Platón.

GARY: ¿Ellos fueron J y B en esa vida?

PURSAH: Sí. No hace falta entrar en los detalles de cómo se conocieron. Tal como los peces nadan en bandadas en el mar, las personas viajan juntas en distintas vidas oníricas. Están destinadas a entrar en contacto unas con otras una y otra vez. Esto es un fragmento de lo que dijeron. Evidentemente, se trata de una traducción. Al igual que en otras conversaciones que te hemos relatado, en aquel tiempo no hablaban en nuestro idioma.

TAKIS: Platón tiene un dilema. En su filosofía, todas las cosas vienen de lo Bueno. Y todos los objetos del universo material son símbolos de una idea. De modo que, al igual que la caverna, las imágenes que ven los prisioneros son símbolos, o sombras de alguna otra cosa. No son reales. Pero este es el dilema. Si todo viene de lo Bueno, Platón no puede descifrar por qué lo Bueno haría algo que no es real, y acaba haciendo concesiones. Llega a la conclusión de que las cosas que está viendo *no* son reales, pero las *ideas* que están detrás de ellas sí lo son. Y de esta manera desemboca en el dualismo, porque la fuente acaba fabricando ilusiones. Si la fuente interactúa con algo más, eso es dualismo.

IKAROS: Tienes razón. Platón es un filósofo brillante, pero la verdad es que los símbolos que vemos no son reales, y tampoco lo son las ideas que están detrás de ellos. Vienen de una mente ilusoria y aparentemente separada. Y esa mente no es la fuente de la verdadera vida, solo de una imitación de la vida.

ARTEN: La Academia de Platón permitió que grandes intelectos se juntaran y comentaran ideas. Nuestros dos amigos, con las experiencias que habían acumulado anteriormente, fueron capaces de aprender de Platón y al mismo tiempo de pensar por sí mismos. Tan solo mostraron respeto hacia Platón en los debates que se desarrollaron en el aula, pero en privado llegaron a otra conclusión: algo que volvería a ellos e influiría en sus dos últimas vidas.

IKAROS: Esta vida es un engaño. Todo es una distracción para impedirnos experimentar la verdad, conocer la verdadera vida. La especulación filosófica está bien, pero ¿adónde te lleva? Tenemos que llegar al punto de no hacer más concesiones, a tomar una decisión firme con respecto a lo que es real y a lo que es irreal, y dar poder a esa decisión con nuestra creencia.

TAKIS: No puede ser de las dos maneras. La verdad es verdad, y nada más es verdad. Tenemos que elegir de una vez por todas. Hay una unicidad informe más allá del engaño. Es no dualista. Es perfecta, y solo esa perfección es verdad. Ambos hemos tenido preciosos vislumbres de ella, pero debe haber un modo de retirar las barreras y experimentarla permanentemente.

PURSAH: Como puedes ver, sus caminos los habían llevado a un lugar en el que sabían que la salvación, como algunos la llaman, o la iluminación, como la llaman otros, dependía de tomar una decisión inexorable, sin concesiones. Platón creía en la lógica y en que el desarrollo intelectual llevaría a la autorrealización. Pero Takis e Ikaros tenían suficiente experiencia como para saber que la iluminación no tiene nada que ver con la individualidad. Ciertamente, es la *renuncia* a la individualidad —psicológica, no física— la que conduce a la verdadera satisfacción. Esa satisfacción solo puede hallarse en la unicidad.

Recuerda que, aunque los sistemas de Platón no eran perfectos, sus enseñanzas y escritos ayudaron a muchas personas a desarrollar sus mentes hasta un punto en el que *podían* tomar decisiones mejores. Para ellos, Platón fue un paso importante a lo largo del camino.

GARY: ¿No fue Platón el primero que habló de la Atlántida?

PURSAH: Sí. Él había oído hablar de la Atlántida a Sócrates, y posteriormente expuso el tema en un diálogo llamado *Timeo*. Lo escribió como si un egipcio llamado Solón se lo contara a otro sujeto llamado Critias. Ahora bien, eso no es lo importante. Pero lo que el diálogo decía era verdad. En el sueño ciertamente hubo una Atlántida, y las personas que acudieron a la Academia de Platón se habían conocido allí anteriormente. Por eso Sócrates la recordaba. Él había vivido allí, como su alumno Platón y el alumno de este, Aristóteles, y también Takis e Ikaros. Todos ellos se habían conocido en tiempos de la Atlántida. Plotino, otro filósofo y estudiante de los escritos de Platón que vivió como doscientos años después que él, también estuvo en la Atlántida. Como tal vez recuerdes, fue Plotino quien propuso la idea de que lo Bueno, la fuente de Platón, era Uno.

GARY: Sí. "Lo Bueno es Uno". Chico, creo que estos tipos tuvieron algunas reencarnaciones muy geniales.

ARTEN: A veces tuvieron buenos momentos y otras veces no. Esta es la naturaleza del sueño dualista. La Atlántida acabó en violencia y tragedia. Después de todo, esa vida no tuvo un final tan genial.

Lo que hoy son las islas Canarias —que te gustarían, a propósito, porque son similares a Hawái— forma parte de los remanentes de la Atlántida. Pero algunos otros de esos remanentes se extienden hasta el triángulo de las Bermudas. Platón escribió que la Atlántida estaba más allá de los pilares de Hércules, lo que actualmente significaría más allá del estrecho de Gibraltar.

GARY: ¿Y qué pasó exactamente con la Atlántida?

ARTEN: Aunque la sociedad de la Atlántida era muy inteligente, fundada originalmente por antepasados tuyos que no eran de este planeta, cometieron el mismo error en el que tu civilización incurre en la actualidad. A pesar de que había una minoría muy sofisticada y espiritual, la mayoría eligió la dualidad de lo físico, o el materialismo, en lugar de la pura no dualidad del espíritu. Recuerda: el simple hecho de que los seres sean inteligentes y tecnológicamente avanzados no implica que estén avanzados a nivel espiritual.

GARY: Y el simple hecho de ser inteligentes tampoco significa que sean listos. Podría nombrar unos pocos doctores en filosofía que he conocido que emplean palabras que suenan inteligentes, pero ellos no son muy lúcidos. Me gusta la cita de Einstein: "La diferencia entre la estupidez y el genio es que el genio tiene sus límites".

ARTEN: Por desgracia, es cierto, en el sentido ilusorio de las palabras. En cualquier caso, no te vamos a contar gran cosa sobre la Atlántida. El punto clave con respeto a ella es —y este también es el punto clave con respecto a esta serie de visitas— que a la mayoría de la gente le resulta imposible mantenerse en el no dualismo, especialmente en el no dualismo puro. Actualmente puedes verlo con *Un curso de milagros*. Parece que la gente está dispuesta a *hacer cualquier cosa* para no adherirse al mensaje, aunque serían más felices si lo hicieran. Para ellos, esto es un recordatorio, un toque en el hombro.

En cuanto a la Atlántida, los seres que estaban en el poder inventaron un tipo de energía gratuita e ilimitada, que podría haberse usado para el bien. Sin embargo, un grupo de personas desquiciadas encontró el modo de convertirla en un arma. Pensaron que desviaría todo el poder hacia ellos.

GARY: ¿Te refieres a algo parecido a lo que nosotros hemos hecho con la energía nuclear?

PURSAH: Sí. En lugar de usar esa energía para el bien, la gente la usó para seguir demostrando que la especie estaba loca. La usaron para fabricar armas que podían destruir el planeta, y que aún hoy podrían destruirlo.

GARY: ¿Estás haciendo una predicción?

PURSAH: No. Ahora mismo no vamos a hacer predicciones, excepto una, y es la misma que hicimos en los años noventa: en el futuro el guion del ego será más de lo mismo, solo que será más grande, más rápido y dará más miedo. Tiene que ser más grande. Es lo que el ego anhela. Tiene que ser más importante que lo anterior para engañarte y que te lo creas. Si no te lo crees, ¡el ego no es nada! La diferencia entre la mayoría de la gente y las personas como J y B, incluso en tiempos de Platón, cuando eran Ikaros y Takis, es que no se dejan engañar por las apariencias. Miran más allá de ellas y las reconocen como el engaño que son.

La Atlántida fue destruida por la ignorancia, la avaricia y la violencia resultante. El objetivo del ego siempre es el asesinato. ¿Por qué? Porque, si puedes ser herido o destruido, eso significa que eres un cuerpo; y si eres un cuerpo, todo el sistema de separación del ego es cierto. Entonces, aunque aparentemente vuelvas a nacer en otro cuerpo distinto, ¡seguirás pensando que ese cuerpo eres tú! Es un ciclo sombrío que *solo* puede acabar mediante el deshacimiento, no mediante la repetición.

GARY: Una pregunta rápida antes de que me olvide. En el tercer libro explicaste la conspiración del 11 de septiembre de 2001: que los aviones que fueron a chocar con las torres no eran los verdaderos aviones, con gente dentro, y también que los edificios fueron implosionados. Pero, desde entonces, la gente me pregunta qué le ocurrió a la gente que iba en los aviones.

PURSAH: En primer lugar, en los aviones originales no había tanta gente como es habitual, y a uno de ellos se lo vio aterrizar en Minneapolis. Algunos pasajeros habían sido seleccionados previamente. A todos ellos se les ofrecieron varios millones de dólares y un lugar en el programa de protección de testigos. Algunos se sintieron felices de tomarlo. Otros no. A continuación se les convenció por medio de la intimidación, y a veces con palizas, de que sería buena idea aceptar. La mayoría acabó aceptando, pero aproximadamente un 20 por ciento fue alejado discretamente y desapareció... y estoy siendo educada. Desde el punto de vista del presente, esto ocurrió hace mucho tiempo. Unos pocos trataron de "salir a la luz", por así decirlo, y se prescindió de ellos. A los otros se les asesinó lenta pero sistemáticamente. Pensaron que tendrían una larga vida en la que serían ricos, pero la CIA y los poderes detrás del escenario no querían correr riesgos.

GARY: ¿De modo que actualmente todos han desaparecido?

PURSAH: Sí. ¿Recuerdas que la mayoría de los testigos del asesinato de John Fitzgerald Kennedy murieron en pocos años?

GARY: Claro.

PURSAH: Pues es la misma idea.

ARTEN: Pasemos a otra cosa: queremos que en las próximas semanas pienses en hasta qué punto Ikaros y Takis se mostraron íntegros e incapaces de hacer concesiones, aun en presencia de un gran filósofo como Platón. Para ellos, lo importante era la verdad. Decidieron situar su creencia allí donde estaba justificado ponerla, y no en las apariencias. Y después de todos estos años con nosotros y con el *Curso,* ya sabes que el *Curso* no hace absolutamente ninguna concesión.

Que estés bien, amigo mío, y transmite nuestro amor a Cindy. Ella está muy dedicada al *Curso.* Es algo maravilloso de ver.

GARY: ¿Os importa si pregunto una cosa más?

Pero ya se habían ido. He llegado a darme cuenta de que mis profesores saben qué es lo mejor para mí, aunque yo no lo sepa. Entonces pensé que volverían exactamente cuando tuvieran que hacerlo, y que yo les preguntaría exactamente lo que el Espíritu Santo quisiera que les preguntara, no solo para mí, sino también para todos aquellos a quienes estas ideas pueden ayudar.

Más adelante, un precioso domingo de California, Cindy y yo nos tomamos el día para pasear en coche por una parte de la costa. Fuimos saltando de playa en playa y de ciudad en ciudad hasta Huntington Beach y de vuelta hasta Redondo Beach (a la que llamo Playa Redundante, por diversión), Hermosa Beach y Manhattan Beach. Fue uno de esos días perfectos en los que todo sale bien. Desde la gente hasta el tiempo, las vistas y las experiencias, todo fue perfecto. Nos sentíamos maravillosamente.

En el camino de vuelta a casa, paramos en Marina del Rey, y encontramos un lugar precioso junto al mar para cenar. Como era temprano, tuvimos la suerte de conseguir una mesa justo al lado del agua, desde donde pudimos contemplar el atardecer. Pedimos la comida y estábamos disfrutando de la vista. Entonces, por algún motivo, Cindy decidió consultar los mensajes de su teléfono.

Mientras escuchaba los mensajes, vi que la amable sonrisa de su rostro era reemplazada por una mirada de horror. El hermano adoptivo de Cindy, Jeff, con el que ella había crecido y al que se sentía muy allegada, había muerto en un accidente. Mientras Cindy trataba de contactar con su padre y su madre adoptiva, Alice, pareció que la vida se había detenido. Afrontar la muerte de un ser querido produce un sentimiento de desesperanza que te retuerce las vísceras.

Al mirar atrás, se ve que lo ocurrido ese día fue una lección extrema de dualidad. Un segundo estás disfrutando de un día fantástico y al siguiente el sueño de muerte del ego te pega una patada en la cara. Hicimos todo lo posible por lidiar con la situación, pero uno nunca siente que es suficiente. De modo que lo hicimos lo mejor que pudimos.

Jeff era alguien a quien yo estaba empezando a conocer. Fue extraño que se fuera tan pronto porque realmente sentía que iba a tener la oportunidad de conocerlo mucho mejor. Ambos éramos guitarristas —de hecho, probablemente él era el guitarrista más buscado de Las Vegas—, y yo tenía ganas de tocar con él.

Algún tiempo después de que Jeff y yo nos conociéramos, ocurrió algo que fue una sorpresa alegre para todos nosotros. Jeff leyó mi primer libro y empezó a estudiar el *Curso*. Un día después de visitarle, su madre Alice me llamó para expresarme su gratitud. Nunca había visto a Jeff tan en paz. Las madres conocen a sus hijos. Ella sabía que se había producido una transformación.

Me sentí muy impactado por esta enorme lección de dualidad, pero no solo por su parte negativa. Algunas semanas después de la muerte de Jeff se le dedicó un concierto de homenaje en Las Vegas, y nosotros asistimos. Buena parte del mundo del espectáculo de la ciudad acudió y le presentó sus respetos haciendo lo que mejor saben hacer: actuar. Probablemente fue uno de los mejores conciertos del año. Cindy fue una de las cantantes y habló de modo conmovedor sobre su infancia compartida con Jeff. Muchos de los artistas presentes dijeron que aquel concierto era lo mejor que le había ocurrido nunca a la comunidad del mundo del espectáculo de Las Vegas. Personas que llevaban años sin coincidir pudieron reunirse y renovar su amistad; otros llegaron a encontrarse y se hicieron amigos. También hubo un par de personas de la familia de Jeff que no se habían hablado en años y acabaron dándose un abrazo. Parecía que Jeff seguía ayudando a sus amigos y familiares, aunque su cuerpo no estuviera presente.

Como un año después, me di cuenta de que la misma experiencia que había vivido con mis padres se estaba repitiendo con Jeff y sus amigos y familiares. Sí, sentimos pena, y eso es lo que debíamos sentir. Cuando eso es lo que toca, lo mejor es ser normal. Pero había algo más.

Finalmente, el dolor que sientes por la persona que aparentemente has perdido se va, pero el amor no. Siempre estará allí. El amor es real, el dolor no. ¿Y no te parece interesante que la cosa más real de nuestra vida sea algo que no podemos ver? No puedes ver el amor. Puedes ver la acción, pero no puedes ver el amor que la impulsa.

Esto también es cierto con respecto al Reino de los Cielos. No puedes verlo con los ojos del cuerpo, y sin embargo es la experiencia más real que existe. Volveremos a un mundo que ahora no podemos ver, aunque podemos experimentarlo temporalmente, incluso mientras parece que estamos aquí. Entonces vendrá una experiencia permanente en la que solo habrá realidad; seremos conscientes de un estado constante de unicidad, y lo único que es real —el amor— será lo único que existirá.

5

Siddhartha y su hijo

"En el cielo, no hay distinción entre este y oeste.
La gente establece diferencias en su propia mente,
y después cree que son verdad".

BUDA

En los años ochenta oí a un monje budista hablar en una iglesia de la Unidad. Una de las cosas que dijo captó mi atención: "Estar enfadado con otra persona es como beber veneno y esperar que muera el otro". Él sabía que solo hay uno de nosotros, de modo que tus pensamientos en realidad solo van hacia ti. Mis profesores repitieron ese pensamiento después, y yo pude entenderlo a un nivel aún más profundo; así es como funciona el deshacimiento del ego. En los años ochenta, a través de mis incursiones en diversas vías espirituales, empezaba a tener un vislumbre del no dualismo, aunque solo llevaba unos años en el camino espiritual. Por supuesto que no tenía ni idea de cómo *experimentarlo,* pero de todos modos me interesaba.

Durante su primera serie de visitas, Arten y Pursah me dijeron: "El Vedanta es un documento espiritual no dualista que enseña que, en realidad, la verdad de Brahmán es todo lo que hay, y cualquier otra cosa es ilusión —no verdad, nada, cero—, punto. El Vedanta fue interpretado sabiamente por Shankara como Advaita, o no dual". En otras palabras, la realidad *no guarda relación alguna* con el mundo fenoménico y el universo.

Esta información me fue dada durante la segunda visita de mis profesores, justo antes de comprar mi primera copia de *Un curso de milagros.* Muy pronto iba a aprender que el Dios del *Curso* no tiene relación alguna con el mundo del ego y el universo. Hubo otra forma de no dualidad sobre la que aprendí más adelante, pero ya estaba empezando a creer auténticamente en la distinción entre lo real y lo irreal.

Muchos años después, una cálida noche de junio de 2014, Cindy y yo fuimos al precioso teatro griego de Hollywood, cerca de Griffith Park Observatory, para ver a una de sus cantantes favoritas, Sarah McLachlan. El griego es un teatro al aire libre con una magnífica acústica, el lugar perfecto para asistir a un concierto veraniego. Caminábamos por allí durante el intermedio cuando, justo al darnos la vuelta para regresar a nuestros asientos, vimos a Marianne Williamson de pie frente a nosotros. Pensé que había sido muy amable de su parte venir a saludarnos. El programa estaba a punto de reanudarse y no tuvimos tiempo de conversar demasiado, solo cosas como "¡qué buen concierto es este!". Pero nos dimos un abrazo y pasamos un momento juntos.

Curiosamente, tres días antes habíamos votado por Marianne en las elecciones primarias al Congreso. Ella se presentó en nuestro distrito, y aunque no ganó, creó que la experiencia le mereció la pena. Se presentó como independiente, pero yo creía que le habría ido mejor si se hubiera presentado por el Partido Demócrata. Pero esto tenía que ver con su vocación y, además, en la vida hay otras cosas además de triunfar.

Esa noche Cindy se fue a dormir antes que yo, como a veces hace. Yo siempre he sido un búho nocturno y ella está acostumbrada a un horario más normal. Estaba sentado en mi silla, delante del televisor, quedándome dormido. Cuando abrí los ojos, me chocó ver a Arten y Pursah sentados en el sofá, aparentemente preparados para iniciar una conversación. La puerta del dormitorio estaba cerrada, y Pursah comenzó a hablar.

PURSAH: Hola, amante de la música. ¿Te lo has pasado bien esta noche?

GARY: Claro, y a Cindy le ha encantado. Pero, escuchad, ¿no la despertaremos? ¡Ella podría salir y veros por primera vez!

PURSAH: No va a salir. Nos hemos unido a ella en el nivel de la mente y le hemos sugerido que duerma profundamente y tenga sueños felices. Si oye algo, pensará que es la televisión.

GARY: ¡Vaya! Esta es la primera vez que hay alguien más en casa mientras hablo con vosotros. La sensación es diferente.

PURSAH: Apareceremos ante Cindy si el momento es adecuado. Como sabes, eso también depende de ella. Como somos el Espíritu Santo que ha tomado una forma para comunicarse, somos conscientes del grado de preparación de cada persona para tener las experiencias místicas apropiadas. Algunos no las necesitan ahora mismo. Y otros las necesitan para cobrar ánimos.

ARTEN: ¿Sabes que a finales de los ochenta y comienzos de los noventa a veces nos presentábamos y estábamos contigo mientras meditabas? Nos sentábamos allí, pero, en cuanto abrías los ojos, desaparecíamos para que no nos vieras. Evaluábamos tu grado de preparación a la espera del momento adecuado, que no llegó hasta aquel día en Maine.

GARY: ¡El día de Santo Tomás!

PURSAH: Sí. No es coincidencia. Pero, de haber estado preparado antes, nos habríamos mostrado ante ti antes. Previamente hubo como media docena de veces que estuvimos allí y tú ni siquiera te enteraste.

GARY: ¡Me tomas el pelo! Saber que estabais allí me hace sentir bien. Es muy amable que os tomarais tiempo para hacer eso.

PURSAH: No teníamos nada mejor que hacer. Es broma.

GARY: Oye, ¿esto no contradice la idea de que el guion ya está escrito y todo esto está predeterminado?

ARTEN: No. De acuerdo con el *Curso,* aún tienes un poder como prisionero de este mundo, ¿recuerdas?

GARY: Oh, sí, recuerdo. El poder de decisión. Puedo elegir con el Espíritu Santo. Puedo decidir verlo todo correctamente. Eso significa ver esta película, que antes pensaba que era real, y escuchar la interpretación que el Espíritu Santo hace de ella, en lugar de la historia del ego. Esto, a su vez, conduce a una experiencia diferente. De modo que decís que fue mi propio progreso el que os dijo que ya estaba preparado para algo distinto. Aunque es la misma película, por fin estaba preparado para escuchar la interpretación correcta.

ARTEN: Sí, y *no* es tu interpretación, sino la Guía del Espíritu Santo. Las personas tienen que estar dispuestas a renunciar a ser sus propios profesores, porque, como dice el *Curso,* se les ha enseñado mal. Esto requiere cierta humildad.

GARY: De modo que finalmente hice *algo* bien.

PURSAH: Tú has hecho muchas cosas bien. Has cometido errores, sí. Pero todos los errores se pasan por alto. Te dijimos desde el principio que nunca te juzgaríamos. Entonces, ¿quieres oír lo que tenemos que decirte esta noche?

GARY: No lo sé. Me siento algo cansado. ¿No podéis simplemente plantarlo en mi mente, como habéis hecho con Cindy?

PURSAH: Sigamos adelante, vamos a hablar de Buda y de alguien que estaba muy cerca de él.

GARY: Supongo que te refieres a J en esa vida.

PURSAH: Es bueno saber que prestas atención. La historia de Buda, o Siddhartha, que era su verdadero nombre, es bastante bien conocida por muchos estudiantes de espiritualidad, incluso los occidentales, y muy bien conocida por los budistas. Pero *es* una historia, y tal como la historia de J, parte de ella es cierta y parte es inventada; en parte es un mito religioso. Lo que nosotros vamos a incluir en esta historia no es mito.

ARTEN: Unos 450 años a. C., Siddhartha nació a una vida de privilegios en la parte oriental de India. Su padre era un rey llamado Suddhodana. Siddhartha fue criado por la hermana menor de su madre, Maha, y protegido de la interacción con el mundo. Estaba confinado en un gran palacio con unos jardines enormes, y como tenía tanto espacio para jugar, no se sentía encerrado. Maha le mimó y su padre se aseguró de que tuviera una muy buena educación. De modo que aprendió sobre el mundo exterior tal como era conocido en aquel tiempo, pero no se le permitía verlo.

A la edad de diecinueve años, de acuerdo con los deseos de Suddhodana, Maha le presentó a Siddhartha una mujer preciosa que se convertiría en su esposa un año después. Su nombre era Yasodhara. Para ambos fue amor a primera vista, de modo que no se sintieron obligados cuando se les animó a casarse; se sentían muy felices con la situación. Durante los primeros años de su matrimonio tuvieron una existencia alegre, de libro de cuentos. Pero el padre de Siddhartha deseaba con fervor que tuvieran hijos, y cuando esto no ocurrió transcurridos unos años, se sintió muy decepcionado, y también lo estaban Siddhartha y Yasodhara.

A medida que pasaban los años, Siddhartha empezó a sentirse inquieto. Aunque amaba a su hermosa e inteligente esposa, creció en él el deseo de ver el mundo que se le ocultaba, a pesar de que su padre se lo había prohibido. Yasodhara lo amaba, pero podía ver en sus ojos su pasión por viajar, e hizo todo lo que pudo para persuadirle de que se quedara.

Siddhartha empezó a tener sueños y visiones que le decían que iba a viajar y a conocer a mucha gente, y que su salvación le estaba esperando fuera de los muros y jardines de palacio. Fue una época difícil para él porque sabía que su partida haría daño a sus allegados. Era un hombre bondadoso y amable, y no quería que nadie sufriera.

Pero el propio Siddhartha sufría. Sentía que le faltaba algo y que tenía que salir a encontrarlo. Sus sueños y visiones también le hablaban de otras ocasiones —otras veces en las que él había seguido vías espirituales— y de un extraño misterioso que podía ayudarle a encontrar lo que buscaba. Después de muchos años de dudas y cuestionamientos, Siddhartha se sintió impulsado a actuar. Aunque se sentía desgarrado emocionalmente, una noche, mientras todos dormían, salió por una puerta secreta que había descubierto accidentalmente de niño, pero que nunca se había atrevido a usar.

Yasodhara tenía el corazón destrozado. Se dijo a sí misma que Siddhartha volvería, que solo tenía que superar el deseo de ver algunas cosas del mundo externo. Esa era su oración. Pero, entonces, fue otra oración casi olvidada la que obtuvo respuesta. Se dio cuenta de que estaba embarazada. Se sentía muy feliz y al mismo tiempo muy triste porque quería desesperadamente que Siddhartha supiera que iban a tener un bebé.

Se sabe, aunque no está muy extendido, que Buda, es decir, Siddhartha, tuvo un hijo. Su nombre fue Rahula. Esto no forma parte de la historia aceptada por los budistas, pero el budismo es muy diverso, y existen distintas versiones de la vida de Buda. En cualquier caso, Siddhartha no sabía nada del niño y pasó sus primeros dos años de libertad deambulando por la parte oriental de India. En cierto sentido, su viaje se convirtió en una repetición de sus vidas anteriores que ya te hemos contado, una especie de revisión. Pero esta vez fue un poco diferente, porque ya había vivido la vida de un hombre rico en palacio, y ahora podía compararla con otras alternativas. Entonces decidió convertirse en asceta. Después de un par de años de experimentar el ascetismo, llegó a la misma conclusión a la que había llegado en sus vidas en China: no era necesario. Ahora bien, no podría haberse dado cuenta de ello si no hubiera sido un hombre rico. Sabía que tener todas las posesiones y gratificaciones físicas que quisiera en realidad no le satisfacía, y ahora se había dado cuenta de que renunciar a esas cosas y al resto de lo que se llama la buena vida tampoco le satisfacía.

GARY: ¿Por eso tomó el camino medio?

ARTEN: Sí, pero en ese periodo Siddhartha tuvo otra comprensión importante. Se convirtió en un maestro de meditación. Aprendió que, por sí misma, la meditación no te lleva a la iluminación. Esto se debe a que no deshace el ego, lo cual es cien por cien necesario para alcanzar la iluminación. Pero, si se practica con diligencia, la meditación *puede* calmar y fortalecer la mente. Esto, a su vez, facilita mucho el entrenamiento y la disciplina mental. Cuando la mente está entrenada y disciplinada, puedes usarla más eficazmente para practicar un sistema de pensamiento. Tú mismo descubriste esto en Maine.

GARY: Sí, solía meditar cada día. Aún lo hago; he practicado distintos estilos a lo largo de los años. Al principio me dejaba guiar principalmente por lo que pensaba que era mi intuición, y más adelante me di cuenta de que era el Espíritu Santo. Nunca estudié meditación; más bien era como si recordase cómo practicarla. Posteriormente, cuando empecé con el *Curso,* creo que la práctica meditativa hizo que me resultara más fácil hacer las lecciones y observar cómo funciona mi mente a lo largo día. Además, noté que muchas de las lecciones son muy meditativas, aunque no son lo mismo que la meditación tradicional porque requieren el empleo de pensamientos específicos, excepto cuando en alguna se pide aquietar la mente. Algunas de las lecciones posteriores del "Libro de ejercicios" incluyen un acercamiento a Dios. Sin duda fui capaz de hacer el *Curso* con más eficacia porque había practicado meditación. Por otra parte, la gente podría empezar a recibir algunos de los beneficios de la meditación simplemente haciendo las lecciones.

ARTEN: Cierto, y gracias a sus meditaciones, Siddhartha empezó a tener más recuerdos de sus vidas anteriores y de las cosas que había aprendido. También se acordó de las diversas formas que había tomado su amigo J, y se dio cuenta de que era a J a quien estaba buscando para que le ayudara a alcanzar la iluminación, aunque no sabía qué forma tomaría ese proceso.

Todavía no podía ver quién era su amigo en esa vida concreta, pero quería averiguarlo.

Todo lo que había aprendido en sus vidas oníricas anteriores volvió a él y permaneció con él. Como sabes, nunca pierdes lo aprendido, pero tienes que recordarlo, y la meditación le ayudó. En lugar de ir a los extremos, Siddhartha vivió una vida de moderación y meditación. Durante su práctica ascética había tenido algunos seguidores, y ahora la mayoría de ellos se fueron. Pero mucha gente empezó a venir para escucharle y compartir su sabiduría. Se hizo muy conocido como gurú, aunque a él no parecía importarle. Sus ideas de moderación también eran aplicables a cómo reaccionaba ante la gente.

GARY: Esto me recuerda un dicho que tenemos: "Todas las cosas con moderación, incluida la moderación".

ARTEN: Lo has pillado. Y esa es la razón por la que Ken Wapnick solía decir a sus alumnos: "No os olvidéis de ser normales".

NOTA: En el capítulo 7 hablaré más de quién es Ken Wapnick.

PURSAH: De modo que nuestro amigo había llegado a creer que lo importante no es lo que haces, sino cómo piensas. Evidentemente, lo que haces es el resultado de lo que piensas, pero ahora Siddhartha ponía el caballo delante del carro. En palacio había sido escolarizado y entendía los Vedas y los Upanishads. Conocía bien la diferencia entre Brahmán y el mundo. Dice el Bhagavad Gita: "Lo irreal nunca es. Lo Real nunca deja de ser". Pero hasta entonces no lo había experimentado, de modo que decidió encontrar un modo de vivirlo. Su objetivo era experimentar la verdad en todo momento. Aunque era una tarea muy difícil, él estaba decidido.

Practicó el sueño lúcido, algo con lo que había experimentado en tiempos de Lao-Tsé. Finalmente sus alumnos también acabarían practicando el sueño lúcido con la idea de poder controlar el proceso de toma de decisiones en sueños. Así, cuando murieran, podrían conservar esa capacidad y elegir no reencarnar.

A propósito, esto no funciona a menos que el ego haya quedado completamente deshecho. Pero puede ser de ayuda, puesto que soñar lúcidamente cuando duermes por la noche ayuda a darse cuenta de que también se sueña cuando aparentemente se despierta.

Aunque Siddhartha no había sufrido mucho en su vida, echaba de menos a Yasodhara. Consideró brevemente la idea de visitar su hogar, pero después tuvo otra idea. Se dio cuenta de que echarla de menos y sentir que tenía que realizar ciertos actos era una forma de sufrimiento, o de estar encadenado al mundo. Y si estás encadenado a él, dependes de él, lo cual te convierte en su esclavo. Él quería ser libre: libre del mundo y de cualquier forma de sufrimiento, que los hindúes llaman *dukkha*. (Posteriormente los budistas también lo llamarían *dukkha).* Entonces tuvo otra gran revelación: el sufrimiento está causado por el *deseo*. ¿Y qué pasaría si no necesitaras nada? No sufrirías por no tenerlo. ¿Y por qué ibas a necesitarlo si no es real? Si no tuvieras que conseguir nada de nadie, podrías tener una relación auténtica con los demás. Para hacer esto no se necesitaba ser un asceta y renunciar al mundo a nivel físico. Era algo que podía y debía hacerse con la mente.

GARY: El *Curso* diría que no es el deseo, sino la aparente separación de Dios, lo que causa sufrimiento y sentimiento de carencia. De hecho, el deseo solo es un síntoma de carencia, y la solución es deshacer la sensación de estar separado de la Fuente.

ARTEN: Eso es cierto, Gary, pero el deseo hace reales las cosas deseadas. De modo que, de momento, sigamos con Siddhartha. Más adelante llegaremos a lo que su planteamiento no tuvo en cuenta. La comprensión más importante que tuvo, como resultado de sus otras comprensiones, fue que era posible deshacer aquello que causa la ilusión originalmente: el ego. Los hindúes no solo sabían del ego, también sabían que solo hay un ego, o lo que ellos llamarían el uno apareciendo como muchos. Esto es lo que produce el mundo de la multiplicidad, o todo lo que ves.

Si encuentras el modo de deshacer el ego, ¡has encontrado el modo de deshacer la *causa* de la ilusión!

Durante esta fase descubrió la sinergia de pensamiento y creencia. De modo que vamos a dejar claro que, aunque Siddhartha creía en los dioses hindúes, no cristalizó esa creencia porque el enfoque era fragmentario. Muchos hindúes tienden a destacar la importancia de uno de los dioses, como Shiva o Vishnú, y enfocan su adoración en aquel que eligen. Que el monoteísmo se asentara en el mundo solo era cuestión de tiempo, y en la época de Siddhartha ya existía una de las que ahora son las tres principales religiones monoteístas, el judaísmo. Pero como Siddhartha no estaba comprometido psicológicamente con un dios, eligió enfocarse en lo que llamó el "Yo Superior" de Braham, que era la realidad. Aquí es donde entra en escena el poder de la creencia. ¿Qué has aprendido sobre el poder de la creencia?

GARY: Es simple. *Aquello en lo que eliges creer acaba siendo lo que te afecta.*

PURSAH: Excelente. Lo que eliges creer es lo que crees que es real, y llegarás a experimentarlo de esa manera. Como sabía esto, Siddhartha retiró su creencia en el mundo, y después de años de práctica ya no creía en él. En cambio, puso esa creencia donde sabía que era su lugar, en la realidad, Braham.

Pero hay más. A medida que dejaba de creer en el mundo y este tenía menos efecto en él, empezó a experimentar su vida cada vez más como el sueño que era. Todavía no había encontrado completamente el camino de salida del sufrimiento, pero hacía grandes progresos.

Siddhartha continuó viajando por el este de India, enseñando sabiduría y deshaciendo su ego. En lugar de negarse a sí mismo el mundo físico, lo negó psicológicamente, negándose a creer en él, pasándolo por alto y poniendo su fe en la realidad que podía sentir más allá del velo de la ilusión.

Siddhartha tenía veintisiete años cuando abandonó el palacio. Veinte años después estaba enseñando el camino de salida del sufrimiento y hacia la salvación a un grupo de estudiantes.

Entonces, un hombre que estaba de pie detrás del grupo de estudiantes sentados se sorprendió al ver a este profesor. Como su padre le había negado el acceso al mundo, mientras estuvo en palacio Siddhartha no fue muy conocido excepto para las personas que trabajaban allí. Pero este hombre situado en medio de la multitud pensó que lo había reconocido. Cuando acabó la reunión, el hombre se acercó a Siddhartha para mirarlo más detenidamente. Entonces el visitante le preguntó si se acordaba de él. Le dijo que se llamaba Vadmer, y que había trabajado dentro del recinto cuando ambos vivían en palacio. También le dijo que todo el mundo se había sentido muy triste al saber de su partida.

Siddhartha se sorprendió y se sintió interesado. Preguntó al hombre cuándo se había ido de palacio, y él le dijo que hacía unos dos años. A continuación le preguntó cómo le iba a Yasodhara. Vadmer inclinó la cabeza y dijo que sentía que no lo supiera, pero ella había fallecido a causa de unas fiebres tres años antes. En los ojos de Siddhartha empezaron a formarse lágrimas. Pensaba que había superado la posibilidad de que el mundo le afectara, pero evidentemente dicha superación aún no era total. En cualquier caso, sus lágrimas no duraron mucho tiempo debido a lo que se dijo a continuación.

Vadmer preguntó a Siddhartha si su hijo le había encontrado. Siddhartha no podía creer lo que oía. ¡Un hijo! Se sintió sorprendido y rebosante de dicha. La dualidad de la tristeza por Yasodhara y las noticias sobre su hijo resultó desconcertante, y preguntó a Vadmer cómo se llamaba el chico. Este le dijo que se llamaba Rahula y que, como un año después del fallecimiento de su madre, había salido de palacio en busca de su padre.

Esto lo cambió todo para Siddhartha. A partir de ese momento, su intención se centró en una cosa: encontrar a Rahula. Vadmer le ofreció una buena descripción de él. Al día siguiente empezó a caminar en la dirección de su antiguo hogar, preguntando a cualquiera que se encontraba en el camino si había visto a un muchacho de unos veinte años, alto y delgado, de pelo negro, que podría haber mencionado que buscaba a su padre.

GARY: ¡Vaya! De modo que Siddhartha no estaba completamente iluminado, pero es evidente que había aprendido y experimentado lo suficiente como para estar casi allí, y entonces empezó a buscar a su hijo.

ARTEN: Nadie le culparía por hacer eso y por querer encontrarlo. Simplemente queremos que te des cuenta de que ahora buscaba algo que parecía estar fuera de él. Y si algo está fuera de ti y lo haces real, no estás en un estado de unicidad, sino de separación. Este discurrir de los acontecimientos volvió a suscitar un deseo en Siddhartha: el deseo de hallar a su hijo. Y el deseo conduce al sufrimiento. Es una condición circular.

PURSAH: Lo que trae ante nosotros un principio que no admite transigencias y para el que pocos están preparados: *en el instante en que piensas que alguien es un ser humano real, estás practicando la separación*.

GARY: Genial, empezaré mis charlas con eso. Es broma. Entiendo lo que dices. Me recuerda algo que J dijo a Helen en un mensaje personal que en principio estaba destinado a ella, pero que después decidió compartir. Guardaba relación con su incapacidad para decir que no. Él dijo que, si no puedes decir que no a las peticiones de otros, aún no has superado el egocentrismo.

PURSAH: Sí, Gary, porque, si no puedes decir que no, estás haciéndolo real. Estás diciendo que esa es una persona real, con un problema real con respecto al cual tú tienes que hacer algo. Ahora bien, eso no significa que nunca digas que sí ni que no ayudes a la gente. Lo que significa es que no *tienes que* hacerlo.

GARY: Lo entiendo. De todos modos, cuando te acostumbras a trabajar con el Espíritu Santo, puedes recibir guía con respecto a qué hacer. ¡Oh, Dios mío! Acabo de pensar algo. Has dicho que Siddhartha pensaba que había alguien que le ayudaría, alguien a quien buscaba, y que en algún momento se encontrarían. ¿Esa persona era su hijo?

PURSAH: Sí.

GARY: ¿Y J fue su hijo en esa vida?

PURSAH: Sí.

GARY: ¿Estás diciéndome que ese que la gente posteriormente llamaría Jesús fue el hijo de Buda?

PURSAH: Absolutamente.

GARY: ¡Alucinante! Pero, bueno, tengo que admitir que tiene sentido. Me refiero a que estos dos tipos habían estado el uno con el otro, cubriéndose mutuamente las espaldas en todo momento.

ARTEN: Pero en esa vida todavía no se habían recordado uno al otro porque aún no se habían encontrado. Siddhartha empezó a sufrir por primera vez en mucho tiempo porque echaba de menos a su hijo. Fue de pueblo en pueblo, atravesando el país con el corazón anhelante, pero transcurrido un año todavía no se habían encontrado.

Por fortuna, durante las noches de descanso y reflexión, el entrenamiento y la disciplina de Siddhartha regresaron a él, lentamente pero de manera segura. La calma pronto empezó a tomar el lugar que le correspondía en su mente. Recuerda que todo lo que aprendes se queda contigo. Si olvidas temporalmente lo aprendido, acabará volviendo a tu conciencia. Este es el camino de la iluminación. Olvidas la verdad, pero después la recuerdas, y al final ya no la olvidarás.

PURSAH: Al ser quien era, Rahula también sabía mucho de distintas formas de espiritualidad. Las numerosas cosas que había aprendido en otras ocasiones también estaban volviendo a su conciencia.

Tanto Siddhartha como Rahula tenían la cualidad de la perseverancia, que como sabes es un rasgo esencial para cualquiera que esté en el camino espiritual. En consecuencia, ambos tenían la determinación de encontrarse, aunque en ese momento Rahula ya llevaba tres años buscando. Un día, en un pequeño lugar donde se aprovisionaban de agua, Rahula se emocionó: un reconocimiento muy familiar llenó su conciencia. Se dio la vuelta y allí, de pie frente a él, estaba Siddhartha. Se reconocieron al instante. No se abrazaron ni se pusieron a saltar arriba y abajo. En aquel tiempo este tipo de comportamiento se habría considerado indigno. Lo que hicieron fue inclinarse uno ante el otro, y un lágrima se formó en el ojo de Siddhartha.

Encontraron un lugar donde sentarse a hablar. Durante horas se pusieron al día de la historia de sus vidas, que ambos sabían que solo era eso, una historia. En unas pocas semanas recordaron todo su pasado y todo lo que habían aprendido. Supieron quiénes habían sido el uno para el otro a lo largo del tiempo, y también tomaron una decisión: acordaron pasar el resto de sus días juntos, aprendiendo lo que fuera que aún tuvieran que aprender y aplicándolo a cualquier cosa que surgiera en su sueño. Alcanzarían la salvación juntos.

Esto produjo una aceleración del aprendizaje que los llevó a saber todo lo que tenían que saber para estar iluminados, y también fueron capaces de aplicarlo. Como sabían que sus egos tenían que ser deshechos completamente, se ejercitaron en no dar realidad al sueño. El sufrimiento de Siddhartha pronto sanó. Una de las piezas del rompecabezas es que, si el sueño no es real, no hay necesidad de desearlo, y sin deseo no hay sufrimiento. Pero ellos llevaron este principio budista aún más lejos. Si el cuerpo forma parte de un sueño, entonces no es real, lo que significa que el dolor que sientes tampoco es real. No estás sintiendo un dolor real. Estás teniendo un *sueño* de dolor. Y como el sueño está en tu mente, puedes cambiar lo que piensas de él.

Cuando sueñas en la cama por la noche, tu cuerpo físico no está involucrado en el sueño, solo tu mente. Lo mismo ocurre con este sueño al que llamas tu vida, y con lo que llamas el tiempo de vigilia. Tu cuerpo físico no está aquí; solo es parte de la proyección, como todo lo demás.

Siddhartha y Rahula perdonaron sus vidas. Perdonaron el aislamiento que habían sentido en palacio. Soltaron el dolor de echar de menos a Yasodhara. No es que no recordaran. Algunas personas creen equivocadamente que, si perdonas algo completamente, desaparece de tu mente y nunca vuelves a pensar en ello. No es cierto. La diferencia es que, cuando recuerdas algo que en el pasado resultó doloroso, ya no tiene ningún *efecto* en ti. Ya no duele. Se vuelve neutral en lugar de doloroso. Así es como sabes que lo has perdonado. Entonces ellos no pensaban en términos de perdón; simplemente pensaban en no dar realidad a las cosas y situaciones porque solo son un sueño, que es una de las comprensiones fundamentales del perdón. Todavía quedaba un paso que no habían dado, y se dieron cuenta de ello de manera natural porque su conciencia estaba muy expandida. Dicho paso llegaría a ser uno de los puntos de enfoque más importantes de su última vida.

GARY: Cuando eché una mirada al budismo, hace mucho tiempo, aprendí las cuatro Nobles Verdades. ¿Estaban ellos en esto?

PURSAH: Ciertamente entendían esas cosas, incluso el óctuple sendero. Pero recuerda: el budismo no se convirtió en una religión hasta después. Siddhartha, que fue Buda, no era budista. La religión vino de otras personas que trataron de seguirle. Sí, Siddhartha volvió a tener estudiantes en la parte tardía de su vida, pero a esos alumnos les costaba mucho adherirse a la no dualidad, como le ocurre a la mayoría de la gente. No obstante, si se lo considera en su conjunto, el budismo contiene muchas grandes verdades que ayudan a la gente a ser consciente del momento presente, en lugar de inconsciente.

Nuestros dos amigos practicaron hasta que sus mentes podían decir a sus cuerpos qué sentir, en lugar de que sus cuerpos se lo dijeran a ellos. Llegaron a situarse en un lugar totalmente de causa en lugar de efecto. El mundo venía desde ellos. Alcanzaron el estado de Brahmán. Se convirtieron en seres no dualistas.

Siddhartha vivió hasta los ochenta y dos años y Rahula solo hasta los cincuenta y dos. A esas alturas ya no importaba. Pasaron juntos casi treinta años. Habían llegado a ser los maestros del mundo, con una excepción. Un día Rahula dijo a Siddhartha:

—Todavía falta algo, y creo que ya sabes lo que es.

—Sí —replicó Siddhartha—. Hemos llegado hasta aquí juntos. Quiero que despertemos en Dios juntos: el Dios Uno, con nosotros siendo Uno con el otro y con Dios.

Después añadió con humor:

—La próxima vez tú serás el maestro.

Sabían que les quedaba una vida más por vivir, no necesariamente porque necesitaran esa vida, sino porque otras personas los necesitaban a ellos. Podrían haber decidido completar sus lecciones en esa vida. Pero habían llegado a darse cuenta de que el guion está escrito, y de que había un plan mayor en el que tenían que desempeñar su parte. A veces un maestro tiene que estar allí, aunque solo sea para indicar a la gente la dirección correcta, y tal vez para enseñar una o dos lecciones aparentemente grandes a fin de ser un ejemplo para otros. Ambos sabían que durante esa última aparente vida en la Tierra experimentarían su destino; sabían que Dios daría el último paso en el retorno a la Unicidad de la Fuente.

Mientras Rahula dejaba que su cuerpo se desprendiera de él como consecuencia de la misma enfermedad que había afectado a su madre, supo que la más interesante de todas sus vidas estaba a punto de empezar. Se sentía feliz; estaba dispuesto a seguir adelante y a terminar el trabajo. Y como *Un curso de milagros* diría más adelante: "Mas cuando esté listo para seguir adelante, marcharán a su lado compañeros poderosos".[1]

Segunda parte: después de Cristo

6

Las últimas vidas de J y Buda

Yo Le dije:

—Señor, ¿qué le permite a uno ver una visión? ¿La ves con el alma o con el espíritu?

Él respondió y me dijo:

—Uno no ve a través del alma o del espíritu, sino a través de la mente, que está entre esos dos.

El Evangelio de María Magdalena

Me sentí emocionado ante la posibilidad de oír hablar sobre las últimas vidas de J y de Buda. Según mis profesores, ambos tuvieron que volver una vez más, no tanto para sí mismos, sino para desempeñar su papel ayudando a los demás. Jugué a adivinar quién sería Buda en esa última vida ilusoria. Después decidí limitarme a dejar que se desplegara la conversación con Arten y Pursah.

Me sentí intrigado por Buda, o Siddhartha, y por el papel que J había desempeñado con relación a él cuando era su hijo, Rahula.

También me sentía fascinado con el camino que había seguido el budismo, aunque Buda ya no estuviera allí. En realidad, esta religión nunca arraigó en India, donde el hinduismo siguió creciendo. En el siglo II d.C., el budismo se abrió camino entre los Himalayas hacia Tíbet y China. Seguidamente algunos budistas se mezclaron con taoístas, y la disciplina resultante empezó a ser conocida como Chan. El Chan emigró a Japón hace unos novecientos años, y evolucionó para dar el Zen, que se combinó con el sintoísmo en el que se habían formado J y Buda durante la primera vida importante que compartieron. El Zen trajo consigo el concepto de que el mundo no es otra cosa que maya, o ilusión. Aunque el Zen es muy meditativo, también incorpora una tradición de irreverencia, en lugar de la creencia en las formas religiosas. Reconocí parte de esta irreverencia en est, una fusión de Oriente y Occidente que fue mi propia introducción a la espiritualidad en esta vida. Est reemplazó las meditaciones Zen con lo que llamó los procesos, o meditaciones guiadas que finalmente conducían al silencio.

En esta vida no he sido budista zen, pero cuando tenía unos cuarenta años y estaba viviendo en Maine me di cuenta de que lo fui en otro momento y lugar. Empecé a enfocarme más en la meditación y descubrí que, sin haber practicado nunca, era muy bueno en ella. Estaba recordando mi entrenamiento de hacía mucho tiempo. Pronto pude llegar a una quietud absoluta en la que no interferían los pensamientos, lo que dejaba descansar mi mente y la hacía más pacífica. Si bien la meditación misma no forma parte de *Un curso de milagros*, muchas de las lecciones posteriores del Libro de ejercicios son muy meditativas, e incluyen una aproximación a Dios. Descubrí que mi capacidad de aquietar la mente me resultaba muy útil a la hora de practicar el Curso.

Conocía muy bien la historia de Jesús, o J, no solo a partir de la Biblia, sino también por algunos de los Evangelios alternativos que habían sobrevivido al surgimiento del cristianismo, aunque no habían podido mantener su forma original. Después estaban las numerosas cosas que J dice sobre sí mismo en *Un curso de milagros*, que según me dicen mi guía y mi intuición son las declaraciones más auténticas de todas.

No obstante, tenía muchas ganas de escuchar a Arten y Pursah hablar de los dos maestros. Cuando mis amigos —de quienes había llegado a entender que son el Espíritu Santo tomando una forma y mostrándose como Arten y Pursah— volvieron en su siguiente visita, no perdieron tiempo.

ARTEN: Vamos a contarte una historia. Ya estás familiarizado con parte de ella, pero no con otra parte. No es la totalidad de la historia. Eso te exigiría escribir otro libro completo, pero lo que vamos a contarte será suficiente para los propósitos de *este* libro.

PURSAH: Hace poco más de dos mil años había una ciudad llamada Nazaret. Sigue estando allí hoy, pero no se parece en nada a como era entonces. La población mundial ha crecido exponencialmente, y resulta difícil imaginar que en la época en la que se desarrolla nuestra historia, Nazaret, que se consideraba una ciudad grande, solo tenía unos quinientos habitantes. Hubo algunas personas que nacieron en torno a ese tiempo y que más tarde llegarían a conocerse y a hacerse íntimas. Aproximadamente en la misma época nacieron algunas otras personas en Jerusalén y alrededores que llegarían a estar muy conectadas con sus contrapartes de Nazaret. Las personas, que en realidad no son personas pero parecen serlo, viajan a través del espacio y el tiempo en grupos.

GARY: En una ocasión me dijisteis que algunas personas están en las órbitas de otras. Y aunque parezca que se separan, debido a que están unas en las órbitas de las otras, están destinadas a volver a juntarse.

PURSAH: Eso es verdad. También puedes pensar que los grupos de gente son como bandadas de peces. Tienden a viajar juntas a través de lo que el mundo llama la vida. En ese tiempo, en Nazaret, nacieron tres personas en el plazo de dos años que después pasarían mucho tiempo juntas. Sus nombres eran Y'shua, María y Nadav. Nos referiremos a Y'shua, que en Occidente es conocido como Jesús, como J, como siempre hacemos. María era María Magdalena, que no debe confundirse con María la madre de Jesús; y Nadav era la persona que había sido Siddhartha, o Buda, en la última vida que hemos comentado contigo. J y María acabaron siendo personas muy públicas. Nadav, por otra parte, fue una de esas personas que se mantiene detrás del escenario. Sin embargo, fue uno de los discípulos y también escribió un Evangelio, del que hablaremos un poco. Aparte de eso, él era muy apacible.

Los tres se conocieron de niños, jugaron juntos, crecieron juntos, y fueron amigos durante toda su vida. Por otro lado, en Jerusalén coincidieron otras cuatro personas: Tomás, Tadeo, Andrés y Esteban. Todos tenían aproximadamente la misma edad y también se hicieron amigos para toda la vida. Tomás y Tadeo se conocieron de adolescentes. Como sabes, yo fui Tomás en esa vida, y Tadeo, a quien conoces como Arten, llegaría a convertirse en mi mejor amigo. Tadeo era gay, y tenía a una relación significativa con Andrés, que también era gay. Estas cuatro personas de Jerusalén acabaron conociendo a las tres de Nazaret cuando todos tenían, como media, unos veinte años.

GARY: Por lo que recuerdo, en aquel tiempo estaba prohibido ser gay... ¿y podía castigarse con la muerte?

PURSAH: Sí, el viejo libro del Levítico. Estás haciendo que me ponga nostálgica. Es broma. Pero tienes razón, Tadeo y Andrés no podían exactamente hacer publicidad de sus preferencias sexuales. Los romanos no habrían tenido ningún problema con ello, esos tontos salvajes, pero iba en contra de nuestras leyes.

ARTEN: Muy pronto J, María y Nadav se dieron cuenta de que eran distintos de los demás. A la edad de diez años ya podían leerse la mente entre ellos. Se hacían bromas: "¡Ya sé lo que estás pensando! ¡Ya sé lo que estás pensando!" Y lo sabían. Todos sus aprendizajes y la aplicación de los mismos en vidas anteriores habían deshecho sus egos hasta el punto en que no había interferencias que restringieran su unión con otras mentes aparentemente separadas. En realidad, ninguna mente está separada porque solo existe una mente, pero la mayoría de la gente aún no experimenta eso.

Cuando llegaron a la adolescencia podían ver el futuro. Habían tenido algunas experiencias de esto en otras ocasiones, pero esta vez su capacidad era absoluta. Los tres lo recordaban todo, todo el aprendizaje realizado que necesitaban recordar. Nadie recuerda todo de una vez. Sería demasiada información y produciría una sobrecarga en el sistema, de modo que el recuerdo tiene que extenderse un poco en el tiempo. Tienes que ser consciente del presente y ser capaz de lidiar con tu entorno actual. Esta es la razón por la que pusimos de título a uno de los capítulos de tu segundo libro "Es en esta vida, estúpido". Pero, a diferencia de ti entonces, a nuestros tres protagonistas no les quedaba nada por aprender. Cuando un maestro vuelve para su última vida, no tiene una curva de aprendizaje. Ya sabe todo lo que tiene que saber para iluminarse. Entonces, ¿por qué está ahí? Generalmente para señalar a la gente cuál es la buena dirección. De vez en cuando tiene que haber alguien capaz de señalar la dirección correcta porque realmente la *conoce*, lo cual es raro. El Espíritu Santo incluyó este hecho en Su plan para la salvación.

GARY: ¿Cómo llegó María a estar tan avanzada? ¿Había conocido a J y a Nadav en otras vidas?

PURSAH: Oh, sí. Les había enseñado en varias ocasiones. En esas vidas no había tenido tanta cercanía con ellos como la que ellos tenían entre sí. Esta experiencia estaba reservada para J y María en su última vida. Esa era la forma de saber que habían conseguido aprender a no dar realidad al cuerpo. Si puedes perdonar a alguien a quien amas físicamente además de mentalmente, y te das cuenta de que todo ello no es más que un sueño, finalmente has superado las ligaduras que te atan a la Tierra. María, además de aprender las mismas cosas que habían aprendido J y Nadav, había tenido sus propias experiencias personales, como hombre y como mujer, en otras vidas, que le habían llevado al mismo despertar que ellos habían alcanzado.

¿Recuerdas el dicho 22 del Evangelio de Tomás? Parte de él dice: "Cuando hagáis del hombre y la mujer uno solo, de modo que el hombre no sea masculino y la mujer no sea femenina... entonces entraréis en el Reino".

Para ellos tres, todas las personas eran Espíritu, exactamente lo mismo que su creador, no hombres ni mujeres. El Evangelio de Tomás acabó siendo corrompido por personas que le añadieron dichos dualistas antes de enterrarlo en Nag Hammadi. Por eso hace algún tiempo te di la versión original, o al menos la más cercana a la original que se puede conseguir en inglés.

NOTA: para acceder a una versión corregida del Evangelio de Tomás, véase el Capítulo 7 de mi segundo libro, *Tu realidad inmortal,* El Evangelio de Tomás según Pursah.

ARTEN: Asimismo, durante sus años de adolescencia, J, María y Nadav fueron a la biblioteca de Alejandría, en Egipto. No necesitaban aprender, porque ya sabían todo lo importante. Pero les gustaba mucho visitar el lugar y ver lo que había allí. Después recomendaban a sus amigos que lo visitaran y que leyeran ciertos libros, si es que podían leer. Sabían qué libros serían los mejores para cada persona, los que más les ayudarían a aprender. Una vez más, todo formaba parte del plan del Espíritu Santo, del que hablaremos más adelante. En realidad, ese plan quedó establecido mirando atrás desde el final del tiempo.

Los tres conocían las escrituras lo suficientemente bien como para recitarlas de memoria. Y también sabían qué partes de las escrituras venían del Espíritu Santo y cuáles venían del ego. A medida que tu conciencia aumenta, puedes notar la diferencia, y ellos se enfocaban en las partes procedentes del Espíritu Santo y las compartían con otros.

Uno de sus favoritos era el Salmo de David. Es interesante que el salmo 23 sea leído en los funerales de tanta gente, porque no trata sobre la muerte. "Sí, aunque camine por el valle de las sombras de la muerte no temeré al mal porque tú estás conmigo". Este salmo trata sobre cómo vivir sin temor sabiendo que el Espíritu Santo está contigo, cuidando de ti.

Al acercarse a los 20 años, nuestros tres amigos supieron que había llegado la hora de viajar y compartir sus conocimientos con aquellos que iban a recibirlos. Ya habían estado muchas veces en el templo de Jerusalén, pero fueron allí una vez más antes de iniciar su viaje. Fue entonces cuando hablaron extensamente con Tomás, Tadeo, Andrés y Esteban. Estos cuatro, que estaban avanzados espiritualmente, pero todavía no en el mismo nivel de conciencia que los tres maestros, se llevaban muy bien con ellos. Era como un grupo de viejos amigos que se habían vuelto a reunir, aunque era la primera vez que hablaban largo y tendido durante esa vida. Todos habían tenido breves encuentros durante los viajes de los tres de Nazaret a Jerusalén. Y todos habían estado juntos, de manera discontinua, durante las diversas vidas que te hemos descrito: como padres, hermanos y hermanas, amantes, amigos y enemigos. Ahora había llegado el momento de que se reunieran y viajaran juntos para completar una misión.

GARY: Genial. Como dijeron los Blues Brothers: "Estamos en una misión divina".

PURSAH: Algo así.

GARY: ¿Por qué no habían hablado entre ellos con anterioridad?

PURSAH: Los cuatro admiraban a los otros tres y se sentían un tanto intimidados por ellos. Podían sentir su avanzado estado de conciencia. Pero ahora había llegado el momento de que los siete se unieran.

Esto se convirtió en una parte de lo que la gente denomina "Los años perdidos" de J, que abarcan desde que tenía 12 años, cuando tenemos esa historia de él enseñando a los rabinos en el templo, que fue cierta, hasta que vuelve a Jerusalén después de viajar por el mundo con sus amigos y comienza su ministerio "formal". Esos años no se perdieron; simplemente la mayoría de la gente no los conoce. Yo registré buena parte de ellos, incluyendo muchas de las cosas que dijo J desde que nos encontramos, cuando yo tenía 20 años, hasta el tiempo de la crucifixión, cuando yo tenía 30 y él 33. Pero casi todo lo que escribí acabó siendo destruido por la iglesia.

GARY: Estoy seguro de que esos bastardos tenían buenas intenciones.

PURSAH: No seas pasivo-agresivo.

GARY: Oye, ser pasivo-agresivo funciona para mí.

ARTEN: Tardamos aproximadamente siete años en viajar a todos los lugares donde nuestros tres iluminados eligieron ir. Uno de los lugares fue Egipto. Nosotros no habíamos estado en la biblioteca como ellos tres, y todo era nuevo e interesante para nosotros. Bajamos por el Nilo hasta el templo de Luxor, y después remontamos el río hasta las pirámides. Donde quiera que íbamos, los cuatro de Jerusalén —así era como pensábamos en nosotros mismos— establecíamos lugares y horas para que J se dirigiera a la gente. Hablábamos de esos encuentros con tantas personas como podíamos para que pudieran venir a escuchar.

GARY: ¿Vosotros erais sus organizadores?

ARTEN: Sí, y la mayoría de las veces era fácil. Conforme íbamos de un lugar a otro, la gente se quedaba asombrada de la clara autoridad de sus enseñanzas. Y algunos se ofrecían voluntarios para adelantarse y asegurarse de que todos tuviéramos comida y un lugar donde dormir. En realidad, fue muy divertido, al menos la mayor parte del tiempo. Evidentemente a veces nos topábamos con un ambiente hostil, pero nada fatal. De vez en cuando, Nadav y María comentaban con J las cosas que él decía, y nosotros escuchábamos. Ellos no hacían ninguna concesión con respecto a que este mundo no es nada y nuestra verdadera vida está en Dios. Nadav hacía chistes con respecto a que J fuera el profesor, y que él y María no tenían que decir nada. Más adelante, después de volver a casa, María también empezó a enseñar.

J no se desviaba de su camino para visitar a faraones y reyes. Consideraba que todo el mundo es igualmente importante. Viajamos por partes de África y llegamos muy lejos, hasta Inglaterra y Stonehenge; después cruzamos toda Europa y la actual Turquía, llegando hasta India. A veces teníamos que unirnos a caravanas para protegernos. Había muchos bandidos dispuestos a cortarte la garganta para robarte lo que tuvieras. Esta era una manera habitual de morir en aquel tiempo. J no tenía miedo, pero usaba el sentido común para que el resto de nosotros estuviéramos seguros. Mientras viajábamos, los tres recuperaron muchos recuerdos del pasado en los lugares que visitábamos, pero se centraban en el hecho de que estaban tocando las vidas de la gente hasta el punto de influir en su dirección, y en que esto, a su vez, influiría en las mentes y en las vidas de otras personas.

PURSAH: Otra cosa interesante con respecto a los tres maestros era que, donde quiera que fueran, podían hablar la lengua del país. Yo pensaba que era inteligente porque podía leer y escribir, y la mayoría de la gente de aquel tiempo no podía, y ellos tres podían hablar todas aquellas lenguas. A lo largo de los años yo solo anoté lo que escuché en arameo. Pero J impartió sabiduría a incontables personas en tres continentes.

Es bastante sabido que San Pablo habló en el Partenón de Atenas unos veinte años después de la crucifixión. Lo que no es tan conocido es que J había hablado allí justo antes de retornar a Nazaret, unos 24 años antes que Pablo. La gente se quedaba maravillada ante su brillo y autenticidad.

GARY: ¿Cuánta gente había? Siempre me he preguntado cuál era el tamaño de las multitudes de aquellos tiempos.

ARTEN: Unos cuatro mil. La mayor multitud que Jesús llegó a congregar fue de unos cinco mil; esto ocurrió más adelante, en las afueras de Jerusalén. Y se debió a que se había extendido el rumor de que él era el Mesías. Por supuesto, él nunca lo dijo, pero ya sabes que la gente tiende a irse a los extremos. Querían ser salvados, tanto física como espiritualmente, y ese no era el punto importante.

Muchas de las personas que estaban allí, siguiendo a J y tratando de descifrar su mensaje, son los que actualmente estudian UCDM. Tiene sentido que se sientan atraídos por la Voz del Curso.

GARY: ¿Cómo podía oírle la gente? Me refiero a ¿cómo podía hablar lo suficientemente alto como para que le oyera la gente que estaba en la parte posterior de la multitud?

ARTEN: Esa es una buena pregunta. No todo el mundo podía oírle. Pero en aquellos días había gente que repetía lo que el orador acababa de decir. De modo que J pronunciaba un párrafo en la lengua del país. Y entonces, a cada quince metros de distancia aproximadamente, había una persona designada que repetía lo que él decía para el siguiente grupo de gente. A continuación otra persona hacía lo mismo. Aquello llevaba un rato, pero de esta manera todo el mundo podía escuchar el mensaje. No era perfecto, pero funcionaba bastante bien.

GARY: Es muy interesante. Me recuerda algo. Antes había gente con tan buena memoria que memorizaban un obra de teatro entera, y después iban de ciudad en ciudad recitándola. Así es como se ganaban la vida, ¿cierto?

PURSAH: Sí, y hay trucos mentales que puedes usar para memorizar cosas, pero sigamos adelante.

ARTEN: Después de Grecia llegó el momento de volver a casa. J tenía un ministerio y un destino que cumplir. Y Nadav ejemplificaba la actitud de ellos tres tanto como J y María. Era una persona fascinante con las características de un ser iluminado. Como J y María, no conocía el miedo. Era totalmente consciente de que lo que llamamos vida es un sueño, y de que nada en él puede tener un efecto en ti a menos que se lo permitas haciéndolo real. Su actitud era que no importa si alguien muere porque su mente seguirá adelante, y continuará soñando hasta que despierte. Y cuando alguien despierta, está en casa.

También tenía otra cualidad: la alegría. Hacía comentarios divertidos sobre todo tipo de cosas, especialmente sobre los romanos. No había ninguna mala intención en su actitud. Era más como una sátira que apuntaba hacia la locura humana de pensar que vas a llegar a alguna parte conquistando a otros. Él decía: "¡Deja que el César tenga el mundo! ¿Por qué trabajar tan duro para nada? ¿Qué cosa de este mundo te llevarás contigo cuando te vayas? Al final todos salimos a la par. Viniste aquí sin nada y te irás sin nada. En este juego todos salimos a la par. La cuestión es, ¿qué has aprendido de él? ¿Lo has perdonado todo?"

Cuando volvimos a Nazaret ya era tiempo de que J empezara a enseñar a su propio pueblo. Todo estaba diseñado para llegar a las personas que estaban preparadas para que se llegase a ellas en ese momento, y también a muchos otros que aún no estaban preparados, pero que serían ayudados de algún modo.

Todos acudimos a la sinagoga local donde J iba a hablar. La mayoría de la gente pensaba que iba a limitarse a decir hola y a ser el humilde hijo de José que se suponía que era. Pero en cambio subió allí arriba y dijo: "Hoy las Escrituras se han consumado". Estaba diciendo que él era el Mesías en el sentido de que todos somos el Mesías, iguales en la Mente de Dios. Todos somos Uno. Pero lo único que la gente escuchó fue que estaba consumando las Escrituras y que él era el Mesías. Estaban escandalizados. J tuvo suerte de salir de allí con vida.

PURSAH: No nos quedamos en Nazaret por mucho tiempo. Pudimos captar las señales: la gente nos gritaba, amenazándonos con lapidarnos hasta morir. J sabía que era difícil que le aceptaran como profeta en su lugar de origen.

GARY: ¿Fue entonces cuando dijo: "No puedes ganar un beneficio en tu propia ciudad"?*

PURSAH: Cuando observamos lo intrépidos que eran ellos tres, nos dimos cuenta de algo. Ya no eran humanos. Ya no estaban identificados con los cuerpos que parecían estar ocupando. Habían recordado completamente a Dios. Estaban experimentando

---

* Aquí Gary hace un pequeño chiste, un juego de palabras con los términos en inglés: prophet (profeta) y profit (beneficio).

su Unicidad y Totalidad con Dios. Y no necesitaban hacer gran cosa de ello. Tenían los pies en la tierra. Tadeo, Andrés, Esteban y yo les admirábamos. Sin embargo, ellos pensaban que esta admiración solo debía dirigirse a Dios, y no a un hermano o hermana.

Nos dirigimos a Jerusalén, donde nosotros cuatro nos habíamos encontrado con ellos tres. El hermano de J, Santiago, era el rabino jefe de Jerusalén. Aunque no lo habíamos visto en años, sabíamos que era muy tradicional y conservador, casi lo opuesto a J. Pero era un buen hombre y trataba bien a la gente. Todos fuimos invitados a ir a su casa, y tomamos turnos para contarle nuestras aventuras. Estaba impresionado. Pero cuando J trató de explicar la Unicidad entre nosotros y Dios, y que *todos* nosotros somos el único hijo de Dios, Santiago no sintió mucho entusiasmo. Escuchó educadamente y a continuación dijo que era hora de acostarse.

Al día siguiente J decidió que en lugar de quedarse en Jerusalén era el momento de visitar las zonas rurales. Allí había gente que no tenía acceso al templo y podría sentirse feliz de escuchar la verdad de la Unicidad de todos nosotros en Dios. También sabía que había gente que no se sentiría feliz de oírlo. Estaba totalmente preparado para lo que iba a venir. A Tadeo y a mí todavía no nos habían dicho que J, María y Nadav sabían todo lo que iba a ocurrir. Ellos eran conscientes de que en unos pocos años J sería crucificado, y que él había elegido enseñar esta lección para demostrar la insignificancia del cuerpo: que no tenía nada que ver con quien él era realmente ni con dónde estaba realmente.

Caminamos por las zonas rurales durante algunas semanas antes de llegar al Mar de Galilea. Allí es donde conocimos a Pedro, un pescador que no estaba teniendo mucha suerte. La historia que habéis oído de que J nos pidió salir al mar, junto con Pedro y algunos otros, y que las redes se llenaron de pescado es verdadera. Y sí, él ordenó a la tormenta que se detuviera y al mar que se calmara. Él tenía dominio sobre el sueño. Sin embargo, no lo usaba en su propio beneficio. Lo usaba para mostrar, de la mejor manera posible para la gente de aquel tiempo, que lo que estábamos viendo era una proyección surgida de nosotros, y que por tanto tenemos dominio sobre ella. La mayoría de la gente no estaba preparada para oír esto, de modo que la mayor parte de las veces les hablaba en parábolas, historias significativas que ellos podía captar al nivel que estaban preparados para escuchar.

ARTEN: Pedro y algunos de sus amigos decidieron unirse a nosotros y seguir a J. Pedro era el primero en admitir que no era el tipo más listo del mundo, y que le costaba entender a J. Más adelante, después de la crucifixión, fue Pedro, junto con Santiago y finalmente Pablo los que iniciaron la religión que J nunca hubiera querido que empezara, aunque sabía que eso ocurriría. No importaba. J nos veía a todos como iguales. En su mente no existía la separación.

Los siete que habíamos estado con J al comienzo de sus viajes por el mundo éramos los que mejor le entendíamos. J no nos trataba de manera especial ni nos consideraba una especie de círculo interno, pero se tomaba tiempo para hablar con nosotros en privado porque sabía que podíamos entender lo que decía. Los otros discípulos que se habían incorporado más tarde se sentían celosos, especialmente de María. A veces J la besaba en público, y eso era algo que no se hacía en aquellos tiempos. A continuación, nosotros le tomábamos el pelo, diciéndole cosas como: "Oye, ¿no sabes que no eres un cuerpo?" Y todos nos reíamos.

PURSAH: Como sabes, cuando era Tomás a veces me llamaban Dídimo, que significa gemelo. No tenía *exactamente* el mismo aspecto que J, pero me parecía mucho, y a menudo la gente nos confundía. En una ocasión me vestí con algunas de sus ropas y pretendí ser él. Lo cierto es que conseguí dar el pego hasta que abrí la boca. En cuanto empezaba a hablar, ya no podía compararme con él.

Recuerdo que poco después de haber conocido a J decidí ofrecerle un regalo. Los dos podíamos leer y escribir, lo cual no era muy habitual en aquel tiempo. Le ofrecí unas plumas para escribir y algunos pergaminos. Parecía muy feliz, pero a continuación me los devolvió y dijo:

—Toma estas cosas y úsalas para ser mi escriba. Anota lo que digo. Me sentiré honrado.

Bueno, yo también me sentí honrado. Tomé la decisión de anotar todo lo posible para que estuviera disponible para la posteridad.

GARY: ¿No sabía J que casi todos los escritos serían destruidos?

PURSAH: Oh, sí. Como he dicho, lo sabía todo. Pero yo no lo sabía, y creo que la razón por la que me pidió que fuera su escriba tenía que ver conmigo. Él sabía que si anotaba las cosas, las aprendería mejor.

GARY: Puedo ver que eso sea así. A veces, cuando estaba en Maine, leía el Texto del Curso y al mismo tiempo escuchaba las grabaciones. Sentía que así me llegaba más profundamente, probablemente porque mis sentidos de la vista y el oído estaban recibiendo el mensaje al mismo tiempo.

PURSAH: Eso está muy bien. Ahora es posible que lo pruebe más gente. En cualquier caso, no me limité a escribir el Evangelio de Tomás. También escribí el evangelio del que te hablé durante la primera serie de visitas, *Palabras del Maestro,* que actualmente es conocido por los eruditos como el Evangelio "Q". Este es el evangelio del que Marcos, Mateo y Lucas tomaron prestados muchos dichos antes de que fuera destruido por la iglesia. Esta es la razón por la que sus tres evangelios suenan similares, y se les conoce como los evangelios sinópticos.

GARY: ¡Vaya! ¿Por qué no me habías dicho antes que tú escribiste "Palabras"?

PURSAH: Ya tenías más que suficiente información con la que lidiar, hermano. Pero recuerda, el Evangelio de Tomás, el Evangelio Q y los Evangelios de María y Felipe fueron escritos antes de los denominados evangelios convencionales. Los escritores de los evangelios que ahora ves en la Biblia tomaron prestados los dichos de aquellos de mis escritos que les gustaban, los que pensaban que encajaría con su teología, y descartaron los dichos con los que no estaban de acuerdo. Habían comprado la teología de Pablo, o Saúl, que era su verdadero nombre, cuyas cartas a las primeras iglesias se habían convertido en evangelios para ellos. Sí, esas cartas contienen algunos escritos preciosos, y partes de ellas proceden del Espíritu Santo, pero hay una mezcolanza; no vienen de J. El cristianismo se basa en la teología de San Pablo, no en las enseñanzas que él suponía que estaba emulando.

La gente siempre piensa que comprende las enseñanzas de los maestros, pero los maestros son no dualistas. No dan realidad al mundo de maya. Para J, María y Nadav, solo Dios era real, y nada más lo era. Después la gente toma eso y lo reorienta hacia el dualismo. Pero, como solía decir Nadav: "De los dos mundos aparentes, el mundo de Dios y el mundo del hombre, *solo* es verdad el mundo de Dios, que es perfecta Unicidad. En realidad no existe nada más". Solo hay un mundo, Gary: el mundo de Dios. Esto no es únicamente no dualismo, es no dualismo *puro*, porque reconoce a Dios como la única Fuente y la Realidad Una.

Tienes que recordar que el aprendizaje previo de J y Nadav, que fue el mismo de María, incluía las enseñanzas de Shankara, el gran profesor del Vedanta. Él enseñó que la Realidad absoluta, Brahmán, ¡no tiene ninguna relación con el mundo fenoménico! Y lo que los tres maestros creían en esa vida final era que Dios y Su Reino no guardan relación alguna con el mundo de los fenómenos, este mundo onírico de la ilusión. Y, en caso de que pienses que estamos dándole demasiado énfasis a esto, recuerda que sin saber esto es *imposible* practicar el tipo de perdón que J, María y Nadav practicaron en su última vida.

Escribí *Palabras del Maestro* mientras viajábamos, a lo largo de un periodo de unos años después de haber escrito el Evangelio de Tomás. Recuerda, los primeros evangelios, incluyendo los de Tomás, María y Felipe, no contenían historias detalladas, solo una lista de dichos. Pero yo incluí algunas historias en *Palabras del Maestro*. Estas fueron tomadas y mezcladas con otras historias ficticias, escritas por personas que ni siquiera habían estado allí. *Palabras* fue destruido posteriormente, y para el año 400 d.C. también fueron destruidos todos los escritos alternativos. Algunas versiones alteradas, que fueron enterradas en torno a 325 d.C., sobrevivieron y fueron excavadas en 1945. *Palabras* no estaba entre ellas. La iglesia tenía muchas ganas de destruirlo, pero no porque incluyera la verdad no dual de las enseñanzas, sino porque describía a María Magdalena como una profesora igual a J. Definitivamente ellos no podían aceptar algo así.

Todo el mundo ha oído hablar del Concilio de Nicea, celebrado en 325 d.C., que estableció los evangelios canónicos. Pero la mayoría de la gente no sabe, ni le importa, de otro concilio celebrado en 381 d.C. que estableció que la circulación de cualquier otro evangelio era ilegal ¡y podía ser castigada con la muerte! Este fue el Primer Concilio de Constantinopla, convocado por el emperador romano Teodosio, que estaban tratando desesperadamente de salvar el imperio. Una de las maneras en que intentó salvarlo fue estableciendo una religión, la religión cristiana, que a esas alturas la mayoría de la gente apoyaba. Pero ya era demasiado tarde: la religión sobrevivió; el imperio no.

Ahora tengo otra información que podría sorprenderte. Cuando hablamos de Nadav, estamos usando su verdadero nombre. Pero la Biblia se refiere a él como Felipe. Las traducciones de la Biblia no contienen los verdaderos nombres de los discípulos. Felipe llegó a ser conocido como uno de los discípulos porque estaba siempre con J, pero en realidad era igual a J, aunque la mayoría de la gente no lo sabía porque solía permanecer callado en público. Fue él quien escribió el Evangelio de Felipe. Asimismo, él fue el único, además de J y María, que no volvió a tener otra encarnación. Esta fue la última parada para él.

GARY: De acuerdo. Estoy alucinando, pero tengo una pregunta. El Curso dice que J fue el primero en completar su parte perfectamente. ¿Significa eso que se iluminó antes que María y Felipe, que en realidad era Nadav, y Buda y Siddhartha y todos ellos?

PURSAH: Técnicamente, sí. Ellos tres tuvieron una última y gran oportunidad de perdonar en esa vida final. Fue la crucifixión, una lección que J había decidido enseñar en beneficio de otros, y no porque él tuviera nada más que aprender. Ves, él tenía solo el amor de Dios. Su ego había sido deshecho completamente, y eso te permite ser solo amor. Hasta que completas todas tus lecciones de perdón, lo que permite al Espíritu Santo sanar tu mente completamente, *no puedes* enseñar únicamente amor. Entras y sales. Pero una vez que el ego desaparece, el amor está siempre allí de manera natural, porque eso es lo que eres. J había completado el trabajo. A María y Nadav, aunque estaban sanados, les quedaba una experiencia más a fin de saber con seguridad que nada de este mundo podía afectarles, y esa experiencia fue la muerte de su amado J.

Nosotros siete, junto con Pedro y algunos otros sobre los que no se ha escrito mucho, caminamos con J y nos quedamos maravillados ante él durante unos tres años. Él, María y Nadav eran tan amorosos y buenos con nosotros y con los demás que deseábamos ser como ellos.

Sobre el que hemos llamado Esteban se escribió un poco en los Evangelios. Era muy parecido a J, solo que tenía genio. Era como J, pero más afilado. Finalmente fue lapidado hasta morir un par de años después de la crucifixión. Esto era un riesgo laboral que había que asumir en aquellos tiempos.

Santiago, el hermano de J, inició el cristianismo junto con Pedro y Pablo, aunque no quería que el cristianismo se separase del judaísmo. Trató de combinar ambas cosas. Y no funcionó. Finalmente los romanos le lanzaron por la muralla del templo durante la primera revuelta judía. Pero, a diferencia de la mayoría de nosotros, al menos llegó a la vejez.

Ya sabes lo que me pasó a mí, Tomás, en India. Mi esposa, cuyo nombre era Isaah, junto con María, Tadeo y Andrés, fueron testigos de mi ejecución. Isaah no podía hallar consuelo, pero María, Tadeo y Andrés hicieron lo posible por reconfortarla. Finalmente todos volvieron a Nazaret y después fueron a Francia, donde vivieron el resto de sus años. María fue allí por transporte mental. El resto tuvo que caminar. María no tuvo hijos, como algunos sugieren. No valoraba el cuerpo y no vio la necesidad de hacer otros cuerpos.

Esto no es un juicio con respecto a los que deciden tener hijos. Lo único que María diría es que, si los tienes, recuerda para qué es todo: perdonar. La relación perdonada es la relación Santa. Cuando lo perdonas todo, todo ayuda.

Después de la crucifixión Nadav pasó un par de años en Nazaret. Concluyó que ya había viajado lo suficiente. Finalmente fue a Qumram, donde se estableció con los esenios, aunque él no podía participar en sus enseñanzas. Los esenios estaban más dedicados a las Antiguas Escrituras y a preservar viejos pergaminos. Él los perdonó y se divirtió con ellos siempre que estuvieron dispuestos a divertirse. Una vez allí, basándose en sus recuerdos, escribió el Evangelio de Felipe.

Hay tres cosas que quiero grabar en ti con respecto a J, María y Nadav. En primer lugar, estaba el tipo de perdón absolutamente sin concesiones que practicaban. Esto era algo que ya habían aprendido, pero eran diferentes de otras personas porque realmente lo vivían. No les interesaba señalar los errores de los egos de los demás. Simplemente los pasaban por alto, y sabían quién y qué era realmente la otra persona. Miraban más allá del velo de la ilusión hacia la verdad, hacia la luz que brilla dentro de todos nosotros con perfecta constancia.

Seguidamente estaba el amor. Eran tan amorosos que es difícil de comprender, aunque intentábamos ser como ellos cuando podíamos. Tanto la Biblia como el Curso dicen que el amor perfecto expulsa el miedo. No había miedo en ellos. Su amor era perfecto y no tenían miedo porque no tenían ego.

Y por último, ellos eran felices. No tenían pretensiones y vivían como personas felices, sin quejas ni agravios. Para ellos lo normal era la alegría, y era una alegría contemplarlos.

Si tienes al Espíritu Santo en tu mente, puedes tomar la Biblia y distinguir entre las cosas que J realmente dijo y lo que los egos de los escritores le hacen decir, pero que él nunca dijo. J era consistente. De hecho, si lees el Manual para el maestro, verás que la definición de honestidad que propone *Un curso de milagros* es ser consistente.

ARTEN: Durante la crucifixión, los soldados romanos estaban enfadados y temerosos porque J no estaba sufriendo. Uno de ellos le gritó:

—Oye, ¿por qué no sufres ningún dolor?

—Si no hay culpa en tu mente, no hay dolor —respondió J.

El soldado le clavó una lanza en el costado, pero J no reaccionó en absoluto. Entonces el soldado se sintió todavía más asustado y salió corriendo.

J había decidido dejar su cuerpo a un lado por última vez. Justo antes de hacerlo, miró a María y una sonrisa muy amable se formó en su rostro. A ella le pasó lo mismo. Al mirarse a los ojos, ambos supieron que él había superado la muerte. Nadav vio lo mismo, y cada uno de ellos reconoció sutil y delicadamente la verdad dentro de los otros dos.

Como no se habían sentido afectados por la muerte de J, Nadav y María supieron que no volverían a este mundo para vivir una vida más. Tanto la Biblia como el Curso están de acuerdo en que "lo último que se superará será la muerte". María y Nadav se abrazaron estrechamente en el funeral, y después siguieron sus caminos por separado.

Los primeros tres iluminados habían cumplido su misión. Sí, hubo otros antes que ellos que habían sabido todo lo que había que saber para estar iluminado, e incluso lo habían vivido, como Shankara y Lao-Tsé. Pero había una cosa que faltaba. No puedes deshacer completamente la separación de Dios sin reconocer completamente a Dios, ¡y reconocerle como la *única* realidad!

Una vez más, esta es la razón por la que *Un curso de milagros* dice: "Mantente alerta sólo a favor de Dios y de Su Reino".[1]

GARY: Gracias. Creo que lo entiendo.

ARTEN: Mantente vigilante, amigo mío. Aún nos queda mucho por cubrir, ¡volveremos!

PURSAH: Estate bien, hermano.

Sabía mucho sobre lo ocurrido hace dos mil años, pero oír a Arten y Pursah hablar de ello me lo aclaró y me enseñó todavía más. Al ir a dormir esa noche, di gracias a J, a María y a Nadav por todas las cosas, y les extendí mi amor y gratitud. Los profesores de profesores ya no estaban visibles, y sin embargo me habían ayudado una vez más.

7

Gnosticismo

No hay nada bueno ni malo, es el pensamiento humano el que
lo hace aparecer así.

WILLIAM SHAKESPEARE, *HAMLET*

Una noche de invierno, un par de meses después de que
comenzaran las conversaciones de este libro, colgué el siguiente
mensaje en Facebook, Twitter y en el grupo de Yahoo que trata
sobre mis libros y el Curso. Poco después lo envié a mi lista de
emails. Describía mi experiencia de la noche anterior.

Anoche estaba sentado viendo una película que había bajado de
Netflix cuando Cindy entró en la habitación. Tenía una expresión
muy seria en el rostro. Cindy no suele tener una expresión seria. Su
estado de ánimo suele ser ligero como la brisa. Me dijo que tenía
una noticia triste, y supe inmediatamente que alguien a quien amá-
bamos había fallecido. La única pregunta era ¿quién? Entonces me

dijo que Ken Wapnick había hecho su transición. Me sentí un poco sorprendido, no porque hubiera ocurrido, sino porque hubiera ocurrido tan pronto. Supongo que pensé que tendríamos más tiempo. Me vi con Ken como media docena de veces, incluyendo unos pocos encuentros en privado, e intercambié una 20 cartas con él, que aún conservo. Sé que voy a estar pensando en él durante mucho tiempo, y que me vendrán cosas que querré compartir con vosotros. De modo que, de momento, solo diré algo sobre la primera vez que le conocí, porque dice mucho sobre el tipo de persona que era. Arten y Pursah me habían guiado para que conociera a Ken y aprendiera todo lo posible de él. No puedo decir que aprendí todo lo posible de él, pero ciertamente aprendí mucho. En junio de 1988 hice un viaje de diez horas en coche, desde Maine hasta Roscoe, Nueva York, para asistir a una presentación llamada "Tiempo y Un curso de milagros". Ken habló unas diez horas sobre este tema a lo largo del fin de semana, y yo quedé deslumbrado por su brillantez. También pude hablar con él en privado porque yo lo había solicitado y él había consentido. Quería hablarle del libro que estaba escribiendo y de que quería usar muchas citas del Curso, pero me aseguraría de dar el debido crédito al Curso en un índice. Yo estaba nervioso y Ken lo sabía.

Nunca olvidaré lo bondadoso que fue conmigo. Finalmente Ken fue la primera persona que leyó *La desaparición del universo*. Pero, lo que es más importante, a medida que pasaron los años, a veces le oía decir, "Sé bondadoso". Sabía por propia experiencia que Ken no se limitaba a decir cosas, las vivía. Era la persona más bondadosa que he conocido nunca, y me inspiraba a ser bondoso con otros. Por supuesto, hay mucho más que decir sobre la persona que Arten y Pursah describieron como el mejor profesor del Curso. Pero, de momento, lo que más me viene es que era una persona muy hermosa que se tomó la molestia de ser bondadosa conmigo cuando no tenía por qué.

Cindy y yo unimos nuestras manos anoche, y yo hablé con Ken y le expresé mi gratitud. Sé que ahora mismo se lo está pasando muy bien y que somos nosotros los que todavía tenemos que lidiar con lo que tenemos delante de nuestra nariz. Por fortuna, siempre tendremos los trabajos de Ken para ayudarnos a hacer eso. Te quiero, Ken.

En una ocasión, Arten y Pursah me dijeron que cualquier enseñanza espiritual da lugar a distintas escuelas de pensamiento. Esto se debe a que, aunque la verdad es simple, el ego no lo es. En cuanto a estas distintas escuelas, generalmente suele haber una que realmente entiende la enseñanza original, y otras que no. Por ejemplo, en el caso del Vedanta no dual, fue Shankara quien lo comprendió bien. En el caso del gnosticismo, fue la escuela de Valentino, así llamada en honor de su fundador, la que realmente comprendió la intención original de las enseñanzas gnósticas, así como buena parte de lo que dijo J. En cuanto a *Un curso de milagros*, es la escuela de Wapnick o la Fundación para *Un curso de milagros*, la que ha comprendido bien el Curso. A continuación, ofrezco dos citas fascinantes del trabajo de Valentino, el *Evangelio de la Verdad,* en las que uno puede ver asombrosos paralelismos entre este evangelio escrito en torno al año 150 d.C. y el Curso. Ken Wapnick a veces usaba estas citas en sus enseñanzas.

A él le vienen los nombres de cada uno. Quien ha de tener este tipo de conocimiento sabe de dónde viene y adónde va. Él sabe como aquel que habiéndose emborrachado, ha dejado atrás su borrachera, y habiendo vuelto en sí, ha puesto sus cosas en orden. Él ha traído de vuelta a muchos que estaban en el error. [1]
Así, ellos eran ignorantes del Padre, puesto que no Le veían. Como había terror, alteraciones e inestabilidad, duda y división, había muchas ilusiones operando por medio de estos, y había ficciones vacías, como si ellos se hubieran quedado dormidos y tuvieran inquietantes pesadillas. O bien estaban huyendo a algún lugar, o se quedaban sin fuerzas por haber estado persiguiendo a otros, o se dedicaban a golpear, o ellos mismos estaban recibiendo los golpes... De nuevo, a veces era como si la gente los asesinase, aunque no había nadie

persiguiéndoles, o ellos mismos estaban matando a sus vecinos, porque habían quedado manchados con su sangre.

Cuando los que están pasando por estas cosas despiertan, no ven nada —aunque estaban en medio de todos aquellos disturbios—, porque no son nada. Este es el camino de los que han dejado la ignorancia a un lado, como si fuera un sueño, sin darle valor alguno, y tampoco consideran sus obras como cosas sólidas, sino que las dejan atrás como un sueño nocturno.[2]

No sabía mucho sobre gnosticismo, pero sabía que quería hablar un poco de él con mis profesores, especialmente porque habían mencionado el Evangelio de Felipe, que en una ocasión me habían recomendado durante una conversación, junto con el Evangelio de María Magdalena. No los había leído. Sabía que el Evangelio de Tomás no era un escrito gnóstico, sino el primer escrito cristiano, aunque no se parecía a la religión que más adelante llegó a ser llamada cristianismo. Algunos eruditos bíblicos modernos creen que puede remontarse a un época tan temprana como el año 50 d.C., siendo anterior a cualquier otro escrito cristiano. Arten y Pursah dirían que es anterior aún.

Una noche relativamente fresca en Los Ángeles, Arten y Pursah estaban repentinamente conmigo. Arten empezó a hablar inmediatamente.

ARTEN: Bien, hermano, ¿has tenido tiempo de integrar lo que aprendiste durante nuestra última visita?

GARY: Parte de ello, pero eran muchas cosas que integrar.

ARTEN: Sí, y como volviste a Salem, todavía has tenido más cosas en que pensar.

NOTA: A finales de julio de 2015 llevé a Cindy al lugar donde nací, Salem, Massachusetts, para darle la oportunidad de ver los lugares que solía frecuentar en la Costa Norte, especialmente Salem y Beverly, la ciudad en la que pasaba más tiempo. Nos alojamos en el Hawthorne Hotel, un lugar donde a los 22 años solía cantar y tocar la guitarra, primero como solista y después con la popular banda Hush. El hotel está al lado del histórico Salem Common y enfrente del Museo de las Brujas de Salem. Entramos en el museo para ver y oír una presentación, que era enormemente precisa, sobre los juicios de Salem y la histeria que se desplegó en el lugar en 1692-93. Me sentí tan alterado que tuve que perdonar el modo en que la gente proyecta su culpa inconsciente sobre los demás, hasta el punto de ejecutarlos, aunque los acusados no habían hecho nada para merecerlo.

Salem significa "paz", y me fue imposible pasar por alto la paradoja. Esto también me hizo más consciente de la dinámica de la proyección, y de cómo en realidad la condición humana no ha cambiado mucho en los más de 300 años transcurridos desde entonces.

Aparte de este pedazo de la historia que es más bien triste, el viaje fue muy agradable. Actualmente Salem saca todo el partido que puede a las brujas, y es una ciudad elegante y fresca, con la misma vibración espiritual que sentí allí en la década de los 80.

PURSAH: Hay una cita que queremos que emplees en algún punto del libro. Es del Evangelio de María Magdalena:

"Yo Le dije:
—Señor, ¿qué le permite a uno ver una visión? ¿La ves con el alma o con el espíritu?
Él respondió y me dijo:
—Uno no ve a través del alma o del espíritu, sino a través de la mente, que está entre estos dos".

María Magdalena registró esta cita en la época en que todos estábamos juntos. Esto es lo que significa: en primer lugar, la cita tal como ha sido traducida de los escritos de Nag Hammadi pregunta: "¿Qué le permite a uno ver la visión?" Pero debería preguntar: "¿Qué le permite a uno ver con visión?" Esto es lo que María estaba preguntando a J para beneficio de los que escuchaban. Ella ya sabía la respuesta. El alma, que la mayoría considera muy espiritual, en realidad es una idea de separación, porque es una idea de individualidad o existencia personal. Todo el mundo piensa que tiene un alma individual. No importa si la idea de individualidad incluye un cuerpo o no. Separación es separación.

Asimismo, en realidad la cita no necesita decir "el espíritu", sino solo *espíritu*. Espíritu es lo único que hay, y es unicidad. De modo que ya se puede ver que en la cita del Evangelio de María tenemos dos ideas, la idea de separación y la idea de unicidad. La razón por la que J dijo: "Uno no ve a través del alma o el espíritu, sino a través de la mente, que está entre esos dos" es que la función de la mente es *elegir*. Usas la mente para elegir o bien la idea de separación, que en el Curso está representada principalmente por el cuerpo, pero también por la psique humana, es decir, el alma individual, o eliges el Espíritu, que es perfecta unicidad. Aquello que tengas el hábito de elegir es lo que pensarás que es real. Se convertirá en aquello que crees y será lo que te afectará. Puedes ver que J estaba enseñando lo mismo hace dos mil años que lo que enseña ahora a través de *Un curso de milagros*. De hecho, en el Curso dice: "El término *mente* se utiliza para representar el principio activo del espíritu*, el cual le suministra a este su energía creativa". [3] Activas el espíritu eligiéndolo con la mente. ¿Lo entiendes?

GARY: Lo entiendo. Por supuesto, hace dos mil años no podía explicar las cosas tal como las explica en el Curso, porque nadie le habría entendido, y de todos modos la mayoría no le entendía. Supongo que por eso hablaba principalmente en parábolas.

PURSAH: Sí, dichos y parábolas. El gnosticismo se hizo popular después de los primeros Evangelios de Tomás, María y Felipe, así como de los evangelios posteriores que ves en la Biblia, que siempre estaban siendo cambiados. Actualmente, debido al cristianismo, se cree incorrectamente que los evangelios de Tomás, María y Felipe son gnósticos. De hecho, se consideraba que Felipe venía de la escuela de Valentino, pero no es cierto. La versión original era pre-cristiana y pre-gnóstica. En cualquier caso, como te dijimos mentalmente en una ocasión, Valentino fue el que mejor entendió a J de todos los gnósticos. Valentino nació en Alejandría, donde pudo usar la biblioteca como habían hecho J y sus amigos.

GARY: ¿Ardió la biblioteca?

PURSAH: Sí. Hubo diversos incendios que causaron daños de distinto grado, pero una forma de esta biblioteca, llamada Serapeum, sobrevivió hasta 391 d.C. aproximadamente. Valentino estableció escuelas, que son conocidas como parte de las escuelas sirio-egipcias de gnosticismo, en Alejandría y Roma en torno a 150 d.C. Allí es donde se escribió el asombroso Evangelio de la Verdad. Valentino había recibido la influencia de un profesor llamado Basílides, que también tenía otras escuelas que eran populares. Además, hubo otros profesores gnósticos, pero no captaron tan bien los principios de J. Las enseñanzas de Valentino fueron las más influyentes de entre las gnósticas hasta finales del siglo IV. A partir de entonces, como hemos mencionado, todos los escritos excepto los evangelios convencionales se volvieron ilegales y fueron borrados del mapa.

La razón por la que sacamos todo esto a la luz es que hay un paralelismo entre el gnosticismo y la nueva forma que J da a las mismas enseñanzas en *Un curso de milagros*. Algunas personas tienen un don para reconocer lo que decían las enseñanzas originales. Como sabes, en el caso del gnosticismo, fue Valentino. Sus alumnos se sintieron atraídos hacia él porque reconocieron la verdad de lo que enseñaba. No acudían a él por su personalidad, sino porque podían ver que era no dualista, y resonaban con ello. En el caso del Curso, fue Ken Wapnick quien tuvo el don de reconocer lo que este decía. Y actualmente los estudiantes se sienten atraídos hacia el trabajo de Ken no por su personalidad, sino porque reconocen la verdad de lo que enseñó en su larga y prolífica carrera antes de realizar su transición. El Curso es no dualista, y también lo es el trabajo de Ken. El tuyo también lo es, porque tú nos has tenido a nosotros desde el principio. Además, desde la primera vez que nos aparecimos ante ti, también has aprendido de Ken por consejo nuestro.

No es accidental que Ken estuviera allí al principio con Helen Schucman, Bill Thetford y Judy Skutch. Se suponía que era él quien había de enseñar el Curso. Los estudiantes más sabios aprenden de él. Otros creen que pueden enseñar el Curso mejor, pero no es así. Estos piensan que Ken solo tenía una teoría particular sobre el significado del Curso, es decir, su interpretación. Pero la interpretación de Ken no es una teoría. Solo es posible tener una interpretación correcta del Curso. El Curso dice lo que dice, y Ken enseñó lo que dice mejor que nadie.

GARY: Quería preguntaros, ¿estaba Ken iluminado?

PURSAH: Sí, lo estaba. Ken abandonó la ilusión porque era su momento. Todo el mundo tiene señalado un tiempo y un lugar en los que hará la transición. Eso no cambia cuando te iluminas. El guión está escrito. Si estás iluminado, entonces dejas el cuerpo a un lado por última vez. No es importante que Ken pareciera fallecer en el sueño. Lo importante es cómo miraba el sueño. Al final dijo: "No estoy muriendo", porque se dio cuenta de que el cuerpo y la personalidad, que algunos pensaban que eran él, no eran él en absoluto. El cuerpo había perdido todo significado para él, como le ocurrió a J.

Y lo mismo le pasó a Bill Thetford, el co-escriba del Curso. Sabes por Judy que estaba iluminado.

NOTA: Me había hecho muy amigo de Judy Skutch Whitson —presidenta de la Fundación para la Paz Interior, la editora original del Curso— quien, como señaló Pursah, estuvo allí en los orígenes del Curso. Según Judy, Bill fue "el primero en graduarse del Curso". Posteriormente vi vídeos de Bill hablando en la década de los 80 y no contemplé nada que no confirmara lo que Judy decía.

GARY: Es genial que al menos dos de las cuatro personas que estuvieron originalmente en los inicios del Curso se iluminaran, y no veo razón para pensar que Judy no lo esté. Sé que a Helen Schucman, a pesar de comprender el Curso a la perfección, le costaba *PRACTICARLO*. Pero todas las cosas con respecto a Ken me indicaban que realmente lo aplicaba.

ARTEN: Sí, lo hacía. Y nos gusta que tú estés haciendo lo mismo y que estés mejorando cada vez más.

PURSAH: Como hemos estado haciendo tanto énfasis en el no dualismo, ¿te gustaría revisar brevemente los cuatro pasos de la escalera que conducen al no dualismo puro?

GARY: ¡Claro! En primer lugar tenemos el dualismo. Este es el dominio de sujeto y objeto, expresado por la física newtoniana. Las cosas parecen estar fuera de ti. Ahí surge la conciencia *(consciousness)**. Aunque el universo es una proyección, tú no lo sabes. Para tener conciencia, tienes que tener algo más *DE LO QUE* ser consciente. Eso es separación. Por eso el Curso usa la palabra conciencia *(awareness)* para describir al Espíritu. Es algo que no es lo mismo que la conciencia *(consciousness)*. El Espíritu es unicidad; no hay sujeto y objeto, solo totalidad. Pero, tanto en tu experiencia personal como en la espiritualidad, en el dualismo tienes dos mundos aparentes: el mundo del ser humano y el mundo de Dios. Ambos parecen ser verdad.

A continuación, está el semidualismo. Esta es una condición en la que la mente está comenzando a aceptar que la idea de separación podría no ser cierta. Puedes pensar en el semidualismo como una forma más bondadosa, más amable de dualismo. Por ejemplo, vemos una actitud diferente entre las personas religiosas que están en estado de semidualismo. Pueden empezar a aceptar la idea de que Dios es amor. Junto con lo anterior, aquí surgen preguntas importantes. Por ejemplo, si Dios es amor,

---

* A partir de ahora, y en las siguientes páginas, Gary hace una distinción entre dos términos, *awareness* y *consciousness,* que en castellano tiene la misma traducción: conciencia. Indicaremos en cada caso la palabra original entre paréntesis. En castellano, Enric Corbera igual awareness con consciencia (con s) y consciousness con conciencia (sin s). Dejamos en manos del lector la interpretación de estos dos términos indicando cuál se ha usado en cada caso.

¿puede Él también ser odio? Si Dios es amor perfecto, como dice la Biblia, ¿puede también tener pensamientos imperfectos? Empiezan a surgir preguntas y la conciencia *(awareness)* empieza a despertar lentamente en la mente del estudiante espiritual. En consecuencia, es posible que la persona no se sienta tan aislada como las personas que están en estado de dualismo. A propósito, durante el proceso de ascender la escalera, en cualquier momento puedes deslizarte hacia arriba o hacia abajo de una condición a otra. Puede ser un viaje turbulento, aunque a veces será pacífico.

Después está el no dualismo. El no dualismo dice que la separación no existe, y que cualquier cosa que parezca estar separada no es real. La proyección es deshecha en tu mente, y tú pasas de estar en una posición de efecto a estar en una posición de causa. Ahora ya no eres el sueño, sino el soñador. Y el sueño no está siendo soñado por nadie más. No *HAY* nadie más. El no dualismo es que no hay dos. Solo hay unicidad, y solo hay una realidad. De modo que de los dos mundos aparentes, el mundo de la ilusión, que no es verdad, y el mundo de la Realidad, que es verdad, solo el mundo de la realidad es verdad, y cualquier cosa que parezca asumir una forma no es verdad.

Esto nos lleva al no dualismo puro. La razón por la que es puro es que reconoce a Dios como la única fuente y la única realidad. Sí, puede parecer que hay dos mundos separados, el mundo de Dios y el mundo del ser humano, pero *SOLO EL MUNDO DE DIOS ES VERDADERO, Y NADA MÁS ES VERDADERO*. Es raro que una persona sea capaz de reconocer y aceptar esto, porque supone la renuncia a cualquier tipo de identidad personal, sea cuerpo o alma, ahora y para siempre. Sabes que pronto vas a desaparecer en Dios y a asumir la vida superior del Espíritu. Tendrás conciencia *(awareness)* de la perfecta unicidad, pero no conciencia *(consciousness)*. Sin embargo, a través de breves vislumbres, aprenderás que la experiencia de la conciencia *(awareness)* hace desaparecer la experiencia de la conciencia *(consciousness)*. Esto hace que el mundo onírico de las ilusiones no tenga ningún significado, excepto en la medida en que pueda ser usado por alguien para regresar a la realidad de Dios.

PURSAH: Gracias, Gary. Verdadero y breve. Ahora cuéntanos un chiste.

GARY: De acuerdo. Este es mi chiste más corto: Jesús entra en un hotel y va al mostrador de recepción. Tiene cuatro grandes clavos oxidados que lleva con él. Los deja caer sobre el mostrador y dice al tipo que le atiende: "¿Puedes darme acomodo para esta noche?"*

PURSAH: Muy irreverente. A Nadav le gustaría.

ARTEN: Volviendo a la no dualidad, los gnósticos usaron la palabra GNOSIS en un sentido muy similar a como el Curso usa la palabra CONOCIMIENTO. En ambos casos no estamos hablando de conocimiento intelectual ni de impartir información; estamos hablando de tener la EXPERIENCIA real de tu perfecta unicidad con Dios. Tu has tenido la experiencia que el Curso denomina REVELACIÓN, ¿cierto?

GARY: Sí. Es lo mismo. En el Curso, revelación no significa que se te revele una información especial. Hace referencia a una experiencia tan asombrosa que es literalmente indescriptible, mucho más allá de las palabras. Esa experiencia de la conciencia *(awareness)* de la perfecta unicidad hace desaparecer cualquier cosa que este mundo tenga que ofrecer. Te permite probar el sabor de la verdad, que es un estado constante, en lugar de la impermanencia del sueño. ¿Y estás diciendo que algunos gnósticos experimentaron esto mismo, una realidad más allá del velo del universo ilusorio?

ARTEN: Absolutamente. Siempre ha habido personas que han experimentado esto. Puede ocurrirle a cualquiera en cualquier momento. Y no tienes que estar avanzado espiritualmente para que esta experiencia te pille por sorpresa. Y digo "sor-

---

* Aquí Gary juega con el doble sentido de que le dé alojamiento y le clave los clavos. *(N. del t.)*

presa" porque generalmente ocurre cuando no te la esperas. De modo que la gente que lea esto no debe perder el tiempo buscándola. Asimismo, si ocurre, no te hace especial. En algunos casos, el Espíritu Santo te ayuda a tener esta experiencia para animarte, para ayudarte a seguir adelante. Además, hay estudiantes muy avanzados que no tendrán esta experiencia en esta vida. Pero, ¿cómo pueden saber que no la han tenido ya en otra vida? No tiene sentido intentar averiguar por qué les ocurre a unos y no a otros. Simplemente entiende que le ocurre a cada mente en un momento u otro. Es como ver un avance de un espectáculo o película que está por llegar. Tienes la sensación de cómo va a acabar siendo tu realidad para siempre, fuera del tiempo.

GARY: Su aspecto orgásmico es asombroso. Fabricamos nuestras relaciones en este mundo como sustituto de la relación que pensamos que hemos perdido con Dios. Pero el sexo que se vive en este mundo palidece en comparación. Esto se debe a que solo las mentes pueden unirse de manera permanente. En realidad, los cuerpos no pueden unirse, aunque lo intentan. Pero la unión con Dios se produce a través de la mente, que, como has dicho, activa la experiencia del Espíritu.

PURSAH: El Curso describe tu relación con Dios como intensamente personal, y lo es. Los gnósticos atesoraban la experiencia de la gnosis. Para alcanzarla, trataban de recordar que el mundo solo es un sueño, como se lee en el Evangelio de la Verdad. Para ellos, el mundo no había sido creado por Dios sino por un demiurgo, que es el equivalente aproximado de lo que el Curso llama EGO, y ellos estaban tratando de trascenderlo y volver a la realidad, que en algunas tradiciones gnósticas se llamaba PLEROMA. Pero los estudiantes a menudo se desanimaban si no tenían la experiencia de la gnosis. Hacer un falso ídolo de la experiencia, y sentirte decepcionado si no te ocurre no te llevará a ninguna parte. Asimismo, muchos gnósticos cometieron el mismo error que comete la mayoría de la gente. Hicieron que el mundo fuera real. Consideraron verdaderas sus ilusiones, de modo que muchos permanecieron en un estado de dualidad, tal como hacen muchos estudiantes del Curso.

Otro error que cometieron fue el de identificarse con su proyección. Actualmente, a muchos estudiantes espirituales se les enseña a mirar algo del mundo y a decir: "Yo soy eso". Pero, de hecho, tú *NO* eres eso. Cualquier cosa que veas ahí fuera, en el universo, es un *SÍMBOLO*. Es una proyección, un holograma que simboliza eso que está enterrado en tu mente inconsciente. Aunque una parte de ello simboliza la totalidad, la mayor parte de ello se basa en la separación. Sí, es una representación de lo que está oculto en tu mente, pero no eres tú. Tú no quieres identificarte con ello; lo que quieres es perdonarlo, especialmente si te afecta en algún sentido negativo. Puede parecer noble ser uno con el universo, hasta que recuerdas que no hay universo. Con lo que quieres ser uno es con Dios, que es todo lo que verdaderamente existe.

ARTEN: El gnosticismo y sus enseñanzas acabaron siendo una mezcolanza, como todo lo demás. Algunos de los estudiantes estaban realmente dedicados a Dios, y otros no querían tener nada que ver con Él. Los sistemas gnósticos no estaban suficientemente desarrollados, aunque Valentino era un genio. Como Lao-Tsé, vivió la no dualidad, pero le costó mucho conseguir que sus estudiantes hicieran lo mismo. No obstante, muchos de ellos dieron grandes pasos en su camino espiritual y actualmente están estudiando el Curso, preparados para alcanzar la iluminación. El Curso les ofrece todo el contexto que necesitan. Si lo examinas con cuidado, como haremos en las últimas visitas de esta serie, verás que el Curso no te deja con un montón de preguntas sin responder. Te habla de lo que existía antes de que comenzara el tiempo, que te había sido dado por Dios. Te habla de cómo pareciste llegar aquí, te habla exactamente de lo que puedes hacer al respecto, y también de tu vuelta a casa y de cómo llegar allí. No es que el Cielo sea un lugar, es una conciencia *(awareness)* a la que tienes que volver a despertar, y el Espíritu Santo tiene un plan que garantiza que este resultado se producirá para todos.

GARY: Creo que es frustrante para la gente porque el Espíritu Santo puede ver la totalidad del plan y cómo va a desplegarse. El Espíritu Santo puede ver todo lo que parece haber sucedido o lo que alguna vez sucederá. El Curso habla de una cadena eslabonada de perdón, de modo que mi perdón está conectado con el de todos los demás. Pero yo no puedo verla, y el Espíritu Santo sí. ¿Podían verla J, Maria y Nadav?

PURSAH: Sí, cuando lo has perdonado todo y tu mente ha sido sanada completamente por el Espíritu Santo, entonces, por definición, todas las barreras que limitaban el poder de tu mente han quedado deshechas. Ya estás a suficiente altura por encima del campo de batalla, como diría el Curso, para ver todo el cuadro. Pero, incluso entonces, mientras parezca que estás en un cuerpo, te enfocarás en desempeñar tu parte en el plan, y tendrás completa fe en el Espíritu Santo. Recuerda, incluso el sujeto llamado J seguía al Espíritu Santo; el Espíritu Santo no le seguía a ÉL.

GARY: He querido plantearos un par de preguntas que a mí me han planteado otras personas. Mencionasteis que sería posible que un arma nuclear estallase en algún momento en una ciudad importante. ¿Sigue siendo probable? ¿Podéis dar algún detalle? Asimismo, el tipo iraní que mencionasteis en la primera serie de visitas, de quien dijisteis que podría usar armas nucleares contra nosotros, parece haber desaparecido del mapa. ¿Os equivocasteis con respecto a esa predicción?

PURSAH: Yo no me equivoqué. Arten se equivocó, pero yo no. Es broma. Esto es lo que has de recordar. Si el Curso enseña que lo que ves en el mundo es una imagen externa de una condición interna, entonces, si cambias la condición interna, también cambiará la imagen externa. Esto es causa y efecto. La buena nueva es que, gracias al Curso, en cuya difusión desempeñas un papel, ha habido tanto perdón y sanación de la mente que el anterior presidente iraní no os va a hacer daño.

GARY: De acuerdo, ¿cuáles son las malas noticias?

PURSAH: La mala noticia es que el mundo todavía no ha vivido un despertar completo. La condición actual de la mente es de conflicto interno. Así, la mente proyectará sucesos en el sueño que simbolizarán dicho conflicto. Esto hace que no solo sea probable, sino inevitable, que en algún momento una bomba nuclear estalle en alguna ciudad importante. Recuerda, el ego demiurgo quiere que se produzcan sucesos más grandes y atemorizantes para inducir miedo. El miedo da realidad a lo que ves, y el juicio que resulta de eso mantiene intacta la atesorada proyección del ego.

GARY: ¿Supongo que no me vas a decir dónde y cuándo?

PURSAH: Eso no sería sabio. El gobierno no va a evacuar una gran ciudad porque tú lo digas. De modo que no solo no haría ningún bien, sino que iniciaría todo tipo de presiones y distracciones para ti. En lugar de eso, sigue con tu trabajo. Es como lo que dijimos del 11 de septiembre de 2001: si los estudiantes del Curso no perdonan, ¿quién lo hará?

GARY: Otra pregunta rápida con relación a la sección sobre salud del último libro. Me dijisteis que usara peróxido de hidrógeno, PH, de grado alimenticio 35% para oxigenar mis células y prevenir o curar todo tipo de enfermedades. Por ejemplo, dijisteis que el cáncer no puede sobrevivir en presencia del oxígeno. Sé que el peróxido de hidrógeno es un tipo de magia, pero también sé que está bien usarlo para ayudar al cuerpo a permitir que la mente lo cure. De modo que seguí las instrucciones que se daban en ese pequeño libro que me recomendasteis, THE ONE-MINUTE CURE. Hice todo el régimen, pero la mayoría de la gente me dice que no puede hacerlo; no pueden tomar tantas gotas del producto. ¿Algún consejo?

ARTEN: Sí, el peróxido de hidrógeno sigue siendo eficaz para promover la salud aunque solo tomes 9 o 10 gotas al día en agua destilada; digamos 5 gotas dos veces al día en entre 120 y 180 cm³ de agua. Asegúrate de que sea agua destilada, porque el peróxido de hidrógeno no combina bien con las impurezas que están presentes en la mayoría de las aguas. Asimismo, mantenlo en el frigorífico para que no se malogre ni pierda fuerza. Y mantén el agua fría también, porque hará que el peróxido sepa mejor. Y asegúrate de que sea el grado alimenticio 35%. Si la gente hace eso cada día, obtendrá todo tipo de beneficios, y no lleva mucho tiempo hacerlo tal como lo hemos descrito aquí.

GARY: Gracias, estoy muy agradecido. Sabéis, antes dijisteis que este mundo es un engaño. Bueno, estaba leyendo un artículo sobre mi crítico de cine favorito, Roger Ebert, que hizo su transición hace un par de años. El artículo apareció en Patheos Press y fue escrito por Tom Rapsas relatando las palabras de la esposa de Roger, Chaz. Roger no era un hombre particularmente espiritual, lo que hizo que las palabras de su esposa fueran aún más interesantes. Leeré esa parte del artículo:

> Lo más impresionante para mí fueron los sucesos que ocurrieron en los días previos a la muerte de Roger. Su esposa, Chaz Ebert, nos cuenta que su marido "no sabía si podía creer en Dios. Tenía sus dudas. Pero, hacia el final, ocurrió algo realmente interesante". Continuando con sus palabras:
>
> Esa semana antes de que Roger falleciera, yo le veía y él decía que había visitado ese otro lugar. Pensé que estaba alucinando. Pensé que le estaban dando demasiada medicación. Pero el día antes de fallecer, me escribió una nota: TODO ESTO ES UN ENGAÑO ELABORADO. Entonces Chaz preguntó a Roger: "¿Qué es un engaño?" pidiendo que lo clarificara un poco más. A continuación, él le dejó claro que estaba "hablando de este mundo, de este lugar. Dijo que todo era una ilusión. Pensé que estaba confuso. Pero no estaba confuso".

Chaz continuó diciendo que Roger había descrito "este otro lugar" como "algo tan vasto que ni siquiera puedes imaginarlo". De modo que creo que no tienes que estar muy metido en la espiritualidad para darte cuenta de la verdadera naturaleza de este mundo, y descubrir que hay algo mucho más vasto y real que está un poco más allá de él.

ARTEN: Pienso que esta es una nota excelente con la que acabar. Las próximas tres visitas comentaremos algo que confiamos que ayude a los estudiantes a entender, a perseverar y a aplicar el increíble poder de la no dualidad. Como dice UN CURSO DE MILAGROS con respecto al estudiante avanzado:

Ahora comienza a ver el valor de transferir lo que ha aprendido de unas situaciones a otras. El potencial de lo que ha aprendido es literalmente asombroso, y el Maestro de Dios ha llegado a un punto en su progreso desde el que puede ver que en dicho aprendizaje radica su escape.[4]

PURSAH: Te queremos, hermano. Da a Cindy un gran abrazo de nuestra parte.

Y con esto desaparecieron en un instante, dejando que intentara entender el posible valor de transferir todo lo que ellos y el Curso de J me habían enseñado hasta ese momento.

8

J canalizado 1965-1977: esta vez la verdad no será enterrada

Se te concede la libertad allí donde no veías más que cadenas y puertas de hierro. Mas si quieres hallar escapatoria tienes que cambiar de parecer con respecto al propósito del mundo.

UN CURSO DE MILAGROS[1]

Tenía muchas ganas de volver a hablar con mis amigos ascendidos. Ellos siempre habían sido muy buenos conmigo. Me sentía auténticamente satisfecho con lo que me habían enseñado, pero quería ahondar todavía más. Quería terminar el trabajo. De ese modo, aunque tuviera que volver una vez más para ayudar a otros, no me quedaría nada por aprender. Ya habría aprendido todo lo necesario para estar iluminado.

Había estado estudiando y tratando de aplicar las enseñanzas del Curso durante 23 años, y había ido mejorando cada vez más a medida que transcurría el tiempo. A lo largo del camino había aprendido que entender algo no es suficiente. Es como lo que Ken Wapnick había dicho a un grupo de traductores del Curso, que lo conocían mejor que nadie: "Pensáis que entendéis el Curso, pero no lo entenderéis a menos que lo HAGÁIS".

Habiendo sido músico durante toda la vida, me gusta la analogía de alguien que quiere ser un buen pianista. Puedes aprender mucho sobre la apreciación de la música y la teoría musical, pero solo hay una cosa en el mundo que va a hacer de ti un buen pianista, que es sentarte cada día al piano y PRACTICAR. Y si no haces eso, nunca lo conseguirás.

La espiritualidad no es diferente. ¿Creemos realmente que podemos alcanzar el mismo nivel de avance espiritual que personas como J, María y Nadav sin practicar? He conocido a muchos estudiantes del Curso que no creen que tengan que practicar; piensan que simplemente puede saltar al final. Es como si creyeran honestamente que pueden decir: "Estoy iluminado" y eso basta para que sea verdad. Pero no es así. Cuando el Curso dice que la salvación es un deshacer, lo dice en serio. El ego debe ser deshecho. Hay que despertar del sueño del ego. La gran herramienta de enseñanza del Espíritu Santo para deshacer el ego y despertar del sueño es el perdón. Nadie hará el trabajo de perdón que es necesario para alcanzar la iluminación a menos que la desee lo suficiente, tal como nadie practicará lo suficiente para ser un gran pianista a menos que lo desee lo suficiente.

Mi experiencia de vida ha ido cambiando a lo largo de los años de practicar el perdón. Mi cuerpo me parece más ligero, aunque durante este tiempo he engordado diez kilos. Siento mi cuerpo más como la figura de un sueño, que en realidad es lo que es, en lugar de como algo que tengo que llevar conmigo. Lo siento más elástico. Es más difícil dañarlo. He tenido un par de accidentes menores en los que me hice daño, pero el cuerpo no me dolió cuando debería haberlo hecho.

Lo mismo es válido en cuanto a las circunstancias psicológicas. Entro en situaciones que antes me molestaban, como hablar a un grupo de gente nueva que no conozco, o que entre en la habitación alguien que no me gusta, y me doy cuenta de que estas cosas ya no me molestan. Este proceso ha venido ocurriendo a lo largo de un extenso periodo de tiempo. Cada cual es diferente, y algunos pueden obtener resultados del Curso más rápido que otros. Esto se debe a que, aunque la verdad es simple, el ego no lo es. El ego es muy complicado y debe ser deshecho a nivel individual, aunque ser un individuo sea una ilusión. El Espíritu Santo se encuentra con nosotros donde quiera que estemos, y trabaja en nuestra compañía para facilitar nuestro despertar. Parte de dicho despertar es darte cuenta de que estás soñando. Primero te das cuenta de ello a nivel teórico, pero, cuanto más practicas el tipo de perdón que propone el Curso, en el que te sitúas en un lugar de causa y no de efecto, más lo experimentas.

El Curso no podría ser más claro con respecto al hecho de que estamos soñando. Dice: "El Espíritu Santo, siempre práctico en Su sabiduría, acepta tus sueños y los emplea en beneficio de tu despertar". [2] Y también dice: "Eres un viajero únicamente en sueños, mientras permaneces a salvo en tu hogar". [3] Trato de recordar esto cada vez que me monto en un avión. Por otra parte, cuando despertamos por la mañana pensamos que estamos despiertos, pero la verdad es que aún seguimos soñando. "Estás soñando continuamente. Lo único que es diferente entre los sueños que tienes cuando duermes y los que tienes cuando estás despierto es la forma que adoptan, y eso es todo. Su contenido es el mismo". [4] Además de todo esto, el sueño no está siendo soñado por alguna otra persona. "Nadie puede despertar de un sueño que el mundo esté soñando por él. Pues, en ese caso, él se ha convertido en parte del sueño de otro. No puede elegir despertarse de un sueño que él no urdió". [5] De modo que, si estamos soñando, entonces, ¿dónde estamos realmente? "En Dios estás en tu hogar, soñando con el exilio, pero siendo perfectamente de despertar a la realidad".[6] Podemos elegir asumir nuestra verdadera función, darnos cuenta de que estamos soñando y seguir al Espíritu Santo hasta casa incluso ante las ocurrencias más difíciles, como la de observar que nuestros seres queridos parecen haber llegado al final de su tiempo con nosotros:

> Ser conscientes de que están soñando es la verdadera función de los maestros de Dios, quienes observan a los personajes del sueño ir y venir, variar y cambiar, sufrir y morir. Mas no se dejan engañar por lo que ven. Reconocen que considerar a una de las figuras del sueño como enferma y separada, no es más real que considerarla saludable y hermosa. [7]

No obstante, esto no significa que no tengamos que tener amor y compasión hacia todos. Como veremos cuando comentemos la tecnología del perdón, si estás practicando el Curso tal como ha de ser practicado, eso conduce automáticamente al amor. Como J dice ya en la introducción:

> Este curso no pretende enseñar el significado del amor, pues eso está más allá de lo que se puede enseñar. Pretende, no obstante, despejar los obstáculos que te impiden experimentar la presencia del amor, el cual es tu herencia natural. [8]

UN CURSO DE MILAGROS es una GRAN enseñanza. Cuando el Curso habla de tu herencia natural, está hablando nada menos que del Reino de Dios. Dios te regaló el Cielo. No tienes que ganártelo. Si alguien te da un regalo, ¿tienes que sufrir y sacrificarte para que sea tuyo? La conciencia *(awareness)* de la presencia del amor es la conciencia *(awareness)* de que el Cielo está aquí ahora. No obstante, aunque no tengas que ganártelo, tienes que despertar a él.

En el Evangelio de Tomás, escrito hace dos mil años, puedes ver que los discípulos se acercaban a J y le preguntaban:

—¿Cuándo llegará el Reino?

Y él dijo:

—No vendrá por estar esperándolo. No se dirá: ¡Helo aquí! o ¡helo allá! Más bien, el Reino del Padre está extendido sobre la tierra, y la gente no lo ve.

No es que el Reino no esté aquí; simplemente está fuera de la conciencia *(awareness)* de la gente. Deshacer el ego es retirar los obstáculos que impiden tomar conciencia (awareness) de su presencia. Cuando deshaces el ego con el perdón, y esto se hace siempre en el nivel de la mente, los obstáculos se retiran y el Cielo, lentamente pero de manera segura, se convierte en tu realidad. Este es el planteamiento de UN CURSO DE MILAGROS. "La Voz" que se menciona en los dos párrafos siguientes es el Espíritu Santo. Puedes ver el nivel de profundidad al que el Espíritu Santo estará trabajando contigo:

Tú eres el soñador del mundo de los sueños. Este no tiene ninguna otra causa, ni la tendrá jamás. Todo lo que aterrorizó al Hijo de Dios y le hizo pensar que había perdido su inocencia, repudiado a su Padre y entrado en guerra consigo mismo no es más que un sueño fútil. Mas ese sueño es tan temible y tan real en apariencia, que él no podría despertar a la realidad sin verse inundado por el frío sudor del terror y sin dar gritos de pánico, a menos que un sueño más dulce precediese su despertar y permitiese que su mente se calmara para poder acoger —no temer— la Voz que con amor lo llama a despertar; un sueño más dulce en el que su sufrimiento cesa y en el que su hermano es su amigo. Dios dispuso que su despertar fuese dulce y jubiloso, y le proporcionó los medios para que pudiese despertar sin miedo.[9]

Acepta el sueño que Él te dio en lugar del tuyo. No es difícil cambiar un sueño una vez que se ha identificado al soñador. Descansa en el Espíritu Santo, y permite que sus dulces sueños reemplacen a los que soñaste aterrorizado, temiéndole a la muerte. El Espíritu Santo te brinda sueños de perdón, en los que la elección no es entre quién es el asesino y quién la víctima. Los sueños que Él te ofrece no son de asesinato ni de muerte. El sueño de culpabilidad está

175

desapareciendo de tu vista, aunque tus ojos están cerrados. Una sonrisa ha venido a iluminar tu rostro durmiente. Duermes apaciblemente ahora, pues estos son sueños felices.[10]

Muchos se han preguntado por qué el Curso emplea el tipo de lenguaje que emplea, pentámetro yámbico o verso blanco inglés.* Aparte del hecho de que el Curso es precioso y de que es una verdadera obra de arte, creo que he encontrado otra razón. En una ocasión, estando en Londres, fui a un museo. Mientras lo exploraba, encontré algunos papeles detrás de un cristal que habían sido escritos hacía más de quinientos años. Pude entender algo, pero la mayor parte de ello me pereció un sinsentido. Las lenguas y la escritura cambian de un siglo a otro. Pero el estilo de Shakespeare, el verso blanco inglés, no cambia. Es una forma clásica de lenguaje. Los libros que están escritos en el lenguaje popular de nuestros días probablemente serán difíciles de leer dentro de quinientos años, a menos que sean revisados. Pero Shakespeare es una constante. Eso me indica que dentro de quinientos años, o incluso de mil, la gente seguirá siendo capaz de leer el Curso y de entenderlo. Eso no significa que será fácil de leer. ¡Tampoco es fácil de leer ahora! Pero se podrá hacer. Tal vez J sabía lo que estaba haciendo.

Quería mantener un diálogo con mis profesores sobre muchas de las ideas del Curso. Ya habían pasado algunos años desde que nos habíamos sumergido profundamente en ello por última vez. Una tarde volvieron.

ARTEN: Sabemos que quieres hablar del Curso. Ciertamente has hecho más de lo que te corresponde viajando por todo el mundo para enseñarlo. ¿De qué te gustaría hablar?

GARY: Hay tantas cosas. El Curso dice: "El milagro establece que estás teniendo un sueño y que su contenido no es real". [11] Pero muchos estudiantes parecen tener un problema en llevar

---

* Esta observación se refiere al original en inglés. *(N. del t.)*

esto hasta el final. Yo diría que, según el Curso, la verdad absoluta es esta: Dios Es. Y los estudiantes no parecen tener mucho problema con esto. Pero, a continuación, si les dices NADA MÁS ES, puedes ver resistencias en muchos de sus rostros. Pueden entender la verdad de Dios, pero no pueden entender que absolutamente nada con respecto al mundo y sus vidas es real.

ARTEN: Sí, el Curso es la enseñanza más radical de la historia. Esa es la razón por la que la mayoría de las personas que lo enseñan no lo enseña. Incluso si lo entienden, lo cual es muy raro, no resulta fácil explicar a las personas que ellas no existen y que nunca han existido. Su vida es una mentira. El único lugar donde verdaderamente existen es en Dios, y el universo físico, incluyendo sus cuerpos e identidades personales, por no hablar de las de todos aquellos a los que han conocido, nunca han sido verdad. Y, a propósito, sus hijos también son ilusiones.

GARY: Sí, procuro no comenzar mis charlas con esto. Evidentemente, J no te deja suspendido en el aire: no se limita a describir la irrealidad del ego, a decir que el mundo es una ilusión y después te manda a paseo. Esa enseñanza, por sí sola, no hace gran cosa por ti, excepto tal vez deprimirte. Lo que hace el Curso es REEMPLAZAR completamente el sistema de pensamiento del ego por el sistema de pensamiento del Espíritu Santo. He estado estudiando los sistemas de pensamiento espirituales durante casi 40 años, desde que hice la formación EST, y no he visto que ninguna otra enseñanza haga esto. La mayoría de las enseñanzas son buenas a la hora de describir el problema. Muchos expertos y psicólogos famosos son muy diestros a la hora de hablar del ego y de todos los problemas del mundo. Y, en el mejor de los casos, te ofrecen un método que hará que te sientas mejor. Pero eso es un arreglo temporal. No deshace el ego. Lo aplaca edulcorando las cosas. El Curso, por otra parte, te ofrece realmente un camino de salida. Te ofrece una RESOLUCIÓN para todo el problema de la existencia humana. Te lleva todo el recorrido de vuelta al Cielo, de donde en realidad nunca te has ido, excepto en una falsa experiencia. De modo que reemplaza una experiencia falsa por otra verdadera. Pero deshacer el ego requiere tiempo y trabajo. Mucha de la gente que acude a un taller espera iluminarse ese mismo fin de semana.

PURSAH: Entonces haz lo mismo que J. Explícales qué hacer y señálales la dirección correcta. Cuando decimos que el Curso es la enseñanza más radical de la historia, tienes que recordar que casi todas las enseñanzas y sistemas de pensamiento de la historia están basados en lo que se denomina la sabiduría de las edades y las verdades universales. Pero esas verdades y esa sabiduría no son verdad, y el Curso *NO* es lo mismo que ellas. ¿Por qué? Porque todas ellas se basan en que el universo es real. El mundo toma hasta las enseñanza no dualistas y las desvía para que den realidad al error. Por eso el Curso dice al describir el mundo: "...pues todo error puede ser corregido solo con que se le permita a la verdad juzgarlo. Pero si al error se le otorga el rango de verdad, ¿ante qué se podría llevar?" [12]

GARY: Hay otra cosa. A la gente se le ha enseñado durante toda su vida que Dios creó el mundo. Yo no tuve ningún problema con la idea de que Dios no creó este mundo y que, de hecho, no tiene nada que ver con él. Para mí esto supuso un gran alivio, porque no podía entender cómo Dios podía hacer que les ocurrieran cosas tan terribles a personas buenas. Y resultó que no era Él quien las hacía, sino nosotros: el ego uno apareciendo como muchos mediante la idea de separación. Este mundo es nuestra proyección y el Cielo sigue siendo perfecto, pero algunas personas siguen casadas con la idea de que este es un lugar precioso creado por lo Divino, aunque todo en el decae, se desmorona y muere. Y eso si tienes suerte de sobrevivir hasta entonces.

¿Recordáis ese taller que hice en un centro de yoga en Massachusetts? Allí había varios talleres en marcha al mismo tiempo, y el sábado por la noche los organizadores dispusieron que los facilitadores pudiéramos hacer una presentación de dos horas en diferentes salas. Cualquiera que hubiera asistido a los demás talleres podía venir a escucharte y recibir una especie de introducción a tu trabajo. Ahora bien, como era un centro de yoga, allí había muchos estudiantes jóvenes que estaban muy centrados en el cuerpo. El lugar estaba inundado por una acumulación de hormonas. Estos jóvenes creen que el yoga es muy espiritual y en realidad adoran los cuerpos. De modo que el sábado por la noche tuve una charla ante unas cien personas, la mayoría de veintitantos años, que habían venido a escucharme, y me preguntaba qué iba a contarles. Antes de empezar hice una breve meditación, siguiendo mi costumbre, y me uní al Espíritu Santo —a propósito, para mí, vosotros y J sois el Espíritu Santo, porque una vez que llegas al nivel del Espíritu, todo es lo mismo— y pedí guía para esta presentación que tenía que hacer ante los jóvenes. *¿DEBÍA CONTARLES LA VERDAD? ¿DEBÍA CONTENERME?* Estoy seguro que recordáis que la respuesta que obtuve fue esta: *A VER CUÁNTOS PUEDES CONSEGUIR QUE SE VAYAN DE LA SALA MIENTRAS HABLAS*. En otras palabras, no te contengas en absoluto. Dáselo directamente. Y lo hice. Lo habría hecho de todos modos, pero estuvo bien recibir la confirmación.

Yo diría que a lo largo de las dos horas se fueron unos veinte. Pero a muchos de los que se quedaron se les puso una expresión especial en la cara cuando les di el material más radical. Era como si dijeran: "¿De verdad? ¿Es esto cierto?" Muchos de ellos era la primera vez que escuchaban directamente un mensaje no dualista. Estaban tan acostumbrados a dar realidad al cuerpo y al mundo que no se les ocurría que hay otra manera completamente distinta de mirar las cosas; una manera que les permitiría tenerlo todo, porque yo no les estaba diciendo que tuvieran que renunciar a nada. Simplemente les estaba diciendo que hay otra interpretación que podría ahorrarles mucho tiempo.

PURSAH: Te fue bien teniendo en cuenta la resistencia inconsciente que la gente tiene a aceptar un mensaje no dualista. Después de todo, esto es la muerte para el ego. ¡Y ahí estabas tú con un mensaje puramente no dualista! Solo Dios es real y nada más es real. ¿Por qué querría oír esto una persona joven y orientada hacia el cuerpo? Sin embargo, lograste interesar a algunos de ellos porque todo el mundo tiene la verdad enterrada en su mente, esperando ser descubierta, y la sienten. Aunque no te lo esperes, algunas personas te escuchan porque cuando oyen la verdad se produce un reconocimiento. Recuerda lo que el Curso dice al respecto:

> Este mundo en el que pareces vivir no es tu hogar. Y en algún recodo de tu mente sabes que esto es verdad. El recuerdo de tu hogar sigue rondándote, como si hubiera un lugar que te llamase a regresar, si bien no reconoces la voz, ni lo que esta te recuerda. No obstante, sigues sintiéndote como un extraño aquí, procedente de algún lugar desconocido. No es algo tan concreto que puedas decir con certeza que eres un exilado aquí. Es más bien un sentimiento persistente, no más que una leve punzada a veces, que en otras ocasiones apenas recuerdas, algo que descartas sin ningún miramiento, pero que sin duda ha de volver a rondarte otra vez.[13]

GARY: Oh, sí. Recuerdo haber tenido este sentimiento, incluso de niño. Era como si parte de mí supiera que este no es mi sitio. Evidentemente, mucha gente siente lo mismo. Y lo cierto es que este no es su lugar. La buena noticia es que hay una manera correcta de abandonar el mundo e ir a casa. El suicidio no lo consigue. Si te suicidas, tendrás que volver aquí y tendrás que pasar otra vez por la misma mierda. Por tanto, ¿por qué no hacer todo el progreso posible en esta vida aparente? De esta manera, si vuelves, ya habrás aprendido tantas lecciones que tu próxima vida será divertida y fascinante.

Creo que sin el Curso mi vida habría sido más bien triste. Llevaba como 15 años en el camino espiritual cuando lo encontré, o debería decir cuando vosotros me encontrasteis a mí. Pero aún sentía que faltaba algo, porque de hecho FALTABA algo. ¿Os he dado las gracias alguna vez por venir a visitarme?

PURSAH: Está bien, Gary. No teníamos nada mejor que hacer.

ARTEN: Debes haber notado que, a medida que deshaces el ego, que es como pelar las capas de una cebolla, cada vez vienen a tu mente más ideas de la mente recta procedentes del Espíritu Santo.

GARY: ¡Absolutamente! Hace un par de semanas estaba en el aeropuerto de Los Ángeles para ir a Madrid, y antes de viajar tenía tantas cosas que hacer que no dormí nada. Eran las cinco de la mañana y me sentía muy cansado. Entonces tuve este pensamiento en mi mente: "No estás cansado. Estás teniendo un SUEÑO de que estás cansado". Lo entendí. ¿Qué puede estar cansado excepto un cuerpo? Pero yo no soy un cuerpo. De modo que estoy teniendo este sueño de que estoy en un cuerpo y de que el cuerpo está cansado. Pero no tiene nada que ver conmigo. Mi mente puede elegir ser espíritu en lugar de cuerpo. Y me siento mejor. De hecho, cuando recuerdo la verdad, me siento mejor. Y puedo recordar la verdad en cualquier circunstancia y en cualquier momento. Además el Espíritu Santo me ayuda con estas ideas.

PURSAH: Muy bien. Y, por supuesto, lo mismo es válido si sientes dolor. Digamos que alguien siente un dolor en la rodilla. En realidad no está sintiendo dolor, está teniendo el sueño de que siente dolor, tal como tú estabas soñando que estabas cansado. En el sueño esa persona tal vez piense que tiene artritis o algo parecido. Al principio, siente que el dolor está en la rodilla, pero no es así. Ya te hemos enseñado que el dolor no es un proceso físico, es un proceso mental. De modo que en realidad el dolor está en su mente. Y, a nivel más profundo, es una función de la culpabilidad, porque la persona piensa en su mente inconsciente que es culpable de la separación. En realidad no es culpable porque la separación nunca ocurrió. Solo es un sueño de separación que nunca ocurrió realmente. Y si la persona puede pensar pensamientos de la mente recta con el Espíritu Santo y recordar esto, el dolor podría irse.

ARTEN: Debido a la manera en que funciona la mente, y esto es algo a lo que llegaremos después, la persona tiene que aplicar la idea de que el universo es un sueño a cualquier cosa que esté teniendo cualquier tipo de efecto negativo sobre ella del que pueda tomar conciencia: cada persona, situación y suceso, incluyendo lo que le está ocurriendo a ella. Es posible que recuerdes un par de preguntas muy importantes que J te plantea en el Curso:

> ¿Qué pasaría si reconocieses que este mundo es tan solo una alucinación? ¿O si realmente entendieses que fuiste tú quien lo inventó? ¿Y qué pasaría si te dieses cuenta de que los que parecen deambular por él, para pecar y morir, atacar, asesinar y destruirse a sí mismos son totalmente irreales? [14]

GARY: ¡Vaya! Esto me recuerda el secreto de la salvación. Déjame que lo encuentre. Me figuro que si J quiere contarme cuál es el secreto de la salvación, tal vez debería escuchar. De acuerdo, aquí está:

> El secreto de la salvación no es sino este: que eres tú el que se está haciendo todo esto a sí mismo. No importa cuál sea la forma del ataque, eso sigue siendo verdad. No importa quién desempeñe el papel de enemigo y quién el de agresor, eso sigue siendo verdad. No importa cuál parezca ser la causa de cualquier dolor o sufrimiento que sientas, eso sigue siendo verdad. Pues no reaccionarías en absoluto a las figuras de un sueño si supieses que eres tú el que lo está soñando. No importa cuán odiosas y cuán depravadas sean, no podrían tener efectos sobre ti a no ser que no te dieses cuenta de que se trata tan solo de tu propio sueño. [15]

ARTEN: ¿Podría ser él más claro que eso? Bien, ¿por qué no planteas cualquier pregunta que tengas, y también las preguntas que oyes en tus talleres? De ese modo podemos cubrir una amplia variedad de temas.

GARY: De acuerdo. La gente está preguntando por un nuevo libro-Curso que parece decir muchas cosas con respecto a cómo comportarse en el mundo, que es lo que hacen muchos de estos libros-Curso. Creo que el autor usa el ejemplo de un amigo que se encuentra con alguien que había entrado a robarle en su casa; en lugar de reaccionar con temor, él reacciona con amor y habla con la persona que había entrado a robar. Le dice que le entiende, y el ladrón se siente sorprendido. Empiezan a actuar como amigos y todo acaba bien. ¿Qué diríais sobre este planteamiento?

ARTEN: Bueno, en algunos casos sería una buena manera de acabar muerto. Si la persona que entra en tu casa tiene un problema mental, o está bajo el efecto de la droga y está robando para conseguir más droga, o es un criminal violento, podría ser una situación muy peligrosa al nivel de la forma. Ahora bien, ciertamente no estoy sugiriendo que se actúe a partir del temor. Sin embargo, en lugar de someterte a un peligro físico a fin de actuar espiritualmente, lo sabio sería irse inmediatamente. Y esto saca a la luz una distinción muy importante con respecto al Curso. Sé práctico. Usa el sentido común. Las enseñanzas del Curso están pensadas para ser aplicadas al nivel de la mente. *No* están pensadas para ser aplicadas al nivel de lo físico. Recuerda, es un Curso sobre causas y no sobre efectos.

GARY: Entiendo. Cuando trabajas para cambiar de mentalidad a fin de pensar con el Espíritu Santo, estás lidiando con la causa en lugar de con el efecto, y el efecto cuidará de sí mismo, porque ahora estás poniendo el caballo por delante del carro. Pero, si haces eso, ¿no podría el hombre que entra a robar en tu casa cambiar automáticamente?

ARTEN: Podría hacerlo o no. En la ilusión del mundo, a veces las cosas cambian gradualmente, no en el instante en que tú quieres que lo hagan. En cualquier caso, el Curso hace énfasis en tu estado mental, en tu paz interna y en tu fuerza, no en cómo parecen desarrollarse las cosas en tu sueño. Eso no significa que el Espíritu Santo no sea consciente de las necesidades que percibes. Dentro de un rato hablaremos de cómo ser guiados hacia la abundancia. Ahora bien, cuando tratamos de una situación en el mundo, no tienes que intentar ser un héroe. Sé normal. Si tratas de demostrar algo, es posible que no puedas seguir aquí el tiempo suficiente para aprender tus lecciones.

PURSAH: El Curso no forma parte del movimiento de autoayuda, aunque la gente procura tratarlo de esa manera. Todo el mundo quiere mejorar su vida y ganar mucho dinero. Y el Curso no tiene nada en contra de eso. Si lo tuviera, estaría haciéndolo real. Pero recuerda siempre: cuando te enfocas en el efecto en lugar de hacerlo en la mente, estás dando realidad al efecto. Estás haciendo verdad algo que no está allí. Y, como lo expresa J, "Cuando tratas de llevar la verdad ante las ilusiones, estás tratando de hacer que las ilusiones sean reales y de conservarlas justificando tu creencia en ellas. Llevar las fantasías ante la verdad, no obstante, es permitir que la verdad te muestre que las fantasías son irreales, lo cual te permite entonces liberarte de ellas". [16]

UN CURSO DE MILAGROS dice lo que dice. Debe entenderse que solo hay *UNA* interpretación posible del Curso. Esto no puede repetirse en exceso. Solo Dios es real, y nada más lo es. El mundo no existe. Hay estudiantes que quieren que el Espíritu Santo opere en el mundo y lo arregle. No, el Espíritu Santo está en la mente, no en el mundo. ¡El Curso dice que no hay mundo! Entonces, ¿*EN QUÉ MUNDO* piensan que está operando el Espíritu Santo?

GARY: Todo esto está muy bien, pero, ¿qué es lo que va a impedir que el Curso siga el mismo camino que todas las demás enseñanzas no dualistas? Sí, el Curso no trata de arreglar el mundo ni de mantener ninguna forma de identidad personal. Sin embargo, ya se puede ver que la mayoría de las personas que supuestamente están haciendo el Curso tratan con todas sus fuerzas de dar realidad al mundo haciéndolo espiritual, y tratan de aferrarse a su existencia personal santificándola. Además, también dicen que otras cosas funcionan, sin entender que esas cosas solo funcionan en la medida en que les ayudan a sentirse bien durante un rato. No deshacen el ego. Con todos estos obstáculos, ¿qué esperanza cabe de que las cosas sean diferentes esta vez?

PURSAH: Esa es una buena pregunta, y tiene una buena respuesta. Pero, primero, ¿recuerdas el dicho 23 del evangelio que fue escrito por Tomás?

GARY: ¿Quién?

PURSAH: En él, J dice: "Yo os elegiré, uno de un millar y dos de diez mil, y ellos se alzarán como uno solo". ¿Ves?. El verdadero significado del Curso no tiene que ser aceptado inmediatamente por las masas. Hay personas que están preparadas para él y otras que no. Lo importante es que esté DISPONIBLE un cuadro completo de la verdad para que las personas lo descubran si están preparadas para él. El Curso tiene toda la verdad en un lugar, no solo parte de la verdad. Esto no ha ocurrido nunca antes. Además, está la idea brillante de hacer de él un Curso de autoestudio. Sin duda algunos crearán iglesias y procurarán hacer una religión de él, pero eso no impedirá que otras personas averigüen la verdad por sí mismas. La gente irá a grupos de estudio, donde recibirán mucha información falsa; pero, mientras el Curso esté ahí, no se puede impedir a nadie aprenderlo por sí mismo, o mediante los pocos profesores que realmente lo enseñan. Esta es la razón por la que esta vez la verdad no será enterrada. Mientras tengáis libertad de discurso y libertad de prensa, el Curso estará ahí. No puedes enterrar millones de copias de él. Sí, la gente intentará cambiarlo a su gusto, pero el verdadero Curso seguirá estando ahí.

GARY: Me gusta. Y el Curso me ha ayudado a superar algunas situaciones que sé que me habrían hecho alucinar.

PURSAH: Barcelona sería un buen ejemplo.

NOTA: Había hecho un taller de fin de semana en Barcelona, España, y volaba de vuelta a casa. Por algún motivo, el organizador del evento no me pagó por transferencia bancaria, e insistió en pagarme en dólares y en metálico. Nunca antes me habían pagado en metálico, y fui lo suficientemente ignorante como para poner el dinero en mi equipaje facturado en lugar de en el equipaje de mano. Cuando llegué a casa a Los Ángeles, fui a recoger mi equipaje. Recogí mi bolsa y miré dentro, como acostumbro a hacer, para asegurarme de que los contenidos no estaban dañados. Cuando la abrí, los 13.000 dólares habían desaparecido. Llamé a la policía y me explicaron que no había mucho que ellos pudieran hacer porque, probablemente, los que manipulan los equipajes habían perpetrado el robo en Barcelona, y por tanto estaban fuera de su jurisdicción. Y, oh sí, dijeron, no ponga el dinero en el equipaje facturado. A continuación traté de conseguir ayuda de la aerolínea, American Airlines, y también resultó inútil. Toda la situación fue una oportunidad de perdonar.

Generalmente puedo perdonar las cosas de manera inmediata, pero en este caso tardé algún tiempo en sentirme libre de la situación. El hecho de que nadie me prestara ayuda aumentó mi frustración, haciendo que fueran varias lecciones en una. Pero la dinámica del perdón es la misma, independientemente de lo que parezca estar ocurriendo.

PURSAH: ¿Te gustaría explicárnoslo?

GARY: Bien, en primer lugar, como me sentía molesto, me di cuenta de que estaba pensando y sintiendo con el ego. Tus sentimientos son resultado de los pensamientos que has tenido en un momento u otro. Una sorpresa desagradable —de las que le encantan al ego, porque es la cosa que más probabilidades tiene de tener un efecto negativo en ti— activará pensamientos, y en consecuencia sentimientos, que están en tu mente inconsciente, trayéndolos a la superficie. Esta es la bandera roja a la que tienes que estar atento cuando algo altera tu paz mental. De modo que tienes que pillarte a ti mismo cuando estás pensando con el ego. Si estás dándole realidad al juzgarlo, eso es el ego. El ego es ingenioso a la hora de atrapar tu atención, de modo que, cuando te des cuenta, tienes que DETENERTE. Tienes que dejar de pensar con el ego. Esto requiere práctica y disciplina. De hecho, dar este primer paso puede ser la parte más difícil.

El paso siguiente es hacer el cambio al Espíritu Santo. No

puedes pensar con el ego y con el Espíritu Santo al mismo tiempo. Siempre estás eligiendo uno o el otro, tanto si te das cuenta de ello como si no, de modo que más te vale aprender a elegir al Espíritu Santo. Cuando eliges como profesor al Espíritu Santo en lugar de al ego, eso es lo que el Curso denomina el Instante Santo: en ese instante vuelves a elegir, como indica el Curso. Y el Espíritu Santo te ofrecerá ideas de la mente recta. El Espíritu Santo te dirá que no es real, que eso es tu sueño, y que no tienes que dejarte afectar por él. Como dice J: "Nada puede herirte a menos que le confieras ese poder". [17] De modo que niego que cualquier cosa que no proceda de Dios pueda afectarme. A propósito, yo suelo hablar con J en mi mente, pero, como he dicho, para mí no hay distinción entre J y el Espíritu Santo. No compiten entre ellos. De modo que cualquiera de ellos te dirá que estás reaccionando a algo que no está ahí, y puedes perdonar la situación, el suceso, o a la persona no porque realmente haya ocurrido ni porque la persona haya hecho algo, sino porque en realidad no ha hecho nada. De modo que en realidad no ha ocurrido nada, y las personas que parecen haber intervenido son inocentes. A propósito, esto envía un mensaje a tu propia mente inconsciente de que en realidad no has hecho nada, y por eso eres inocente. Pero esto tiene que ver con el funcionamiento de la mente y, como habéis dicho, ya llegaremos ahí.

Si llegas hasta aquí, entonces puedes dar el tercer paso. Cuando decides ver las cosas con el Espíritu Santo, se convierten en la responsabilidad del Espíritu Santo, no en la tuya. El Espíritu Santo toma el mando, y tú entras en lo que el Curso denomina Visión. Vosotros, amigos míos, a veces lo habéis llamado VISIÓN ESPIRITUAL. El Curso también emplea el término percepción verdadera, que es lo que haces cada vez que piensas con el Espíritu Santo en lugar de con el ego. El Espíritu Santo va apropiándose gradualmente de tu mente. Al final, esto te llevará a estar continuamente en la Visión. Cuando llega ese momento, eres como J. Y si quieres ser como J, también quieres pensar como él. Quieres incorporar como propio el sistema de pensamiento del Espíritu

Santo, tal como hizo él.

J vio inocencia por doquier. Las apariencias no le engañaban. Él pasaba por alto los cuerpos y pensaba en cada aparente individuo como la unicidad. Se veía a sí mismo en todas partes. No hizo ninguna excepción. No puedes hacer excepciones, porque de otro modo no estarías en la totalidad. De modo que, en este tercer paso, pienso en quien quiera que sea que me robó el dinero no como un ser humano culpable, como él piensa de sí mismo, sino como perfecto Espíritu, exactamente lo mismo que Dios, totalmente inocente, ahora y siempre, que es lo que realmente es. De modo que solo queda la realidad.

Creo que el verdadero truco consiste en recordar. Una vez que sabes hacerlo y que te acuerdas de hacerlo, puedes convertirlo en un hábito. Esto es el entrenamiento mental. Y tengo que admitir que aquí hay un poco de egoísmo desinteresado, porque sé por el Curso que si pienso en las demás personas de esta manera, así es como me experimentaré a mí mismo. Tal vez no en ese segundo, pero el efecto es acumulativo, porque con el perdón siempre se produce algún tipo de sanación. Estos tres pasos son los básicos.

ARTEN: No está mal. Diremos a J que estás haciendo progresos.

GARY: Cuando estuvimos en China, algunos de los estudiantes parecían pensar que tienes que perdonarlo todo, no solo las cosas negativas que surgen, sino todo: los hermosos atardeceres, el sexo, los momentos felices, etc... ¿Es cierto?

ARTEN: No. Puedes saber que ha llegado la hora de perdonar si no te sientes en paz. Tal vez estés irritado, o molesto, o incluso enfadado. Eso se debe a que ha sido activada alguna culpa inconsciente en tu mente, de la que ni siquiera te das cuenta porque es inconsciente. Ya sabes que el Curso dice: "La ira NUNCA está justificada".[18] Eso se debe a que te estás haciendo esto a ti mismo. El sueño no está siendo soñado por alguien más, ¿recuerdas? De modo que el Curso se enfoca en perdonar el sistema de pensamiento del ego, basado en el miedo, que está ahí, en tu propio inconsciente. Y todas las emociones negativas pueden incluirse dentro de esa única categoría, miedo. No tienes que preocuparte por las cosas que no tengan un efecto negativo sobre ti. De hecho, el Curso dice que si estás con alguien y no hay nada que perdonar, ¡deberías celebrarlo!

GARY: Esto me recuerda un chiste. Hay un monje en un monasterio que está en el sótano, leyendo unos viejos textos y pergaminos. De repente, encuentra algo y se siente muy emocionado. Sube corriendo adonde están los demás monjes, gritando: "¡Mirad! ¡Mirad! ¡No tenía que decir *CELIBATO*, tenía que decir *CELEBRAR!*

ARTEN: De acuerdo, sigamos. Si estás con alguien y no hay nada que perdonar, no te preocupes, algo acabará surgiendo. Entre tanto, disfruta. No hay nada malo en sentirse bien en la ilusión. Sabes que las películas que vas a ver no son reales, pero eso no te impide disfrutar de ellas, ¿cierto? No vas a perder el aprecio por cosas como el arte y la música. Simplemente acuérdate de perdonar cuando se requiera. Y en cuanto a perdonar las cosas buenas, di a tus amigos chinos, y todos los demás, que no tienen que hacerlo. Lo que ocurrirá a medida que sigas practicando el perdón es que, en tu experiencia, el mundo en general será cada vez más el mundo onírico que es, incluyendo las cosas que amas. De modo que, recuerda, está bien experimentar un sueño feliz.

GARY: ¿Puedo plantear un par de preguntas generales sobre el futuro y cosas así que me suelen hacer en los talleres?

PURSAH: Claro. Si no queremos responder, nos quedaremos mirándote fijamente.

GARY: De acuerdo. En una ocasión dijisteis que el índice Dow Jones Industrial Average superaría la marca de los 100.000 puntos para mediados de siglo, en 2050. Esto me lo dijisteis en los años 90. A día de hoy está en torno a 21.000, y solo quedan 33 años por delante. ¿Seguís confirmando esa previsión?

ARTEN: Sí. Hasta 2022 esa expansión económica global de la que hablamos no empezará a cobrar fuerza, pero confirmamos nuestra previsión.

GARY: Bien. Un médico me dijo que tengo la tensión sanguínea alta. Quiere darme medicación, la cual, imagino, sería para el resto de mi vida. ¿Hay algún tratamiento alternativo que pueda usar o debería limitarme a usar mi mente?

ARTEN: ¿Me has tomado por Edgar Cayce?[*] Pero ya te hemos dado consejos sobre salud anteriormente, entendiendo que está bien usar la magia, siempre que sepas que toda enfermedad, así como toda curación, en realidad están causadas por la mente. Pero hasta que alcances el mismo nivel que J, está bien contar con un poco de ayuda. De modo que procura tomar 300 miligramos de potasio al día. Normalmente podrás encontrarlo en una tienda de alimentación saludable, y generalmente en tabletas o cápsulas de 99 miligramos, de modo que tómate tres al día. Toma también de 500 a 600 miligramos de magnesio al día. Asegúrate de tomar ambos productos, y no superes esas cantidades. Esto funcionará sin necesidad de tomar ningún medicamento y no tendrá efectos secundarios.

En lo relativo al mundo del sueño, como decían Benjamín Franklin y Emerson: "La salud es la primera riqueza". En tu futuro, la gente se orientará más hacia los suplementos y los tratamientos naturales, y se alejará de las medicinas. Ciertos medicamentos son y seguirán siendo de mucha ayuda para algunas personas, aunque la mayoría de ellos existen para engordar a las grandes farmacéuticas. Asimismo, otra cosa que llegará a saberse de manera general es que el nivel correcto de oxigenación de las células previene y cura enfermedades, y esto cambiará el actual estado de cosas. Este hecho ya ha sido resaltado por no menos de tres ganadores del Premio Nobel, pero la industria médica hace lo posible por suprimir las curas, y está teniendo mucho éxito en este sentido. El dinero está en los tratamientos, no en las curas.

---

[*]   Psíquico estadounidense que llegó a ser muy conocido en la primera mitad del siglo xx. *(N. del t.)*

NOTA: Cuando fui al médico, tenía una presión arterial de 156 sobre 102. Después de seguir las instrucciones de Arten durante dos meses, descendió a 128 sobre 86. También leí nuevas directrices dadas por expertos que decían que ya no se considera tensión alta el tener 140 sobre 90, sino 150 sobre 90, a menos que uno tenga diabetes o alguna enfermedad del riñón, en cuyo caso la medida sigue siendo 140 sobre 90. De todos modos, el médico había considerado que tenía la presión sanguínea alta. En realidad, siempre aconsejo que la persona consulte sus problemas médicos con un médico, pero bajo la guía de Arten y Pursah, a quienes considero el Espíritu Santo, asumí la responsabilidad de tomar el potasio y el magnesio en lugar de la medicación.

GARY: ¿Y qué hay del calentamiento global? ¿Mejorará la situación?

PURSAH: A estas alturas estoy segura de que te das cuenta de que no se hace nada hasta que es absolutamente necesario. Debido a esos que actúan como si negaran la ciencia, aunque en realidad están mintiendo para conseguir ganancias económicas, durante este siglo a la Tierra se le causarán daños considerables, especialmente en su segunda mitad. Muchas ciudades quedarán inundadas, y cientos de millones de personas tendrán que desplazarse. Finalmente se conseguirá evitar la catástrofe global, pero no sin muchos daños y sufrimiento.

También habrá desastres naturales no relacionados con el cambio climático, que serán más grandes que cualquier cosa que el mundo haya visto en este ciclo histórico. Algunos acontecimientos serán terroríficos. Lo siento, pero no puedo dar detalles. Simplemente estate preparado para perdonar PASE LO QUE PASE. No importa de qué se trate: terremotos, tsunamis, tormentas más grandes y frecuentes, o personas locas ganando elecciones. Haz tu trabajo.

GARY: ¿Y qué hay del agua? Ya lo hemos mencionado antes. ¿Cuál es el futuro de la situación del agua en todo el mundo?

PURSAH: No es bueno. Como hemos dicho antes, la gente espera hasta que ya es casi demasiado tarde para actuar. Al ego le encantan las crisis y el temor resultante. Por ejemplo, ya existe la tecnología para convertir el agua salada en agua potable, pero no se aplicará hasta que sea absolutamente necesario, o hasta que alguien averigüe cómo ganar mucho dinero con ello.

A propósito, para ser justa con tu estado de adopción, a California se le culpa de tomar mucha agua de otros estados, pero no te olvides de que devolvéis. Cultiváis más frutas y verduras que cualquier otro lugar de la Tierra. No digo esto porque sea real, sino para señalar que el ego necesita proyectar su culpa inconsciente sobre alguien, y muchos americanos parecen hacer eso con California.

GARY: Y Hollywood. Solía pensar que Hollywood era un lugar con muchos niños malcriados en torno a una piscina y tomando drogas. Cuando me trasladé aquí y pasé un par de años, vi lo duro que trabajan, algo así como 16 horas al día. He aprendido a juzgar menos y a sentir más respeto por la gente.

Y hablando de Hollywood, he ido a ver la última película de *LA GUERRA DE LAS GALAXIAS*. Por supuesto que a nivel técnico es impresionante, y muy entretenida. Pero pensé que estaban haciendo lo mismo que en todas las películas anteriores de la serie, estableciendo conflictos y librando una batalla tras otra, supuestamente tratando de "equilibrar la Fuerza".

Bien, el yin y el yang siempre están entrando y saliendo del equilibrio. Eso es la dualidad. Es inútil esperar que mantengan el equilibrio. Y hay una gran cantidad de público que acude a ver esas películas. De modo que pensé que en lugar de tener siempre los mismos conflictos, que sabemos que son el resultado de la existencia del conflicto en la mente, ¿por qué no añadir una nueva sub-trama? No es necesario excederse, pero, ¿qué pasaría si se añadieran un par de nuevos personajes? Podrían ser seres de luz. No tendrían que cambiar toda la serie de una vez, pero estos seres de luz podrían sugerir a algunos de los personajes de la serie: "Ya sabéis que *HAY* otra manera de hacer las cosas". Podrían introducir lentamente el verdadero perdón, porque el universo solo es un holograma, lo cual estaría muy en su línea, y seguir haciendo películas muy entretenidas. En lugar de no tener nada que decir, la película podría hacer algo interesante.

PURSAH: ¿Podrías repetir eso?

ARTEN: Es una buena idea, pero no tienen incentivos económicos para pensar en cambiar algo que ya va bien. Tal vez deberías centrarte en nuestro proyecto para la televisión.

NOTA: Había estado intentando que mis libros dieran lugar a una serie de TV. Junto con mi compañera escritora y co-productora de la serie, Elysia Skye, había estado trabajando a tiempo parcial en este proyecto durante seis años. Estábamos haciendo progresos, pero aún quedaba por ver si tendríamos éxito o si acabaría siendo únicamente otra oportunidad de perdonar. En cualquier caso, estaba disfrutando de todo lo que aprendía durante el proceso.

GARY: De acuerdo. Una de las preguntas que a menudo me plantean en los talleres es: cuando todo esto haya sido deshecho y todos estemos en casa en Dios, ¿qué impedirá que la separación vuelva a producirse? Creo que sé la respuesta, pero me gustaría oírla de vosotros.

ARTEN: El Curso enseña que la separación de Dios nunca ocurrió. De modo que nunca te has ido de Dios y estás teniendo un sueño. Pero la única manera de conocer realmente la verdad de Dios es experimentarla: experimentar a Dios directamente. En la experiencia de ese realidad, que puede ocurrirle a cualquiera, muy brevemente al principio, no hay preguntas. Solo está la respuesta. No hay duda ni temor. Las preguntas vienen de la duda, pero el Espíritu no duda. De modo que la única respuesta que realmente te satisfará en cuanto a este tipo de preguntas es la experiencia de tu perfecta unicidad con Dios.

Después de tener esa experiencia, y de darte cuenta de que en ella no hay preguntas, solo la respuesta, parecerá que vuelves aquí. Y entonces, después de algún tiempo, te darás cuenta de que tienes preguntas. Y si eres muy observador, ¡te darás cuenta de que estás soñando las preguntas! ¿Por qué? Porque esas preguntas, literalmente, no existen en el Cielo. Solo existen en el estado de separación, que solo es un sueño, y por tanto nunca ocurrió. Este es otro ejemplo de dónde tomas conciencia *(awareness)* de que estás soñando. Cuanto más te des cuenta de que estás soñando, menos cuestionarás a Dios. Y es la experiencia de Dios la que te hace darte cuenta de que lo que estás experimentando aquí no es verdad. Ese conocimiento, o gnosis, es personal. Como dice el Curso: "La verdad solo puede ser experimentada. No se puede describir ni explicar. Yo puedo hacerte consciente de las condiciones que la facilitan, pero la experiencia en sí forma parte del ámbito de Dios. Juntos podemos satisfacer sus condiciones, pero la verdad vendrá a ti por su cuenta".[19]

Ahora bien, si la separación nunca ocurrió, no puede volver a ocurrir. No obstante, el Curso ofrece una respuesta a esta pregunta, dentro de una estructura metafórica, para aquellos que puedan necesitar que se les dé ánimos:

El Espíritu Santo es la mente de Cristo, la cual es consciente del conocimiento que yace más allá de la percepción. El Espíritu Santo comenzó a existir como medio de protección al producirse la separación, lo cual inspiró simultáneamente el principio de la Expiación. Antes de eso no había necesidad de curación, pues nadie estaba desconsolado. La Voz del Espíritu Santo es la Llamada a la Expiación, es decir, a la restitución de la integridad de la mente. Cuando la Expiación se complete y toda la Filiación sane, dejará de haber una llamada a retornar. Pero lo que Dios crea es eterno. El Espíritu Santo permanecerá con los Hijos de Dios para bendecir las creaciones de estos y mantenerlas en la luz de la dicha.[20]

GARY: De modo que lo que esto está diciendo —y sé que es una metáfora— es que si la pequeña y alocada idea de la separación, como la llama el Curso, empezara a producirse otra vez, el Espíritu Santo la detendría. Él nos mantendría en la luz de la alegría.

ARTEN: Correcto.

GARY: Esto me da seguridad. ¿Y a qué se refiere el Curso cuando habla de nuestras creaciones? En realidad nunca he tenido claridad a este respecto.

PURSAH: Cuando J usa la palabra CREACIONES en su Curso, no la usa en el mismo sentido que el mundo. Piensas que tus creaciones son una canción, o un libro, o un cuadro, o cualquier cosa que haces o logras en este mundo. Pero en este caso J está hablando de un nivel completamente diferente.

Cuando dice que el Espíritu Santo bendecirá tus creaciones, se refiere a tus creaciones en el Cielo. En el Cielo tú creas tal como crea Dios, porque Dios te creó para ser exactamente como Él. No hay diferencia ni distinción entre tú y Dios. Sí, él te creó, tú no le creaste a Él, pero incluso esa distinción desaparece. Podrías pensar en ello —y ya hemos usado esta frase antes— COMO UNA EXTENSIÓN SIMULTÁNEA DE LA TOTALIDAD. En realidad, la mente humana no puede captar la cualidad y la magnitud que ello tiene, pero esta es la idea general.

No estamos diciendo que haya nada malo en lo que llamas tus creaciones aquí. Sin duda, el Espíritu Santo puede inspirar preciosas obras de arte. Pero, en lo relativo al Curso, solo lo eterno es real. Tú has visto grandes obras de arte, y sin embargo dentro de miles de años casi ninguna de ellas existirá. Lo que se crea en el Cielo nunca dejará de existir.

GARY: Muy bien. ¿Hay algo más que debería saber sobre el futuro?

PURSAH: Marte será colonizado, y más rápido de lo que la gente se espera. Mantenemos nuestra predicción de que finalmente se descubrirá que allí hubo una civilización inteligente. Y posteriormente se descubrirá otra. Pero llevará algún tiempo más hasta que se reconozca que una de esas civilizaciones fue humana. Una raza alienígena iniciará un contacto público con vosotros. El contacto no será iniciado por vuestro gobierno. Hay unos pocos gobiernos en el mundo que han intentado impedir activamente que sus gentes descubran la existencia de extraterrestres que han estado visitando la Tierra durante miles de años. La excusa que ponen los gobiernos es que la gente no está preparada para saberlo y que podrían desestabilizarse. Pero, por supuesto, la gente está mucho más que preparada.

La verdadera razón por la que algunos gobiernos no quieren que la gente sea consciente de la historia de los contactos privados entre ellos y algunas razas alienígenas es que se establecieron tratos entre dichos gobiernos y los alienígenas de los que los primeros no quieren que sepas. Estos tratos ofrecieron tecnologías avanzadas a los gobiernos de Estados Unidos, Inglaterra, Canadá y Rusia, entre otros, y el intercambio es que los alienígenas tenían permiso para abducir, a lo largo del tiempo, a cientos de miles de personas para sus propios fines. Estas abducciones todavía se siguen produciendo, y entre sus fines se incluyen la experimentación médica, el cruce de razas, las pruebas de resistencia, la alteración del ADN y otros asuntos igualmente desagradables. Algunas de estas personas están ahora en otros planetas. Tal vez esto te suene fantástico y fenomenal. Bueno, es literalmente fantástico, aunque como sabes no hay nada fuera de ti.

GARY: ¡Vaya! Sabéis, he leído que miles de personas desaparecen en la ciudad de Nueva York cada año, y todas esas desapariciones no pueden ser atribuidas a que la gente toma la decisión de irse.

PURSAH: Esto ha estado ocurriendo por todas partes durante los últimos 60 años. También ocurrió antes de eso, pero ha aumentado mucho desde la Segunda Guerra Mundial y la Guerra de Corea, a las que los alienígenas dedicaron mucho tiempo de estudio.

GARY: Deben haber pensado: *ESTA GENTE ESTÁ LOCA*.

PURSAH: Sí, en los años 90 no le llamamos el "planeta psicótico" sin motivo. Pero algunos de los alienígenas no son mucho mejores que los humanos a la hora de mostrarse inhumanos. Este es un universo de dualidad. Tienes a gente que es bondadosa y a otros que son asesinos. Y a veces los asesinos son bondadosos. Lo mismo ocurre con los alienígenas. Incluso a veces, dentro de las mismas razas, tienes a algunas buenas y otras malas. Después están las razas espiritualmente avanzadas, como los pleyadianos, y otras razas más crueles, como los grises. Ellos son los que hacen la mayoría de las abducciones, aunque no todas.

GARY: ¿Todo esto va a hacerse público en este siglo?

PURSAH: Parte de ello, pero no todo. Este siglo va a ser un tanto desenfrenado. Recuerda la maldición china: ¡Ojalá te toque vivir tiempos interesantes!

ARTEN: En realidad, uno de los mayores problema que la raza humana afrontará a medida que avance el siglo son los asaltos y pirateos informáticos por parte de criminales y de gobiernos. Si no se practica el perdón en la medida suficiente, estos asaltos podrían llevar a la ciberguerra. Podrías despertar una mañana y toda la energía eléctrica del país haber desaparecido, todos los archivos podrían haber sido borrados, todos los mercados financieros podrían estar arruinados, tu cuenta bancaria y tus tarjetas de crédito podrían haber dejado de existir, pronto el alimento y el agua serían imposibles de conseguir, y después vendría el caos total.

GARY: Siempre hay algo.

ARTEN: Después está el reto que la inteligencia artificial va a plantear a la existencia humana. Finalmente, estas diversas inteligencias no pensarán en sí mismas como artificiales, y empezarán a tener identidades ego. Y, como sabéis, la mente-ego es una máquina de sobrevivir. Algunas de estas inteligencias acabarán considerando que los seres humanos son innecesarios e ineficientes. Recuerda, al ego le encanta fabricar nuevos problemas. Mantiene tu atención fija en la proyección, haciendo de tú seas un efecto de ella. En cuanto juzgas algo y lo haces real, el ego sobrevive.

GARY: ¿Cuál será el resultado?

ARTEN: No queremos arruinarte la película, Gary. A propósito, piensa en lo que parece ocurrir en tu vida como que es exactamente eso, una película. Y tú no eres Gary. Tú eres un actor que está representando el papel de Gary en la película. Esto te ayudará a estar todavía más desapegado, y aun así puedes pasártelo bien desempeñando tu papel.

GARY: Me gusta. Muy al estilo Hollywood. De modo que Shakespeare tenía razón: todo el mundo es un escenario y cada uno debe desempeñar su parte.

PURSAH: Shakespeare era un alienígena. Es broma, pero, como ya te hemos dicho, ESTABA iluminado. Ahora queremos hablar de algo que se interpone en el camino del progreso de muchos estudiantes del Curso. Constituye probablemente el mayor retraso para ellos, y consiste en asumir una función que no es la suya: a saber, corregir a sus hermanos. Ese es el trabajo del Espíritu Santo, y el Espíritu Santo lo hace de tal manera que les conduce a casa. El trabajo de los estudiantes del Curso no es actuar con superioridad y decir a otros lo que tienen que hacer. Recuerda, es un Curso de autoestudio, no una religión con una jerarquía de ilusiones. Por favor, léenos la sección del Curso titulada "La corrección del error".

GARY: De acuerdo, ya la busco. Aquí está. Tiene unas dos páginas. ¿Debo leerla toda?

PURSAH: Sí. Esto es absolutamente vital para que cada estudiante pueda progresar con rapidez. Sin ello, solo habrá retrasos.

GARY: De acuerdo. "La corrección del error":

La vigilancia que el ego ejerce en relación con los errores de otros egos no es la clase de vigilancia que el Espíritu Santo quiere que mantengas. Los egos critican basándose en el tipo de "lógica" de que son partidarios. Entienden esa clase de lógica porque para ellos tiene sentido. Para el Espíritu Santo, no obstante, no tiene ningún sentido. Para el ego lo caritativo, lo correcto y lo apropiado es señalarles a otros sus errores y tratar de "corregirlos". Esto tiene perfecto sentido para él porque no tienen ni idea de lo que son los errores ni de lo que es la corrección. Los errores pertenecen al ámbito del ego, y la corrección de los mismos estriba en el rechazo del ego. Cuando corriges a un hermano le estás diciendo que está equivocado. Puede que en ese momento lo que esté diciendo no tenga sentido, y es indudable que si está hablando desde su ego no lo tiene. Tu tarea, sin embargo, sigue siendo decirle que tiene razón. No tienes que decírselo verbalmente si está diciendo tonterías. Necesita corrección en otro nivel porque su error se encuentra en otro nivel. Sigue teniendo razón porque es un Hijo de Dios. Su ego, por otra parte, está siempre equivocado, no importa lo que diga o lo que haga.

Si le señalas a tu hermano los errores de su ego, tienes forzosamente que estar viendo a través del tuyo porque el Espíritu Santo no percibe sus errores. Esto TIENE QUE ser verdad, toda vez que no existe comunicación entre el ego y el Espíritu Santo. Lo que el ego está diciendo no tiene sentido, y el Espíritu Santo no intenta comprender nada que proceda de él. Puesto que no lo entiende, tampoco lo juzga, pues sabe que nada que el ego haga tiene sentido.

Reaccionar ante cualquier error, por muy levemente que sea, significa que no se está escuchando al Espíritu Santo. Él simplemente pasa por alto todos los errores, y si tú les das importancia, es que no lo estás oyendo a Él. Si no lo oyes, es que estás escuchando al ego, y mostrándote tan insensato como el hermano cuyos errores percibes. Esto no puede ser corrección. Y como resultado de ello, no sólo se quedan sus errores sin corregir, sino que renuncias a la posibilidad de poder corregir los tuyos.

Cuando un hermano se comporta de forma demente sólo lo puedes sanar percibiendo cordura en él. Si percibes sus errores y los aceptas, estás aceptando los tuyos. Si quieres entregarle tus errores al Espíritu Santo, tienes que hacer lo mismo con los suyos. A menos que ésta se convierta en la única manera en que lidias con todos los errores; no podrás entender cómo se deshacen. ¿Qué diferencia hay entre esto y decirte que lo que enseñas es lo que aprendes? Tu hermano tiene tanta razón como tú, y si crees que está equivocado te estás condenando a ti mismo.

Tú no te puedes corregir a ti mismo. ¿Cómo ibas a poder entonces corregir a otro? Puedes, no obstante, verlo verdaderamente, puesto que te es posible verte a ti mismo verdaderamente. Tu función *NO* es cambiar a tu hermano, sino simplemente aceptarlo tal como es. Sus errores no proceden de la verdad que mora en él, y sólo lo que es verdad en él es verdad en ti. Sus errores no pueden cambiar esto, ni tener efecto alguno sobre la verdad que mora en ti. Percibir errores en alguien, y reaccionar ante ellos como si fueran reales, es hacer que sean reales para ti. No podrás evitar pagar las consecuencias de esto, no porque se te vaya a castigar, sino porque estarás siguiendo al guía equivocado, y, por lo tanto, te extraviarás.

Los errores que tu hermano comete no es él quien los comete, tal como no eres tú quien comete los tuyos. Considera reales sus errores, y te habrás atacado a ti mismo. Si quieres encontrar tu camino y seguirlo, ve sólo la verdad a tu lado, pues camináis juntos. El Espíritu Santo en ti os perdona todo a ti y a él. Sus errores le son perdonados junto con los tuyos. La Expiación, al igual que el amor, no opera aisladamente. La Expiación no puede operar aisladamente porque procede del amor. Cualquier intento que hagas por corregir a un hermano significa que crees que puedes corregir, y eso no es otra cosa que la arrogancia del ego. La corrección le corresponde a Dios, Quien no conoce la arrogancia.

El Espíritu Santo lo perdona todo porque Dios lo creó todo. No trates de asumir Su función, o te olvidarás de la tuya. Acepta únicamente la función de sanar mientras estés en el tiempo porque para eso es el tiempo. Dios te encomendó la función de crear en la eternidad. No necesitas aprender cómo crear, pero necesitas aprender a desearlo. Todo aprendizaje se estableció con ese propósito. Así es como el Espíritu Santo utiliza una capacidad que tú inventaste, pero que no necesitas. ¡Ponla a Su disposición! Tú no sabes cómo usarla. Él te enseñará cómo verte a ti mismo sin condenación, según aprendas a contemplar todas las cosas de esa manera. La condenación dejará entonces de ser real para ti, y todos tus errores te serán perdonados.[21]

PURSAH: Gracias, Gary. Como puedes ver, no es tu función corregir errores; tu función es pasarlos por alto. No los hagas reales, y, una vez más, perdona lo que tu hermano *NO* ha hecho. Pero el ego tiene una idea distinta. Como dice el Curso: "El ego también tiene un plan de perdón porque estás pidiendo uno, aunque no al maestro adecuado. El plan del ego, por supuesto, no tiene sentido y nunca será viable. Al seguir su plan te pondrás simplemente en una situación imposible, que es adonde el ego siempre te conduce. El plan del ego consiste en que primero veas el error claramente, y en que luego lo pases por alto. Mas, ¿cómo ibas a poder pasar por alto aquello a lo que has otorgado realidad? Al verlo claramente, le has otorgado realidad y no lo *PUEDES* pasar por alto.[22]

GARY: Lo entiendo. De modo que si lo hago real, no puedo perdonarlo. Tengo que tener la actitud como si no fuera real desde el principio. Es ese el estado de estar preparado para los milagros del que habla el Curso. ¿Sabes?. De vez en cuando me llega un email de alguien que no se siente feliz con respecto a algo. O alguien cuelga un comentario rudo en Internet. Hay mucha gente enfadada ahí fuera, e Internet es el lugar perfecto para que ellos proyecten su culpa inconsciente. Explican muy cuidadosamente lo que he hecho mal y que soy una persona avariciosa y terrible —aunque no me conozcan ni se hayan encontrado nunca conmigo— y entienden con mucha claridad cuál es mi problema. Y después, al final del email o del comentario que cuelgan, a menudo dicen: "Oh, pero te perdono".

ARTEN: Exactamente. Han dedicado tanto tiempo a hacerlo real, ¡que no entienden que no te están perdonando a ti! Esta es la clásica trampa del ego, y el ego la tiende muy bien. Por ejemplo, vuestra sociedad entera está basada en dar realidad a las cosas mediante el análisis. Muchas de vuestras profesiones se dedican a analizar, incluyendo la tuya y muchas otras: ingenieros, médicos, abogados, científicos, físicos, corredores de bolsa. Ese análisis hace que todas las cosas sean firmemente reales para la mente.

Ahora bien, ciertamente no te estoy diciendo que no debas analizar las cosas si eso forma parte de tu trabajo. Lo que estoy diciendo es que has de tomar conciencia de ello para no dejarte atrapar en darle realidad. Lo que quieres hacer es sustituir tu creencia en las ilusiones por la creencia en la verdad. Y, como sabes, en el Curso la palabra luz significa verdad. De hecho, en un momento dado, J te pregunta: "¿Puedes acaso encontrar luz analizando la oscuridad, tal como hace el psicoterapeuta, o reconociendo la oscuridad en ti mismo —tal como hace el teólogo— y buscando una luz distante que la disipe al mismo tiempo que enfatizas lo lejos que está?"[23]

PURSAH: Evidentemente, la respuesta es no. Por eso, el tipo de perdón del Curso, que tú has descrito sucintamente, pasa por alto el problema, no lo hace real, y lo reemplaza por la verdad. Sí, tienes que *DARTE CUENTA* de lo que estás perdonando. Estás operando dentro del marco del ego, que es donde se necesita perdón; y mientras parezca que estás aquí, verás otros cuerpos, y parecerá que tienes problemas reales, facturas verdaderas que pagar, y relaciones reales que perdonar. Pero, si las perdonas, dejarán de hacer que te sientas ansioso, abandonado, carente, o cualquier otro de los impactos negativos que estas cosas pueden tener en ti.

GARY: De acuerdo. De modo que me enfocaré todavía más en notar las cosas y perdonarlas inmediatamente en lugar de analizarlas. Sí que tengo el hábito de analizar las cosas. Hace unos meses fui a ver a los Eagles en el Hollywood Bowl, y en la mitad del concierto, habiendo sido músico durante mucho tiempo, me descubrí analizando cómo estaban cantando y tocando. Entonces me pillé a mí mismo, y sé que fue el Espíritu Santo el que me dio esta idea: "¿Por qué no te limitas a disfrutar de la música?"

En un taller, un tipo me preguntó una vez si, cuando perdonaba, tenía que entrar en contacto con la culpa en su mente inconsciente que correspondía a la oportunidad de perdonar en la que se encontraba, y entonces tenía que tomar conciencia de ella y después perdonarla. ¿Qué responderías a eso?

PURSAH: No, no tienes que ser capaz de descubrir la culpa inconsciente en tu mente. Eso forma parte del trabajo del Espíritu Santo. Hacer ese trabajo probablemente llevaría a la persona cientos de miles de años. Recuerda, el Curso ahorra tiempo. El Espíritu Santo puede verlo todo, incluyendo todo lo que está enterrado en tu mente. Lo único que tienes que perdonar es lo que tienes justo delante de la cara. Si lo haces, el Espíritu Santo sanará la culpa con la que eso está conectado. Por eso, el Curso describe que tu parte es más bien pequeña, y que la labor del Espíritu Santo es muy grande. Teniendo en cuenta que J y el Espíritu Santo son uno y el mismo, él dice muy al principio del Curso: "Cuando obres un milagro yo haré los arreglos necesarios para que el tiempo y el espacio se ajusten a él".[24] Si haces tu parte, el Espíritu Santo se encargará del resto.

GARY: Hablando del Espíritu Santo, a menudo me preguntan cómo trabajar con el Espíritu Santo. Sobre todo, lo que la gente quiere saber es cómo pueden distinguir si están oyendo la Voz del Espíritu Santo o no. ¿Cómo saben que no es la voz del ego?

PURSAH: ¿Y qué les dices?

GARY: Les digo: "¿Qué? ¿Esperáis que lo sepa todo?" Es broma. En realidad, lo primero que les digo es que cuando me despierto por la mañana, pongo al Espíritu Santo a cargo del día. Ellos pueden usar a J, al Espíritu Santo, a Buda, a Krishna, o lo que les funcione mejor, pero el punto importante es que tú no estás al cargo. Ahora algo mayor que tú está al cargo, y el día ya no es tu responsabilidad. No estás solo, y se te dará sabiduría. A continuación, en cuanto puedo, paso algún tiempo en quietud con Dios. Esto puede durar desde un instante hasta veinte minutos. Si voy con prisa, como por ejemplo si tengo que hablar en un servicio dominical en una iglesia, o algo así, y voy a llegar tarde, puedo salir por la puerta y simplemente decir: "Oye, J, tú y yo, ¿de acuerdo?" Y eso es suficiente. Puedes conectar con el espíritu en un instante.

Pero casi siempre me tomo tiempo para estar tranquilo, para aquietar la mente e ir a Dios. Me olvido del mundo y de cualquier problema o necesidad que pueda tener, y simplemente me quedo en un estado de gratitud. Recuerdo que Cindy y yo estábamos con Judy [Skutch Whitson], y Cindy le hizo una buena pregunta. Le preguntó cómo vivían su vida ella y Whit después de más de 40 años de hacer el Curso. Judy no dudó ni un momento. Solo dijo: "Gratitud".

Y así es como intento ser yo, y dejarme guiar solo por las circunstancias de la ilusión. Me refiero a que me siento agradecido de tener un hogar perfecto al que regresar, y ahora dispongo de los medios para llegar allí. De modo que voy a Dios y me siento agradecido, y a lo largo del día pienso en Dios o en el Espíritu Santo cuando puedo. Perdono, lo cual deja todavía más espacio en la mente para el Espíritu Santo. Y a medida que el ego se deshace, puedes oír mejor la guía del Espíritu Santo. De modo que estoy preparado para perdonar. Sabiendo que el milagro del Curso es el perdón, recuerdo que el Curso dice: "Los milagros se dan en la mente que está lista para ellos".[25]

ARTEN: Excelente. Ahora déjame decir algo sobre cómo saber si estás oyendo la Voz del Espíritu Santo, o tan solo las murmuraciones sin sentido del ego. En primer lugar, tienes que estar dispuesto a escuchar. Como dice J: "Todos son llamados pero son pocos los que eligen escuchar".[26] De modo que si la gente quiere oír la Voz del Espíritu Santo, deberían plantearse tres preguntas importantes:

LA PRIMERA: ¿Estoy escuchando? Tienes que estar receptivo. El Espíritu Santo SIEMPRE está contigo. Nunca estás solo, pero tienes que estar abierto al espíritu.

LA SEGUNDA: ¿Cuál es la naturaleza del mensaje que estoy recibiendo? No importa la FORMA que tome el mensaje. Lo importante es el CONTENIDO. El mensaje puede venir a ti de muchas formas distintas. La más probable es que te venga a la mente una idea, pero también podría venir a ti en forma de un sentimiento, de una intuición, o de una voz audible, lo cual es raro, o a través de lo que ha dicho otra persona. Puedes estar escuchando lo que dice otra persona y te viene la idea: DEBERÍA ESCUCHAR

ESTO. Esto se debe a que lo realmente importante es la calidad del mensaje. El mensaje debería hacer que te sientas en paz. Si no lo hace, es probable que no proceda del Espíritu Santo. Hay una excepción a lo anterior. El Espíritu Santo podría guiarte a no ir a alguna parte. Si recibes un mensaje así, es posible que no te haga sentir paz, pero deberías escucharlo de todos modos. Los mensajes así son raros. Lo sabes por experiencia.

NOTA: Cuando me piden que vaya a dar una conferencia o curso en alguna parte, siempre pregunto al Espíritu Santo si debo hacerlo. La respuesta casi siempre ha sido sí. Pero ha habido dos veces en los últimos 14 años en las que la respuesta ha sido un no claro. De modo que no fui a esos lugares. No sé qué habría pasado si hubiera ido, pero confío en el Espíritu Santo. Dicha confianza no es una fe ciega, de tipo religioso. El Espíritu Santo se ha ganado mi confianza a través de su juicio sabio.

ARTEN (continúa): De modo que la mayor parte del tiempo, si el mensaje es esperanzador y hace cantar tu corazón, y especialmente si lo sientes inspirado, viene del Espíritu Santo. Pero si lo que oyes tiene un tono que hace reales las imágenes que ves y juzga a otros, o te desanima de hacer algo que tienes muchas ganas de hacer en el sueño, es probable que se trate del ego. Sobre todo, el Espíritu Santo, que habita en tu mente recta, te recuerda que perdones. El ego siempre está usando sus ideas de la mente errada para tratar de conseguir que juzgues, lo cual hace que el mundo sea muy real. A medida que vayas haciendo tu camino con el Curso desarrollarás más discernimiento. Serás capaz de distinguirlas.

LA TERCERA: ¿Estoy pidiendo guía siempre que puedo? Esto te abre todavía más. Es como una invitación al Espíritu Santo, y el Espíritu Santo responderá a tu más leve disposición de unirte. El Curso te dice que preguntes al Espíritu Santo: "¿Dónde quieres que vaya? ¿Qué quieres que haga?" Y di también al Espíritu Santo: "Quiero simplemente seguirte, seguro de que Tu dirección me brindará paz".[27]

GARY: Sí, yo pregunto mucho. Y también he descubierto que la guía del Espíritu Santo puede ser muy práctica en el sueño, no solo a la hora de tener ideas de la mente recta cuando practico el perdón, sino también a la hora de tener ideas muy útiles para hacer que las cosas funcionen en el sueño. Tanto si se trata de viajar como de dar una conferencia, de comerciar en el mercados de valores o de decidir qué hacer para divertirme, me vienen a la mente ideas que me parece que me han sido dadas. Surgen de la nada.

Un par de veces he preguntado a personas conocidas que han hecho algo genial: "Oye, eso que has hecho ha sido estupendo; ¿cómo se te ocurrió esa idea?" ¿Y sabes qué me responden? "Oh, simplemente me vino la idea". ¡Es así! Eso es una idea inspirada. Simplemente te viene. Piensas: ¡Oh, sí, esto podría funcionar! Entonces lo pruebas y funciona. A partir de ahí empiezas a sentirte animado con respecto a este tipo de ideas. Pero tienes que recordar que tienes al Espíritu Santo dentro de ti. Si lo haces por tu cuenta, buscando cosas en el mundo, no funcionará. E incluso si consigues que algo funcione temporalmente, no te ayudará a volver a casa.

PURSAH: Así es, hermano. Si estableces tus objetivos con el Espíritu Santo, entonces serán para el bien de todos. Si no, estarás buscando en el sitio equivocado. El Curso dice: "No busques fuera de ti mismo. Pues será en vano y llorarás cada vez que un ídolo se desmorone. El Cielo no se puede encontrar donde no está, ni es posible hallar paz en ningún otro lugar excepto en él".[28]

ARTEN: Asimismo, el perdón te permite oír al Espíritu Santo mejor porque limpia la culpa inconsciente y errónea que había en tu mente. Para que la gente no piense que nos estamos excediendo con este tema, ¿por qué no nos cuentas un par de cosas sobre el perdón procedentes del Curso de las que dices en tus talleres?

GARY: Claro. La mayoría de ellas son lecciones del Libro de ejercicios. El perdón es el medio de la Expiación. El perdón es mi única función aquí. Dejo que el perdón descanse sobre todas las cosas, y de esta forma el perdón me será dado. El perdón es la llave de la felicidad. El temor aprisiona al mundo, el perdón lo libera. Perdonar es mi función por ser la luz del mundo. La luz del mundo le brinda paz a todas las mentes a través de mi perdón. El perdón me ofrece todo lo que deseo. El perdón me enseña que todas las mentes están unidas. El perdón pone fin a todo sufrimiento y a toda sensación de pérdida. El perdón es el único regalo que doy. El perdón pone fin al sueño de conflicto. Sin el perdón aún estaría ciego. El perdón es el tema central de la salvación. Asimismo, cuando el Curso describe el plan del Espíritu Santo, habla de una cadena eslabonada de perdón.

Además dice: "El que no perdona se ve obligado a juzgar, pues tiene que justificar el no haber perdonado".[29] Y, "El perdón reconoce que lo que pensaste que tu hermano te había hecho en realidad nunca ocurrió. El perdón no perdona pecados, otorgándoles así realidad. Simplemente ve que no hubo pecado. Y desde este punto de vista todos tus pecados quedan perdonados".[30] Podría añadir que *SOLO* desde esa visión quedan tus pecados perdonados. Esto se debe a una ley muy importante de la mente que el Curso articula: "Tal como lo consideres a él, así te considerarás a ti mismo".[31] Y debe ser muy importante porque continúa diciendo: "Nunca te olvides de esto, pues en tus semejantes o bien te encuentras a ti mismo o bien te pierdes a ti mismo".[32]

ARTEN: Excelente. A propósito, esa cadena eslabonada de perdón es algo que el Espíritu Santo puede ver, porque el Espíritu Santo puede verlo todo; pero tú generalmente no podrás verla, a excepción de la parte que estás desempeñando. Esto puede resultar frustrante para las personas. Ellas no pueden ver que todas las cosas están conectadas. Tu perdón está conectado con el de J, y el perdón de otras personas está conectado con el tuyo, y el suyo con el de todos los demás. Finalmente, está garantizado que el plan del Espíritu Santo dé como resultado el pleno despertar de la Filiación, siendo la Filiación las mentes *APARENTEMENTE* separadas que componen el ego. Por supuesto, la verdad es que nada ni nadie puede estar nunca separado. En unidad, la conciencia *(awareness)* de la Filiación será restaurada a su realidad como Cristo. Pero como no puedes ver la totalidad del plan, tienes que confiar en el Espíritu Santo. Esta confianza viene con el perdón y con las experiencias que se derivan de él.

GARY: He conocido a gente que lleva estudiando el Curso cinco o diez años y no saben que trata sobre el perdón. Y cuando se dan cuenta de que gira en torno al perdón, empiezan a verlo en el Curso por todas partes. Está por doquier.

PURSAH: Sí, la resistencia inconsciente a hacer el Curso es formidable. Pero, si tienes perseverancia, el ego no puede ganar. Aunque el ego es ingenioso, tiene un problema. Está loco. El Espíritu Santo, por otra parte, tiene una ventaja tremenda: es perfecto y tiene un plan perfecto.

Tal vez te preguntes, ¿si es tan perfecto, por qué a la Filiación le lleva tanto tiempo despertar? Lo cierto es que solo PARECE tomar mucho tiempo. El Curso enseña que el mundo ya acabó; esa pequeña y alocada idea solo fue un mínimo instante de tiempo, que fue corregido y acabó inmediatamente. Pero como este es un sueño de separación, parece que cada cual despierta en distintos momentos, cuando lo cierto es que solo hubo un tiempo, un instante, que incluso en realidad nunca existió.

ARTEN: A propósito, cuando se trata de juzgar o de perdonar, el Curso también enseña que juzgar es lo que cansa tanto a la gente. Lo que las personas realmente son, espíritu, no puede cansarse. Pero, como dice J: "No eres realmente capaz de estar cansado, pero eres muy capaz de agotarte a ti mismo. La fatiga que produce el juzgar continuamente es algo realmente intolerable. Es curioso que una habilidad tan debilitante goce de tanta popularidad".[33] Siguiendo por esta línea, vamos a divertirnos un poco. Te encanta ir al cine y te gustan especialmente las películas de temas espirituales, ¿cierto?

GARY: Sin duda. Incluso tengo una lista de mis diez películas espirituales favoritas de todos los tiempos.

ARTEN: Sabía que ibas a decir eso.

GARY: ¡Vaya! Debes ser psíquico.

ARTEN: Bueno, a veces compartes esa lista con otros, ¿por qué no la compartes con nosotros?

GARY: Me has convencido. Estas no son las únicas películas espirituales geniales que se hayan hecho, solo son mis favoritas en este momento. Pero podría nombrar otras cien que también son muy buenas y que merece la pena ver. Ninguna de estas películas emplea el sistema de pensamiento de *Un curso de milagros,* pero contienen ideas buenas y útiles. Puedes aprender mucho de las películas y entretenerte al mismo tiempo. La gente siempre comparte sus películas favoritas conmigo. Iré de la número diez a la número uno.

La número diez es *Somewhere in Time [En algún lugar del tiempo]*. Es una preciosa historia de amor, con Christopher Reeve y Jane Seymour. Lo que me resulta fascinante es que muestra la idea del transporte mental, no tanto a través del espacio sino del tiempo. De hecho, al principio de la película se muestra a un profesor universitario comentando la idea con Christopher Reeve. Es divertida y toca un tema del que no se ha hablado mucho, especialmente en la época en que se rodó. Christopher Plummer también actúa muy bien. A propósito, es una buena película si tienes una cita.

La número nueve es *Made in Heaven [Hecho en el cielo]*. Los protagonistas son Timothy Hutton y Kelly McGillis. Son una pareja que se conoce en el Cielo —pero no puedo explicar esa parte; tienes que verla— y después tienen que encontrarse en la tierra en su siguiente vida. Está muy bien hecha y es muy conmovedora. También es muy romántica, de modo que no hace falta añadir que también es una buena película para una cita.

La número ocho se titula *Truly Madly Deeply [La magia del amor]* y sus protagonistas son Alan Rickman y Juliet Stevenson. Un hombre que toca el chelo muere y se convierte en ángel. Entonces, parte de su trabajo consiste en ayudar a la mujer que ha dejado atrás a seguir adelante con su vida, y esto incluye encontrar a otro hombre. No esperaba gran cosa de esta película, y me sorprendió mucho por su altísimo nivel de calidad y sus ideas avanzadas.

La número siete, *HERMANO SOL, HERMANA LUNA*, es la historia de San Francisco de Asís (Graham Faulkner) y de Santa Clara (Judi Bowker). Dirigida por el gran Franco Zeffirelli, retrata a Francisco como el hijo malcriado de un rico comerciante. Cuando regresa de luchar en las cruzadas, se ha producido un profundo cambio en él y los que le conocieron apenas pueden reconocerle. La gente de su pueblo cree que se ha vuelto loco, a excepción de Clara, que pensaba que estaba loco antes. Su transformación y la fundación de una iglesia que acoge a los pobres y desafortunados, incluso a los leprosos, acaba en tragedia y en un dramático encuentro con el Papa, papel que representa Sir Alec Guinness. San Francisco trató sinceramente de emular a Jesús y probablemente fue el cristiano que más se acercó a conseguirlo. Una película obligada para quienes están en el camino.

La número seis de mi lista es una película sueca llamada *AS IT IS IN HEAVEN [TIERRA DE ÁNGELES]*, que en un par de ocasiones usa citas textuales de *UN CURSO DE MILAGROS*. Esto se debe a que su director Kay Pollak, ha sido estudiante del Curso durante mucho tiempo. Fue nominada a los óscar como mejor película extranjera, y emplea grandes subtítulos que permiten seguir los diálogos y ver la película al mismo tiempo. Es la historia de un director de orquesta joven y famoso que tiene problemas de corazón y se ve obligado a retirarse. Entonces decide volver a la pequeña ciudad donde nació, donde se conoce su reputación, pero donde no le conocen a él como persona. Al fin le invitan a dirigir el coro de la iglesia local, donde abundan los malos entendidos y las lecciones de perdón. El final es uno de los más fascinantes que he visto nunca. Se trata de una gran película que tal vez no sea para todos, pero los estudiantes del Curso reconocerán algunas de las lecciones que presenta.

La número cinco es *MATRIX*. Si bien es una elección evidente, esta película ya ha ayudado a conformar la forma de pensar de dos generaciones. Gracias a ella los jóvenes de nuestros días están acostumbrados a la idea de que el universo es un holograma. He conocido a algunos de estos jóvenes en mis talleres y entienden algunas de las ideas metafísicas del Curso con más facilidad que la primera generación de estudiantes. Ciertamente otras películas y series de televisión han contribuido a ello (¿Puedes decir HOLODECK?), pero esta es la película más notable. Si por casualidad no la has visto, échale un vistazo. No llega a tener el nivel del Curso, pero muchas de las ideas que propone están en armonía con él.

BEN-HUR es la número cuatro. Recientemente se ha comercializado una nueva versión, pero la original es una de las mejores películas de todos los tiempos, y sigue siendo la que más óscares ha ganado de la historia. Lo que más me gusta de ella, además de ser una gran historia épica, es cómo se retrata la presencia de Jesús. Está claro que tiene una influencia determinante en aquellos cuyas vidas toca, ¡y sin embargo la película nunca muestra su rostro! No es necesario. En el encuentro con él y al escucharle, la forma de pensar de la gente y sus experiencias de vida son transformadas para siempre. Al final de la película, justo antes de que se curen dos leprosos, uno de ellos dice al otro: "Ya no tengo miedo". Épica, sí, pero también muy iluminada para su época.

La número tres es HEREAFTER [MÁS ALLÁ DE LA VIDA], que tiene como protagonista a Matt Damon, un psíquico que ha dejado su profesión porque ha llegado a considerar que su "don" es más una maldición que una bendición. No se da cuenta de que solo le parece una maldición debido a su falta de propósito. Al encontrar su propósito —claramente con la ayuda del Espíritu Santo, aunque no se presenta así— su maldición se transforma en la bendición que debería haber sido. En la película hay tres historias entrelazadas con brillantez. Está dirigida por Clint Eastwood (sí, él también tiene su lado espiritual) y fue producida por el gran equipo de Kathleen Kennedy y Steven Spielberg. Obtuvo un gran éxito de taquilla y es una de esas películas que hay que ver.

La número dos es SIXTH SENSE [EL SEXTO SENTIDO]. Inicialmente, cuando salió, me resistí a verla pensando que solo sería otra historia de fantasmas. Los avances hacían que pareciera la típica película de miedo bien hecha, y no entendía por qué era tan taquillera. Esta película también fue producida por Kathleen Kennedy, con Frank Marshall y Barry Mendel. Fue la obra maestra del director M. Night Shyamalan. Los protagonistas son Bruce Willis, un psicólogo infantil, y Haley Joel Osment, un niño aterrorizado que es visitado regularmente por personas que han fallecido. Finalmente la vi en televisión por cable. Es una película que engancha. Está perfectamente hecha desde el principio, y ya me habría encantado si la resolución se hubiera producido en la escena en la que aparecen la madre y el niño en el coche, y en la que la madre por fin entiende el extraño comportamiento de su hijo. Pero lo que más me impactó fue el final, uno de los mejores de la historia del cine, y entendí perfectamente por qué tenía tanto éxito.

Mi película espiritual número uno es la favorita de todo el mundo, GROUNDHOG DAY [EL DÍA DE LA MARMOTA]. Es genial por diversas razones. El tema de repetir la misma historia una y otra vez hasta hacerlo bien es muy familiar para quienes suscriben la idea de la reencarnación, y el cambio y el crecimiento de Bill Murray conforme aprende a ser mejor persona al tener que vivir el mismo día una y otra vez es encantador. Me gusta volver a ver esta película cada pocos años. Me recuerda mi propio progreso. Lo cierto es que apenas puedo identificarme con la persona que era de joven. Todos vivimos varias vidas dentro de una de nuestras existencias oníricas. Nunca pensé que viviría lo suficiente como para estar en Medicare*, pero lo he conseguido. En cualquier caso, sigue siendo un sueño.[6]

ARTEN: Gracias, Gary. Deberías ser crítico de cine. De hecho, ¿no querías serlo cuando eras joven?

GARY: Sí, me gustaba la idea. Creo que podría haber acabado siendo crítico de cine de no haber sido por una cosa. Como músico,

---

* Seguro público de salud para mayores de 65 años en Estados Unidos. *(N. del t.)*.

como artista, no podía soportar la idea de desmantelar el trabajo de otro artista. Supongo que me habría sentido como si me estuviera vendiendo. Quiero decir que alguien pone tanto trabajo y empeño, a veces años de su vida, en un proyecto, y después algún crítico, que ni siquiera puede hacer lo mismo, lo destroza en dos minutos. Esto no me parecía bien. Después de todo, solo es su opinión, su percepción. Y como solíamos decir en la banda, las opiniones son como los agujeros del culo. Todo el mundo tiene uno.

PURSAH: Aprecio tu convicción, aunque no tu lenguaje. Y me gustaría señalar algo: has mencionado la idea de tener que hacer lo mismo una y otra vez hasta que te salga bien. Cuando el Curso dice que el maestro de Dios llega a ser perfecto, está hablando del perdón, no del comportamiento. No creas que tienes que tener una vida en la que lo hagas todo perfecto, en la que no cometas errores. No la tendrás. Pero tu perdón puede llegar a estar tan logrado que podrás perdonar cualquier cosa, todas las cosas, sin excepción, incluyéndote a ti mismo cuando no haces el Curso bien. Como decía Ken Wapnick: "Un buen estudiante del Curso es un mal estudiante del Curso que se perdona a sí mismo". Entonces llegará el día en que lo perdones todo, incluyéndote a ti mismo. Y, como hemos dicho antes, sanar completamente una vida es sanar completamente todas ellas, porque en cada vida onírica se repiten las mismas lecciones una y otra vez de distintas formas. Las formas cambian, pero el contenido no.

Esta es la razón por la que la repetición es tan importante en el Curso. Se ha dicho que el Texto de UN CURSO DE MILAGROS son seis páginas repetidas de cien maneras distintas. Esto no es exactamente verdad, pero sin duda el Curso se repite, tal como hacemos nosotros. Esta es la única manera en la que el Curso puede ser absolutamente inexorable y abrirse camino hasta lo profundo de tu mente inconsciente, donde se necesita la sanación.

GARY: Parece que las cosas se han acelerado y que ahora hay más que perdonar. Recuerdo que hasta comienzos de los años 80 nuestra sociedad parecía más civilizada. Había cosas como la doctrina de la equidad y la regla de otorgar el mismo tiempo;

la prensa tenía reglas. No podías decir algo sobre alguien sin tener dos fuentes distintas que confirmaran que era verdad. Actualmente todo eso ha cambiado. En los años 80 apareció Rush Limbaugh. En los años 90 acusó a Bill y a Hillary Clinton de asesinar a su secretario de prensa, Vince Foster, que se suicidó. Estos canallas pueden decir lo que quieran con respecto a alguien, y la persona no puede hacer nada al respecto. La persona que acusa no tiene que ofrecer al acusado el mismo tiempo, y no tiene que demostrar que lo que dice es verdad. Esto significa más lecciones de perdón para todos.

PURSAH: Gary, no te olvides de que como le veas a él, así te verás a ti mismo. Te acabas de llamar canalla.

GARY: Bueno, sé que en los años 70 un demagogo como Limbaugh no podía salirse con la suya diciendo mentiras deliberadas. Ahora puede.

PURSAH: Ciertamente hay cosas más importantes que perdonar, y no porque haya una jerarquía de ilusiones.

GARY: Es verdad. Bien, mira la epidemia de analgésicos con receta que nos rodea por todas partes. Algunos de estos medicamentos, como el Percocet o el OxyContin, ¡son como heroína en pastillas! Se oye que personas famosas, como Prince, mueren debido a éstas, pero la gente de a pie está cayendo como moscas. Independientemente de cómo hayan muerto, me hubiera encantado conocer a personas como Michael Jackson, Heath Ledger y Philip Seymour Hoffman. Si hubieran sabido la verdad, en lugar de lo que el mundo les decía, creo que su historia podría haber sido diferente. Ya sé que mucha gente no puede dormir, y acaban tomando medidas drásticas o un exceso de pastillas, o medicamentos. Si pudieran aprender sobre el perdón, y si se les enseñara que hay tratamientos naturales que pueden ayudarles a dormir o a superar una adicción, apuesto a que serían lo suficientemente listos para adoptarlos. Pero es muy duro tratar con una adicción.

ARTEN: Sí. A propósito, nos gustaría felicitarte por cómo estás recortando en la bebida. Pero quiero decirte una cosa. Cuando bebes vino, se supone que has de hacerlo como un caballero. Se supone que has de tomarlo a sorbos, no como la cerveza que bebías de joven.

GARY: Dar sorbos es para las chicas.

PURSAH: Ahora tengamos un recordatorio. Tu perdón no puede estar en conflicto. Tiene que ser universal, tiene que aplicarse a todos sin excepción. Y cuando perdones a alguien, el perdón no puede ser parcial. Tienes que perdonar a tu hermano completamente, no a medias. ¿Sabes a qué me refiero?

GARY: Sí. Él no puede ser mi hermano gilipollas en Cristo.

PURSAH: Exactamente. Él es tu hermano en Cristo, punto. Él es inocente, y en su inocencia está la tuya.

GARY: Tengo una pregunta sobre el karma. ¿Existe realmente este tipo de relación entre causa y efecto en el sueño —no es que nada exista realmente en el sueño— pero, por ejemplo, en cuanto a la persona que me robó el dinero en Barcelona, ¿le robé yo en otra vida onírica?

ARTEN: Buena pregunta, y la respuesta es sí. Tú robaste lo que parecía una cantidad de dinero equivalente de esa persona en una vida que viviste en China hace más de mil años.

GARY: Entonces, dentro del marco de la ilusión, lo que haces a otra persona acaba volviendo a ti más adelante.

ARTEN: Sí, hasta que te perdones a ti mismo por lo que no has hecho. Hasta entonces habrá culpa, y si hay culpa hay karma. Pero si retiras la culpa con el perdón, el karma queda sanado.

Veamos un ejemplo trágico —y tengo que decir esto porque sé cuanto amabas a John Lennon—: la persona que asesinó a John había sido asesinada por alguien que John fue en otro tiempo y lugar. De modo que si asesinas a alguien, esa persona te asesinará más adelante.

GARY: Pero, incluso si lo perdonas todo, ¿no pueden acabar matándote, como a J?

ARTEN: Sí, pero a esas alturas J ya había decidido dejar su cuerpo delicadamente a un lado por última vez, y estaba perfectamente dispuesto a ser asesinado a fin de enseñar que no podía ser asesinado. También podría haberlo detenido si hubiera querido, pero eligió no hacerlo. De modo que no fue karma. Estaba eligiendo deliberadamente enseñar el mensaje de la crucifixión, aunque solo un puñado de gente podía entenderlo. Sabía que mucha más gente lo entendería posteriormente.

GARY: De modo que, aunque a otras personas les pareció que estaba siendo asesinado terriblemente, esa no fue su experiencia. Ellos solo podían imaginar cómo se sentirían en las mismas circunstancias, y a continuación proyectaron su percepción de sufrimiento en J. Y entonces, antes de que puedas darte cuenta, tienes a J supuestamente sufriendo y sacrificándose por los pecados de ellos.

ARTEN: Eso es cierto. Además, la gente no sabe que está proyectando. Si lo supieran, no lo harían. De modo que no esperes que la gente esté de acuerdo contigo. Y si realmente es un sueño, y si realmente entiendes que es un sueño, entonces, ¿por qué tendrías que contar con el acuerdo de otros dentro del sueño?

GARY: Entiendo a qué te refieres. Dime, ¿crees que la gente tiene que ser muy lista para hacer el Curso?

ARTEN: Sí, tienes que ser capaz de contar hasta uno. Las matemáticas del no dualismo son muy simples. Al final siempre da uno.

PURSAH: Y recuerda que la verdad es constante, y la verdad es Dios. De modo que la unicidad de la que estamos hablando no está en el sueño, y no está en el mundo, y no está en el universo de tiempo y espacio, y ni siquiera es un lugar. Es una conciencia (*awareness*); una conciencia (*awareness*) de una unicidad perfecta y constante que no puede ser alterada, amenazada, y ni siquiera tocada. El Curso dice: "Su reino no tiene límites ni fin, ni hay nada en él que no sea perfecto y eterno. *Tú* eres todo esto, y no hay nada aparte de esto que pueda ser lo que tú eres".[34] Esto es no dualismo puro.

GARY: En realidad, esto no se parece a ninguna otra cosa, ¿cierto? Me refiero a que casi todo lo que he visto está pensado para hacer que te sientas mejor *EN* el sueño. Y tú hablas de que el Curso se desvíe hacia el dualismo; incluso profesores del Curso muy conocidos, que en realidad no enseñan el Curso, hacen que sus alumnos se den golpecitos en distintas partes de sus cuerpos y hagan ruidos. Sí, es posible que eso haga que los estudiantes se sientan mejor, pero, ¿cómo va eso a deshacer el ego? Y sin deshacer el ego, se van a quedar atascados aquí. Ahora bien, es posible que quieran quedarse aquí por algún tiempo. Eso está bien si es lo que quieren. Pueden despertar más adelante. En cuanto a mí, yo sé lo que quiero. Yo quiero perdonarlo todo lo más rápido posible y salir de aquí pitando.

PURSAH: Sí, esa es tu decisión personal. En el tiempo, parecerá que el último miembro de la Filiación no despertará completamente hasta que haya transcurrido otro millón de años. Pero los estudiantes del Curso no tienen que esperar un millón de años. Pueden despertar y abandonar el sueño en cualquier momento. Su despertar no tendrá efecto en el sueño del mismo modo que el sueño no tendrá efecto en ellos.

Y aunque tú vas a volver otra vez más, te aseguro, a partir de mi experiencia personal, que lo disfrutarás mucho. Habrá un par de lecciones duras, pero las últimas partes de tu vida serán exquisitas, y finalmente te iluminarás. Merece la pena volver para eso.

ARTEN: Vamos a hablar de ser intrépido, de no tener miedo. A partir de ahora quiero que camines con la certeza de que no hay nada que temer. Cuando entres en una sala a dar una conferencia, quiero que entres allí como si fueras el dueño del lugar. No es que no hayas estado haciéndolo bien. Lo has hecho bien. Pero quiero que le des otra vuelta de tuerca. Si alguien empieza a gritarte, quiero que le mires a los ojos y que le digas suavemente pero con firmeza: "Es una pena que te sientas así". Esto sitúa la responsabilidad de cómo se siente directamente en esa persona. En cuanto a tu experiencia, ya te estás situando en la posición de ser la causa. Cuando no te guste lo que estés viendo en las noticias, quiero que sonrías aún más. Recuerda, si realmente estás fuera del sueño, puedes reírte de su locura, no de una manera despectiva que le dé realidad, sino de manera auténtica porque sabes que no es real. Cuando las personas te planteen preguntas, antes de responder recuerda quiénes son ellas realmente. Si no tienes miedo siempre recordarás la verdad.

Acuérdate, el Curso enseña que "La salvación reside en el simple hecho de que las ilusiones no son temibles porque no son verdad. Te parecerán temibles en la medida en que no las reconozcas como lo que son; y no las reconocerás como lo que son en la medida en que DESEES que sean verdad".[35]

No tienes por qué cansarte puesto que no tienes que llevar el peso del juicio contigo. Además, no eres un cuerpo, eres libre. No te preocupes por el futuro. Pero si necesitas consejo con respecto a dónde ir y qué hacer, acuérdate siempre de preguntar. Acuérdate siempre de lo que realmente eres y de dónde estás realmente. En el instante en que lo recuerdes, no tendrás miedo.

PURSAH: El Espíritu Santo está siempre contigo. Tu cuerpo será una buena herramienta de comunicación para Él mientras elijas trabajar con Él, en público o en privado. Recuerda, te guste o no, aunque no estés hablando frente a un grupo, siempre estás enseñando uno de los dos sistemas de pensamiento. De modo que acuérdate de cuál de ellos quieres enseñar. Si alguna vez sientes que quieres semiretirarte, no viajar tanto por ahí ni dar muchos cursos, pregunta. La respuesta será que tú eres inocente hagas lo que hagas. No tienes que seguir trabajando y sacrificarte por los demás. No tienes que ser el héroe del sueño. Si quieres ir a Hawái, pregunta, y no me sorprendería que la respuesta fuera sí.

Ahora nos vamos a ir. Estate bien, y en las próximas semanas no aceptes ninguna concesión al dualismo. El mundo ya va muy retrasado en la aceptación de la verdad. ¡Acepta tu parte en el gran Despertar! Te queremos, hermano, y te dejamos con estas palabras de nuestro líder:

La irrealidad del pecado es lo que hace que el perdón sea algo completamente natural y sano; un profundo consuelo para todos aquellos que lo conceden y una silenciosa bendición allí donde se recibe. El perdón no apoya las ilusiones, sino que, riendo dulcemente, las congrega a todas sin muchos aspavientos y las deposita tiernamente ante los pies de la verdad. Y ahí desaparecen por completo. El perdón es lo único que representa a la verdad en medio de las ilusiones del mundo. El perdón ve su insubstancialidad, y mira más allá de las miles de formas en que pueden presentarse. Ve las mentiras, pero no se deja engañar por ellas. No hace caso de los alaridos auto-acusadores de los pecadores enloquecidos por la culpabilidad. Los mira con ojos serenos, y simplemente les dice: "Hermano mío, lo que crees no es verdad".

La fuerza del perdón estriba en su honestidad, la cual es tan incorruptible que ve las ilusiones como ilusiones y no como la verdad. Por eso, en presencia de las mentiras, el perdón se convierte en aquello que desengaña; en el gran restaurador de la simple verdad. Mediante su capacidad de pasar por alto lo que no existe, le allana el camino a la verdad, la cual había estado bloqueada por sueños de culpabilidad. Ahora eres libre para recorrer el camino que al perdonar de verdad se despliega ante ti. Pues si un hermano ha recibido este regalo de tu parte, la puerta queda abierta para ti.

Hay una manera muy sencilla de encontrar la puerta que conduce al verdadero perdón y de percibir que está abierta de par en par en señal de bienvenida. Cuando te sientas tentado de acusar a alguien de algún pecado, no permitas que tu mente se detenga a pensar en lo que esa persona hizo, pues eso es engañarse uno a sí mismo. Pregúntate, en cambio: "¿Me acusaría a mí mismo de eso?".

De esta manera podrás ver las alternativas entre las que puedes elegir desde una perspectiva que hace que el acto de elegir tenga significado y que mantiene a tu mente tan libre de culpa y de dolor como Dios Mismo dispuso que estuviese, y como en verdad está. Son únicamente las mentiras las que condenan. En realidad, lo único que existe es la inocencia. El perdón se alza entre las ilusiones y la verdad; entre el mundo que ves y lo que se encuentra más allá; entre el infierno de la culpabilidad y las puertas del Cielo.[36]

Y entonces pareció que mis amigos se habían ido, pero yo me sentí renovado por el espíritu y la certeza de Arten y Pursah. Pude distinguir que algo había cambiado. Ya no me importaba lo que pudiera ocurrir. Fuera lo que fuera, sería lo suficientemente grande para gestionarlo, porque sería lo suficientemente sabio para perdonarlo.

Sentí más determinación que nunca de estudiar *UN CURSO DE MILAGROS* aún con más diligencia. Tal vez un día dejaría de enseñar el Curso y me limitaría a practicarlo. Pero, eligiera lo que eligiera, mientras lo eligiera con el Espíritu Santo, estaría en paz.

9

La importancia de la mente

Tu mente y la mía pueden unirse para desvanecer con su luz a tu ego, liberando la fuerza de Dios para que reverbere en todo lo que hagas o pienses. No te conformes con menos, y niégate a aceptar como tu objetivo nada que no sea eso.

<small>UN CURSO DE MILAGROS[1]</small>

Sí, el mundo es una ilusión. En realidad no existe, excepto en el sueño que es. *NO OBSTANTE*, eso no significa que no puedas disfrutar de él. Y en lo relativo al mundo, el Curso te ofrece una ventaja adicional. A medida que practicas el tipo de perdón que propone el Curso, que no hace real el mundo, el Espíritu Santo retira culpabilidad inconsciente de tu mente, que ni siquiera sabías que tenías porque era inconsciente. Así, a medida que tu mente sana, sientes menos culpa, y cuando sientes menos culpa disfrutas más de todas las cosas.

Esto trae a mi mente uno de mis temas favoritos, Hawái. Cindy y yo acabábamos de volver de dirigir nuestro retiro anual en Hawái, en esta ocasión en la isla de Oahu. Hemos dirigido varios retiros en la Isla Grande, y uno en Maui. Este lo hicimos en un lugar precioso llamado Haiku Gardens, que es donde nos casamos hace siete años. Haiku Gardens está en el lado de barlovento de Oahu, cerca de la hermosa ciudad de Kailua, donde pasamos 12 noches. A propósito, la playa de Kailua es una de las mejores de todo Hawái. El retiro duró cinco días, de modo que tuvimos una semana para explorar la isla por nuestra cuenta.

Hawái me ha encantado desde que a los once años de edad vi la película de Elvis *BLUE HAWAII* (1962). Después de ver esa película de dos horas, me quedé enganchado. Pero no llegué a juntar suficiente dinero para ir allí hasta los 35 años. En el año 86 pasé una semana en Oahu y otra en Maui, y fueron dos de las semanas más felices de mi vida. Transcurrieron otros 13 años antes de que pudiera permitirme volver. Por fin lo hice en 1999. Y saboreé cada minuto, pues no sabía si podría regresar.

En 2003 se publicó mi primer libro, *LA DESAPARICIÓN DEL UNIVERSO*, y mi vida cambió para siempre. Morí y fui al cielo de las tarjetas de crédito. En los últimos 13 años he estado en Hawái otras 14 veces más o menos. He estado en las seis grandes islas a las que se puede ir. La familiaridad no ha hecho que disminuya mi amor por el lugar, y Cindy y yo estamos pensando seriamente trasladarnos allí en dos o tres años. Ahora mismo tengo proyectos en los que estoy trabajando en mi segundo estado favorito, California, pero puedo verme haciendo el gran traslado a Hawái en un futuro no muy lejano. Arten y Pursah me habían dicho que si preguntaba al Espíritu Santo si debía trasladarme a Hawái, no debía sorprenderme que la respuesta fuera afirmativa. Pero estoy seguro de que el Espíritu Santo también me aconsejaría que, independientemente de dónde parezca estar, nunca debería dejar de practicar el tipo de perdón que propone el Curso.

Me encantan todas las islas. Cada una de ellas tiene su personalidad, y sin embargo todas son Hawái. Entonces, ¿en qué isla ilusoria elegiría vivir? No tengo que darle muchas vueltas: en Oahu. Es una isla que no recibe todo el aprecio que merece. Cuando la gente piensa en Oahu, piensan en la ciudad de Honolulú y en la playa de Waikiki, de modo que asumen que es un lugar muy comercial. Bueno, en primer lugar, ¡Waikiki es genial! Muy genial. Pero eso es solo el principio. Toda la isla está llena de gemas ocultas, demasiadas como para contarlas. Si visitas Oahu, te recomiendo encarecidamente que hagas un tour de la isla con una de las empresas especializadas. Así empezarás a hacerte una idea.

Oahu te ofrece lo mejor de los dos mundos. Si te gusta la vida urbana y quieres entretenimiento, no faltan buenos espectáculos y restaurantes, la mayoría de ellos menos caros que en Los Ángeles. Pero si quieres la belleza de las islas externas, Oahu tiene muchos lugares tan exquisitos como los de Maui.

He llegado a darme cuenta de que el hecho de que el mundo sea una ilusión no significa que no puedas pasártelo bien. Al contrario. Puedes pasártelo muy bien, ¡y hacerlo sin culpa! Es verdad que estás libre de culpa; el Cielo te fue dado por Dios y no tienes que ganártelo. Pero tienes que HACER el trabajo de perdón necesario para deshacer el ego y que tu conciencia *(awareness)* vuelva a la realidad. De modo que, si hay algo que perdonar, perdónalo. Ahora bien, como Arten, Pursah y yo hemos comentado, el Curso dice que si no hay nada que perdonar en ese momento, entonces dedícate a celebrar.

UN CURSO DE MILAGROS no tiene que ver con la idea de sacrificio. De hecho, hay una sección en el Curso llamada "El fin del sacrificio". Si crees que tienes que renunciar a algo, eso lo está haciendo tan real en tu mente como cuando haces un falso ídolo de ello. Pero hay un camino estrecho, un camino que puedes tomar en el que no lo haces real, y acabas disfrutándolo todavía más. Este es el camino del Curso y el camino del perdón.

Cuando Cindy y yo estábamos visitando Waikiki en este viaje, comimos por segunda vez con mi anterior esposa, Karen, que vive en Oahu, y con su compañero, Dave. Los cuatro somos estudiantes del Curso. Mientras estaba sentado allí, en un restaurante de la playa Waikiki, frente a la mujer con la que había estado casado 25 años y al lado de la mujer con la que llevo casado 7 años, no pude evitar pensar: "Gracias a Dios por J y su Curso".

Los cuatro nos habíamos reunido otra vez anteriormente en California, e hizo falta mucho perdón para que pudiéramos sentarnos juntos en aquella mesa. En esta ocasión, allí estábamos los cuatro, comiendo juntos en el paraíso. Me dije a mí mismo que siempre tengo que acordarme de perdonar. El perdón conduce a cosas grandes y sorprendentes. Pero, recuerda también esto: ¡Cuando sea apropiado, pásatelo bien, celébralo!

Había escrito dos libros en Maine con Arten y Pursah, y ahora estaba en el proceso de hacer mi segundo libro con ellos en California. No sabía si habría un quinto libro o no, pero no pude evitar preguntarme: si lo hay, ¿lo haremos en Hawái?

Había notado que a lo largo de los últimos dos años parecía haber comenzado una especie de mini movimiento entre una minoría de estudiantes de la comunidad del Curso. Algunos —ciertamente no un gran porcentaje, pero algunos— parecían despreciar el poder y la importancia de la mente. Desde que se publicó UN CURSO DE MILAGROS en 1976 y se supo que Helen Schucman estaba canalizando a Jesús, cada pocos años salía un libro cuyo autor decía que también había canalizado a Jesús. Los seguidores de estos libros nunca parecían dudar a la hora de intentar ponerlos al mismo nivel que el Curso. Ahora bien, en dichos libros la voz de Jesús no era tan profunda y hermosa como la Voz del Curso, y al escuchar a mis profesores durante esta serie de visitas, me di cuenta de que estos libros estaban haciendo exactamente lo mismo que ellos me decían que el mundo siempre había hecho con las enseñanzas no dualistas: desviarlas hacia el dualismo. En lugar de practicar el Curso, aparentemente a los autores les resultaba mucho más fácil hacer su propio Curso. Y no estaban comprometidos con el deshacimiento de su ego, lo cual permitía al ego bloquear el mensaje del Espíritu Santo que decían estar canalizando.

A veces, leía declaraciones increíbles de personas que se describen a sí mismas como estudiantes del Curso, como: "Tenemos que alejarnos de la mente. Fue la mente del ego la que causó el problema originalmente. ¡No podemos buscar la respuesta allí!" Otro decía: "El Espíritu Santo está pasado de moda". Y un tercero: "Gracias a Dios que ya no tenemos que estudiar más el Curso".

Aunque la mayoría de los estudiantes sentían un enorme respeto por Helen, Bill, Ken y Judy, había un pequeño grupo que parecían resentidos, e incluso celosos de ellos, y les acusaban de ser "estudiantes principiantes" que habían "eliminado en la corrección gran cantidad de las enseñanzas más profundas del Curso". Lo cierto es que se corrigieron y eliminaron partes del Curso en los primeros cinco capítulos del Texto. Estas correcciones fueron hechas por Jesús a través de Helen, siendo Ken su asistente. Su contribución fue ayudar con los títulos de los subcapítulos, y dar coherencia a la puntuación y las mayúsculas. El Texto no tiene cinco capítulos, ¡sino treinta y uno! Las enseñanzas más profundas e importantes se encuentran en las últimas partes del Texto. Y eso sin contar el Libro de ejercicios, que además de tener 365 lecciones, también contiene algunas de las explicaciones más claras de los principios del Curso. Después está el Manual para el maestro, que ofrece un resumen brillante de UCDM. Estos últimos dos libros son la mitad del Curso.

La última de estas imitaciones que noté que estaba distrayendo a la gente de practicar realmente el Curso se llamaba *Un curso de amor (UCDA)*. El editor, sin pedir permiso al editor del Curso, estaba promocionándolo como "una continuación de *Un curso de milagros*", diciendo que había sido dictado por la misma Voz. Ser una continuación implicaba que era un paso hacia delante, una mejora. El editor también decía: "Es notable que pasa por alto la mente", permitiéndote "acceder al conocimiento del corazón", que conduce a "la nueva realidad del cielo en la tierra". Yo conocí a la autora y le escuché decir en público que no cree que este mundo sea una ilusión.

Me sentí anonadado al comprobar que algunas personas que decían que llevaban mucho tiempo siendo estudiantes del Curso cantaban las alabanzas de esta nueva distracción dualista, y tenía muchas ganas de hablar de ello con Arten y Pursah. A continuación me topé con una reseña sobre *Un curso de amor* realizada por el doctor Bob Rosenthal, un psiquiatra que fue uno de los primeros estudiantes de *Un curso de milagros* y amigo íntimo de Bill (doctor William Thetford), el co-escriba del Curso. Bob también ha sido miembro de la junta directiva de la Fundación para la Paz Interior, los editores del Curso. He leído y apoyado su excelente libro, publicado por Hay House y titulado *From Plagues to Miracles*. Me di cuenta de que Bob había expresado mis sentimientos con respecto a *Un curso de amor* mejor de lo que podría haberlo hecho yo. Me sorprendió que su escrito se parecía a las descripciones que me habían dado Arten y Pursah del deseo que tiene el mundo de cambiar las enseñanzas no duales. Lo reproduzco aquí con su permiso:

> He vacilado durante meses con respecto a si escribir o no un comentario sobre este libro. Siendo estudiante de *Un curso de milagros* (UCDM) desde hace mucho tiempo, amigo personal de uno de sus escribas, miembro de la junta directiva de la fundación que publica UCDM y autor de un libro que reinterpreta el Éxodo a través de la lente de UCDM, *From Plagues to Miracles: The Transformational Journey of Exodus, from the Slavery of Ego to the Promised Land of Spirit,* me sentí intrigado por las afirmaciones de que este libro extiende las enseñanzas de UCDM y lo hace de una manera más accesible. De modo que compré el libro y empecé a leer.
>
> Por sí mismo, *Un curso de amor* (UCDA) es un buen trabajo con mucho que ofrecer a sus lectores. Está bien escrito, con un estilo similar al de muchos trabajos canalizados (aunque encontré que la voz no se parecía en nada a la de UCDM, quedándose corta tanto en su poder de revelación como en su belleza). Pero este es el problema: UCDA no se presenta por sí mismo. Se posiciona como una "continuación del trabajo que se provee en *Un curso de milagros*".

De hecho, ese es su argumento de venta. Sin embargo, cuando comparamos ambas enseñanzas, UCDA no es una extensión de los principios de UCDM, sino más bien una simplificación y una retirada de dichos principios. Podría servir como una buena base para aquellos que aún se sienten demasiado amenazados por la visión radicalmente no dual de UCDM, o para aquellos a quienes UCDM no interesa. Pero para los estudiantes del Curso ofrece más confusión que claridad. Francamente me siento desconcertado por la recepción que ha tenido en algunos rincones de la comunidad de UCDM, y es esto lo que me ha impulsado a hacer una revisión tan detallada. Siento que es imperativo que los nuevos estudiantes entiendan las diferencias significativas entre estos dos trabajos espirituales, que trato de elucidar seguidamente.

El prólogo de UCDA afirma que "hace énfasis en 'ser quien eres' de un modo que no niegue el yo personal o el cuerpo. Revela que la forma humana puede ser transformada en un 'yo elevado de la forma', y que el mundo ilusorio será hecho 'nuevo' —divino— mediante la relación y la unidad". Esto no es una extensión de las enseñanzas no duales de UCDM, sino una regresión a la dualidad. UCDM enseña que el yo individual con el que nos hemos identificado —ubicado en un cuerpo y condenado a morir— es una ilusión, un sueño de separación, que es nuestra tarea sanar a través del perdón y la visión que no ve el cuerpo, la personalidad ni la historia pasada de nuestros hermanos y hermanas, sino la unicidad que brilla desde atrás y más allá de ellos. Esta Unicidad de Amor —de Dios con Sus Creaciones— es lo único que verdaderamente existe. Esta es la única realidad que ha sido y será. Vive fuera del tiempo lineal y no tiene conexión con el mundo ilusorio del ego de formas y cuerpos. (Excepto que queda reflejada aquí; la ilusión carece completamente del poder de eliminar u ocultar la Verdad.) Así, si UCDA consigue no "negar el yo personal o el cuerpo", y hace del mundo ilusorio algo nuevo y deseable, entonces, a pesar de sus pretensiones en sentido contrario, no es un sistema no dual. Esto tiene su atractivo. Ciertamente es más cómodo y menos amenazante para nosotros, porque no cuestiona el sentido del yo con el que todos nos hemos familiarizado. Nos permite continuar viviendo nuestra vida como si fuéramos egos y cuerpos, con la seguridad de que esto está perfectamente bien, y de que podemos encontrar la redención como tales. Pero esta visión es contraria a UCDM, que en realidad la consideraría un profundo obstáculo al despertar.

UCDA dice: "El Cristo en ti es totalmente humano y totalmente divino... Es esta unión de lo humano y divino lo que abre la puerta a la presencia del amor... Es esta unión de lo humano y lo divino lo que es tu propósito aquí (5.1)". Esto también es contrario a UCDM. Podemos usar lo humano para enseñar que la mente es la única realidad y que toda mente es una (las mentes están unidas a través del proceso del perdón), pero, para revelar la presencia del amor, debemos retirar los obstáculos que nos impiden tomar conciencia de él —a saber, nuestro deseo de ser seres especiales, separados de Dios y unos de otros— y no "unir lo humano y lo divino" (lo cual no es posible según UCDM).

UCDA mantiene que "Dios es unión" y "Dios crea toda relación (5.1.)"; asimismo, que la "Realidad, lo verdaderamente real, es la relación (6.1.)". Eleva la relación y la unión al nivel de Dios. UCDM no apoya esto; lo "verdaderamente real" es Dios y solo Dios. Después de todo, la unicidad y la unión no son idénticas, y tampoco lo son la unicidad y la relación. La relación y la unión implican la interrelación o vinculación, o incluso la unión completa de entidades separadas. La relación puede ser el vehículo para alcanzar la unicidad, pero no es la unicidad misma, y tampoco, según UCDM, fue creada por Dios, pues Dios sólo crea totalidad.

Para ser justo, hay mucho en UCDA que está completamente en línea con UCDM, como "Tu mente no está contenida en tu cuerpo, sino que es una con Dios y es compartida igualmente con todos los semejantes (6.2)". O "El juicio es la función que la mente separada se ha dado a sí misma (16:7)". Sospecho que esta es la razón por la que UCDA atrae a algunos estudiantes de UCDM. Pero también es la razón por la que no recomendaría UCDA a los estudiantes de UCDM. A menos que hayas estudiado y practicado UCDM durante años, UCDA probablemente te confundirá. La Verdad mezclada con una Verdad a medias no es igual a una Verdad mayor. Más bien, diluye y embarra las enseñanzas hasta que lo que te queda ya no es puro, ya no es verdad.

UCDA, en su intento de preservar algún valor para el yo individual y el cuerpo, algún propósito aparte del de despertar plenamente del sueño de la separación, comete el error que UCDM denomina "llevar la Verdad a la ilusión". El objetivo de UCDM es el opuesto: llevar las ilusiones a la Verdad, donde desaparecen. Lo que sigue es una cita de UCDM: "No hay ninguna parte del Cielo de la que puedas apropiarte y tejer ilusiones de ella. Ni hay una sola ilusión con la que puedas entrar en el Cielo (T-22.II.8:1-2)". Nuestra tarea es aprender a reconocer que el mundo que vemos no ofrece nada que tenga un valor duradero; cada aspecto de este mundo ilusorio y onírico de la forma nos hará daño y nos impedirá despertar a nuestro verdadero Ser radiante, que es uno con Dios y con el Amor.

La descripción de *UN CURSO DE AMOR* promete que "UCDM y UCDA son complementarios. La misma Voz, más accesible. El mismo sistema de pensamiento, expandido". Pero, si se mira honestamente, no es así. Ni la voz ni el sistema de pensamiento reflejan realmente a los de UCDM. Por otra parte, cualquier enseñanza que nos anime a mirar al mundo con amor, a suspender el juicio y a valorar la relación por encima de la tarea individual merece ser estudiada y difundida. Mi único deseo es que el autor y el editor no hubieran sentido la necesidad de promocionar su libro vinculándolo con UCDM.

Me sentí agradecido a la reseña de Bob, con la esperanza de que animara a los estudiantes a ceñirse a la verdad no dualista del Curso. Había establecido muy claramente algunos puntos, como que UCDA no es una continuación del Curso, sino un paso atrás. Que UCDA quiere hacernos creer que el mundo de la forma es la creación de Dios, lo cual UCDM ciertamente no apoya, y que la noción de UCDA del "yo elevado de la forma", que es una fusión de lo "divino y lo humano, de lo individual y lo universal" de ningún modo se parece al planteamiento del Curso. Me di cuenta de que ahora ya no tendría que plantear a Arten y Pursah tantas preguntas como había pensado.

Pronto mis inexorables profesores ascendidos estaban sentados una vez más delante de mí. Pursah empezó a hablar:

PURSAH: ¿De modo que has echado una ojeada a *UN CURSO DE AMOR*?

GARY: Ya lo sabes. ¿Tienes algo que decir al respecto?

PURSAH: No mucho. Para decirlo de la forma más simple posible, un yo elevado de la forma sigue siendo un yo, y sigue siendo una forma. No es la unicidad de Dios. Mantiene de forma dualista la individualidad y la separación. Y como tú mismo has señalado, hace lo mismo que hemos venido describiendo en la historia del no dualismo. En este caso, es un ejemplo de convertir una enseñanza puramente no dualista en un dispositivo dualista con el propósito de *NO* hacer el Curso y de mantener el ego en marcha. De hecho, se podría decir lo mismo de prácticamente todas las imitaciones que han salido desde que se publicó el Curso. Los autores tienen buenas intenciones, pero están ciegos a lo que el Curso realmente dice. Quédate con la verdadera cosa. Lo único que puedes hacer con el ego es deshacerlo. La verdadera salvación siempre será un deshacer, no un rehacer.

Cuando decimos "sé normal", estamos diciendo vive tu vida de manera normal, pero *CON* el tipo de perdón que propone el Curso. J te dice: "Hay una manera de vivir en el mundo que no es del mundo, aunque parezca serlo. No cambias de apariencia, aunque sí sonríes mucho más a menudo. Tu frente se mantiene serena; tus ojos están tranquilos. Y aquellos que caminan por el mundo con la misma actitud que tú reconocen en ti a alguien semejante a ellos. No obstante, los que aún no han percibido el camino también te reconocerán y creerán que eres como ellos, tal como una vez lo fuiste".[2]

ARTEN: Recuerda, la realidad no tiene forma, ni ningún tipo de contorno ni de cuerpo. De modo que no habrá Cielo en la tierra. Cuando por fin todos hayan despertado, el mundo desaparecerá. ¿Y qué ocurre con un sueño cuando despiertas de él? Desaparece. Por eso llamamos al primer libro LA DESAPARICIÓN DEL UNIVERSO. Te darás cuenta de que el Manual para el maestro no habla del Cielo en la tierra, sino que dice que el mundo ACABARÁ.

GARY: Gracias. Tienes razón. El Curso NO tiene como objetivo un mundo mejor. Lo que dice es: "¡No hay mundo!"[3] ¿Qué es lo que la gente cree que va a tener aquí? ¿Un no-mundo mejor?

ARTEN: Exactamente. Y vamos a añadir unas pocas citas del Curso de J que son relevantes aquí: "El perdón es una forma terrenal de amor, que, como tal, no tiene forma en el Cielo".[4] "La luz es algo ajeno al mundo".[5] "Hay una luz en ti que el mundo no puede percibir. Y con sus ojos no la podrás ver, pues estás cegado por él".[6] Esto suena un poco como el Evangelio de Tomás, ¿eh? Y también, y esta es una de mis favoritas, "Cuando el pensamiento de separación haya sido sustituido por uno de verdadero perdón, el mundo se verá de una manera completamente distinta; de una manera que conduce a la verdad en la que el mundo no puede sino desaparecer junto con todos sus errores".[7]

Estás siendo preparado para una forma de vida más elevada, pero dicha vida no tiene forma. En ella no hay restricciones. No hay bordes ni barreras, ni límites de ningún tipo. No hay fricción que impida la gloriosa extensión de tu amor. Y todos aquellos a los que has amado alguna vez están allí, cada persona y cada animal, no como cuerpos, sino en la perfecta Unicidad, de modo que eres consciente de que nada ni nadie podría nunca quedar fuera. Y como sois uno y no sois cuerpos, en realidad estás más cerca de ellos de lo que jamás podrías estar en este mundo. Los cuerpos no pueden unirse realmente. El Curso enseña que la verdadera unión solo es posible en el nivel de la mente.

PURSAH: Nunca dejes que nadie te enseñe que puedes soslayar la mente. J te dice en su Curso que la capacidad de tu mente de hacer una elección, tu poder de elegir, es tu verdadero poder en este mundo. ¡Los que quieren dejar la mente a un lado están renunciando al único poder que tienen! El pensamiento puramente no dualista pensado con el Espíritu Santo invierte el pensamiento del mundo. La elección que se supone que tienes que realizar se especifica al final del Texto, y dicha elección siempre involucra tu manera de pensar con respecto a las demás personas: "Elige de nuevo lo que quieres que él sea, recordando que toda elección que hagas establecerá tu propia identidad tal como la habrás de ver y como creerás que es".[8]

¿Por qué establece tu propia identidad? Porque así es como funciona la mente. Haciendo una revisión de lo visto hasta ahora, es evidente que la mayoría de la gente solo es consciente *(aware)* de la mente consciente *(conscious)*, pero eso solo es la punta del iceberg. Si pudieras profundizar lo suficiente en la mente, en el inconsciente colectivo de Carl Jung, averiguarías que solo hay una mente. Esto se debe a que en realidad solo hay uno de vosotros. Solo hay un ego *APARECIENDO* como muchos.

GARY: El mundo hindú de la multiplicidad.

PURSAH: Has estado escuchando. Buen chico. De modo que, a pesar de lo que ves, solo hay uno de vosotros, y solo hay una mente. Pero esto representa un problema para ti que tú no puedes ver. La proyección del universo de tiempo y espacio que puedes ver viene de esa mente inconsciente que es una. Ahí es donde está escondido el proyector. Así, tu mente inconsciente lo sabe todo. Si todo lo que ves está viniendo de ahí, entonces, por definición, a algún nivel, tu mente lo sabe *TODO*. Incluso la verdad está enterrada allí, esperando ser recordada. Y si la mente inconsciente lo sabe todo, entonces sabe que en realidad solo hay uno de vosotros. Esto son buenas y malas noticias. Estas son las malas noticias: como la mente lo sabe todo, incluyendo el hecho de que solo hay uno de vosotros, interpretará *CUALQUIER COSA* que pienses o digas sobre otra persona, por más sutil que sea, ¡como que en realidad lo piensas o dices con respecto a *TI*! Eso determinará cómo te sientes con respecto a ti mismo y, en último término, incluso lo que crees ser. *ESA ES* la razón por la que el Curso dice que cada elección que haces establece tu propia identidad como la verás y como creerás que es. *ESA ES* la razón por la que el Curso resalta que tal como le veas a él te verás a ti mismo. Y es verdad.

GARY: De modo que las personas están determinando cómo se van a sentir consigo mismas ahora mismo por cómo piensan sobre los demás; si van a ser felices o van a estar deprimidas; si se van a sentir culpables o inocentes, o si van a pensar que son cuerpo o espíritu, todo ello se determina del mismo modo.

PURSAH: Sí. Eso te muestra el poder de la mente, el poder de elegir. La buena noticia es que una vez que aprendes que esto es así, puedes usarlo. Puedes aprender a trabajar con el Espíritu Santo y usar tu poder de decisión para ir a casa.

GARY: Genial. Tengo una cuestión importante que ya os he planteado antes: me estoy preguntando si las cosas han cambiado debido a mi perdón. ¿Sería posible para mí perdonarlo absolutamente todo y aprender todas mis lecciones en esta vida? ¿Podrías despertar esta vez y no parecer que vuelvo como tú, Pursah, para vivir mi última vida?

PURSAH: La respuesta es sí, Gary. Podrías completar el trabajo en esta vida. Como hemos dicho, las lecciones tienen el mismo significado en todas las vidas oníricas, solo las formas cambian. ¡Todavía tienes tiempo para completar tus lecciones en este ciclo! Has estado haciéndolo bien, y me gusta el modo en que siempre subes un poco más el nivel, cómo das otra vuelta de tuerca. Todos tus viajes, que ya son un desafío en sí mismos, junto con toda la política en torno al Curso que te ha caído encima, haber conocido a tanta gente, el intento de hacer la serie de televisión y tener responsabilidades que no esperabas, todo ello ha contribuido a tu práctica del perdón, elevándola a un nivel muy superior que si te hubieras quedado en Maine, que es algo que podrías haber hecho. No lo olvides: hay diferentes dimensiones temporales y diferentes escenarios disponibles para ti dependiendo de las elecciones que hagas en el nivel de la mente. El Espíritu Santo siempre decide lo que es mejor para ti basándose en esas decisiones.

GARY: Eso es genial, pero, espera un momento. ¿Y qué pasa con todo eso de que el guion ya está escrito, de que los que tienen que encontrarse se encontrarán, y de que cada cual debe desempeñar su papel? ¿Cómo va a ocurrir todo lo que se supone que tiene que ocurrir si yo no vuelvo una vez más?

ARTEN: Estás siendo lineal. Hay algo de lo que te olvidas en lo relativo a tener tu última vida como Pursah, y Cindy como yo. *ESA VIDA YA HA OCURRIDO.* Todo ocurrió de una vez y, según el Curso, ya acabó. Estás revisando mentalmente algo que ya ha pasado, ¿recuerdas? Es como ver una película. Ahora bien, digamos que estás viendo una película en una sala con otras 50 personas, y te pones de pie y sales de la sala. ¿No sigue proyectándose la película? ¿No siguen viéndola las demás personas? El hecho de que tú no estés allí no tiene efecto sobre la película. Son dos cosas distintas: manzanas y naranjas. La película sigue adelante *PARA AQUELLOS QUE ESTÁN ALLÍ PARA VERLA.* Si despiertas del sueño y ya no la ves, eso no tiene efecto en aquellos que siguen viéndola. Ellos todavía tienen que despertar a fin de dejar de ver la película onírica a la que llaman vida, y en su lugar ver su vida real, que es la Vida de Dios.

GARY: Pero, ¿cómo pueden verme si no estoy allí?

ARTEN: Tú no tienes que estar allí para que ellos te vean, ¡porque nunca has estado allí! ¡Lo que están viendo es su propia proyección! Y tú solo creías que estabas allí porque aún creías en la separación, y estabas dando realidad a la proyección. Pensabas que eras Tomás, o Gary, o Pursah hasta que te iluminaste. No importa cuándo o dónde te iluminaste. Si eres Pursah o Gary cuando ocurra no hace ninguna diferencia.

GARY: Oh, Dios mío. Sigo olvidándome de que todo es un montaje. Estoy tan acostumbrado a que sea real que incluso después de todo este tiempo sigue siendo difícil entender que nada de ello es verdad. Pero, ¿no dijiste que a veces un maestro, como J, tiene que estar allí a fin de indicar a la gente la dirección correcta?

PURSAH: Sí, y eso no invalida nada de lo que te hemos dicho. Uno de los principales objetivos del obrador de milagros es ahorrar tiempo. Debido a este rasgo de ahorrar tiempo que es propio del

Curso, el Espíritu Santo incorporó al plan la posibilidad de que la gente pueda elegir despertar más rápido de lo que marca el guion. Entonces, cuando te iluminas, tu cuerpo, o lo que parece ser tu cuerpo, se convierte en una herramienta de comunicación para el Espíritu Santo. Si despiertas más rápido porque ejerces tu poder de decisión para elegir el Espíritu, que es el único libre albedrío que tienes en este mundo, antes podrás ser un ejemplo para otros, indicar a la gente la dirección correcta y acelerar todo el proceso para todos tus hermanos y hermanas.

Si despiertas en esta vida onírica, a los demás les seguirá pareciendo que Pursah estará allí dentro de cien años en Chicago. Esto se debe a que siguen viendo la película, revisándola mentalmente, y ellos pensarán que están realmente allí porque aún tienen que despertar. Pero tú ya has salido del cine. Ahora eres el Espíritu Santo. De modo que, sea cuando sea, entonces o ahora, una vez que te iluminas ya no eres un *TÚ* personal. Te has vuelto a convertir en lo que eres. ¿Recuerdas lo que dice el Curso de que las imágenes de los iluminados, como Arten y yo, son usadas por el Espíritu Santo? "Son conscientes de todas las necesidades, y reconocen y pasan por alto todos los errores. Llegará un día en que todo esto se entenderá claramente. Mientras tanto, ellos les dan todos sus dones a los Maestros de Dios que acuden a ellos en busca de ayuda..."[9]

ARTEN: De modo que cada cual, ejercitando su único poder, puede elegir activar el Espíritu en su mente y, como resultado de ello, despertar más rápido. Lo último que haría el Espíritu Santo es detener a alguien que quiera acelerar el despertar de la Filiación. Sí, puede parecer que el pleno despertar de todos requiere muchísimo tiempo, pero no *TIENE* por qué llevar tanto tiempo. En cualquier caso, tú no tienes que esperar, y tampoco tienes que esperar hasta tu próxima vida. Puedes decidir despertar ahora. Y lo mismo le ocurre a Cindy. A propósito, puedes decírselo.

GARY: No voy a tener que hacerlo. Ella lee el borrador del libro después de que yo lo tecleo. Lo verá antes que nadie. Pero supongo que vosotros también sabíais eso, ¿eh?

PURSAH: Sí, pero nos hacemos los tontos con fines didácticos. El Espíritu Santo se encuentra contigo allí donde estás.

GARY: ¿Estás diciendo que soy tonto?

PURSAH: No. Solo serías tonto si fueras real.

GARY: ¿He sido insultado?

PURSAH: Es broma. Recuerda, no hacerlo real es el circuito más fácil para practicar el verdadero perdón. De hecho, es la parte más importante. No puedes perdonar aquello que haces real. Si le das realidad, el perdón no funcionará. Eso es lo que el Curso denomina "Perdón para destruir".[10]

ARTEN: Asimismo, para ahorrar tiempo, sigue poniendo al Espíritu Santo a cargo de tu día. Esto te ayuda a recordar que has de pedir guía al Espíritu cuando puedas, cuando tengas tiempo para ello. Piensas en J con frecuencia, y eso está bien. Estás conectado. Por supuesto, otras personas pueden hablar con el Espíritu Santo si lo prefieren; la cuestión es preguntar.

GARY: Sí. Si puedo, me tomo cinco minutos por la mañana para conectar con el Espíritu. No tengo que decir nada. Simplemente me olvido del mundo, me olvido de las cosas que creo necesitar, y voy a Dios. Me pierdo en el amor de Dios. Estoy en un estado de gratitud. Esto ayuda a mi mente a estar en un estado espiritual y a estar más abierto a la inspiración. Y si no tengo tiempo, como cuando tengo que salir corriendo por la mañana porque tengo un taller o algo así, entonces, mientras salgo por la puerta me limito a decir: "Oye, J, Tú y yo, ¿de acuerdo?" Y eso es todo lo que hace falta. El Manual dice que es posible unirse al Espíritu en un instante. Lo único que hace falta es el pensamiento.

Creo que es vital acostumbrarse a estar con Dios. La mayoría de la gente no incluye a Dios en sus meditaciones, pero observarás que algunas de las últimas lecciones del Curso incluyen una verdadera aproximación a Dios. En un momento dado, J incluso hace que llames a Dios. Tal como me habéis enseñado, no puedes deshacer la idea de que estamos separados de Dios sin reconocer a Dios. En algún momento tienes que unirte a Él.

ARTEN: No está mal, hermano. Estamos contentos de ver que Cindy se está convirtiendo en una excelente profesora por derecho propio. Evidentemente, cualquiera que tuviera programado ser yo en su próxima vida tenía que ser bueno.

GARY: Oh, sí, y ella toma sus propias decisiones. Yo no le digo qué hacer. Si quiere viajar y hacer un taller conmigo, lo hace. Si no quiere programarse ir a alguna parte, no lo hace. Ella empezó a hablar hace unos años, y yo la ponía allí arriba, con los mejores. No hace concesiones con respecto al Curso. Y nunca he conocido a nadie que lo lea tanto como ella. Siempre está hablando del Curso. A veces me canso de pensar en el Curso y tengo que decirle: "Cindy, dame un respiro, ¿vale?" Además, está avanzando en su carrera musical y acaba de terminar de grabar su tercer CD en solitario. Evidentemente, hay menos gente que compre CD en nuestros días; todo es digital. Yo le oigo tocar el piano en casa mientras escribe sus canciones. Es divertido.

ARTEN: En el futuro también verás que cada vez menos gente compra libros. Sí, algunas personas siempre querrán sentir el libro en sus manos y leerlo al estilo antiguo. Pero la generación del milenio lee las cosas en sus dispositivos. La mayoría de ellos no leen libros. Para bien o para mal, esta es la tendencia del futuro.

GARY: ¡Supongo que tengo suerte de trabajar con vosotros ahora que la gente todavía lee libros! Evidentemente, la gente siempre tendrá la oportunidad de leernos en sus dispositivos, pero a mí no me parece lo mismo.

PURSAH: Al menos leen. Eso ya es *ALGO*. Sabes que Helen nunca hubiera imaginado que la gente leyera el Curso en un dispositivo como los de *STAR TREK*.

GARY: Bueno, ahora ya sabemos que está al día con estas cosas.

NOTA: Durante varios años he sabido que Helen Schucman, la escriba de *UN CURSO DE MILAGROS*, ha reencarnado. Conozco a la persona que ella es ahora y he llegado a ser su amigo íntimo.

La persona recuerda haber sido Helen y lo sabe todo de esa vida. No hace falta añadir que nunca "revelaré la identidad" de esta persona, nunca diré quien es. Solo la persona que fue Helen debería hacer eso, si así lo elige. Y si ella elige no hacerlo, apoyaré totalmente esa decisión.

Cuando oí a Arten y Pursah contar la historia de su última vida, tal como se presentó en mi tercer libro, pensé que era interesante que estos maestros ascendidos nunca hubieran enseñado el Curso en público durante sus últimas encarnaciones. Nadav, que antes había sido Buda, tampoco enseñó durante su última vida. El Curso dice: "Enseñar es demostrar". [11] Está claro que a veces el simple hecho de vivir el Curso es la mejor manera de enseñarlo.

ARTEN: ¿Alguna pregunta más?

GARY: No lo sé. Algunas preguntas no pueden ser respondidas.

ARTEN: ¿Por ejemplo?

GARY: Bueno, por ejemplo, ¿por qué Times Square* es triangular?

ARTEN: En realidad, esa pregunta puede ser respondida. Durante muchos siglos, lo que ahora es Broadway era un camino indio que atravesaba Manhattan. El camino cruzaba la isla en diagonal. Finalmente se convirtió en una carretera, y después en una calle llamada Broadway. En su mayoría, las otras calles de la isla fueron construidas en paralelo. De modo que se construyeron en línea recta, pero Broadway seguía estando torcida, y cuando llega a Times Square hace que parezca un triángulo.

GARY: Oh.

PURSAH: El Espíritu Santo desempeña un papel activo influyendo a las personas para que vayan a ciertos lugares, se

---

*   Plaza situada en Manhattan, en la ciudad de Nueva York. *(N. del t.)*

encuentren con personas concretas y aprendan las cosas que más les ayudan a lo largo del camino. Es como si el Espíritu Santo te empujara suavemente en la dirección adecuada. Tal vez tengas un simple pensamiento de que deberías leer cierto libro, o de ir a ver una película particular, o de oír hablar a alguien, o de ser amigo de alguien, y tú crees que ha sido idea tuya. Pero en realidad el Espíritu Santo te ha guiado desde la parte recta de tu mente, ha puesto en tu conciencia los pensamientos que te ayudan a ir más deprisa.

¿Recuerdas en el año 78, cuando tu vida era un desastre y Dan seguía intentando que hicieras la formación *EST?* Al final cediste y fuiste a un seminario con él y con su novia Charlene.

GARY: Claro que lo recuerdo. La gente que había allí era muy distinta; parecían muy poderosos y que estaban al cargo de su vida. Era emocionante, aunque no entendía de qué leches estaban hablando. Algunos aspectos eran un poco sectarios, pero no trataban de que te fueras a vivir con ellos a la jungla ni de que bebieras Kool-Aid.**

PURSAH: ¿Recuerdas que no tenías la intención de apuntarte al seminario esa noche, pero empezaste a tener una sensación abrumadora de que deberías hacerlo? Eso fue el Espíritu Santo guiándote, persuadiéndote delicadamente. No tenías la intención de apuntarte porque no tenías dinero, y costaba 300 dólares, que hoy serían como unos 1.000. Podías apuntarte haciendo un depósito del 10%, pero no tenías nada, ni siquiera diez céntimos; estabas arruinado y roto como un indigente.

GARY: Sí. Fue asombroso.

PURSAH: Entonces el Espíritu Santo inspiró un pensamiento a Charlene: préstale 30 dólares para que pueda apuntarse. Ella y Dan se sintieron sorprendidos porque ella tampoco podía

---

** Aquí el autor hace referencia a lo ocurrido en 1978 en Jonestown, Guayana, cuando la comunidad de Jim Jones se suicidó en masa. *(N. del t.)*

permitírselo. Ese era todo el dinero que le quedaba. Pero tú te apuntaste y se lo devolviste, aunque tardaste ocho meses en conseguir un trabajo y hacerlo. En los dos meses siguientes te parecía imposible reunir los 270 dólares que necesitabas para hacer la formación. Una semana antes, aunque sabías que tu madre no podía costearlo, le pediste el dinero. Si hubiera tenido ahorros, habría estado encantada de dártelos, pero pensó que no podía porque ese era casi todo el dinero extra que tenía. No obstante, después de intentar con tanta insistencia que te lo diera, ella cedió; el Espíritu Santo le ayudó a sentir que tal vez habías encontrado algo que podría ayudarte a dar un giro a tu vida. Te dio el dinero y tú hiciste la formación, que era exactamente lo que necesitabas en ese momento, y empezaste a ir en la dirección correcta.

Ninguna de estas cosas ocurrió por accidente. El Espíritu Santo —al que a veces me referiré como E.S.— estaba allí, a cada paso del camino, guiándote y guiando a otros para que te ayudaran, sabiendo qué era lo mejor. Entonces ni siquiera pensabas en el Espíritu Santo, pero no importaba. El E.S. siempre está allí con todo el mundo, ayudando a la gente en todo momento. La cuestión es, ¿están dispuestos a escucharle? Para la mayoría, la respuesta es no, todavía no. Pero el E.S. siempre está haciendo su trabajo, y para algunos la respuesta es sí. Tú fuiste lo suficientemente listo como para escuchar, aunque en el momento no te pareciera muy práctico.

ARTEN: Cada día, en todo el mundo, en todo el universo, en cada mente aparentemente separada de la Filiación, el Espíritu Santo está dando a cada cual ideas de la mente recta. Unas veces escuchan, otras no. Para los estudiantes del Curso, esas ideas de la mente recta están más avanzadas de lo que lo están para la mayoría de la gente, porque ellos están preparados. Si no estuvieran preparados, no estarían haciendo el Curso.

Lo que parecen coincidencias no lo son, pues es el Espíritu Santo siempre está guiando e influyendo en la gente para que esté en ciertos lugares y se encuentre con ciertas personas a fin de poder recibir verdadera ayuda. Mira la historia de cómo tu vecina de la puerta de al lado encontró nuestro primer libro. GARY: ¡Cierto! Voy a contar la historia. Está esta mujer, llamada Jannine Rebman, que ha estado en el camino espiritual durante 25 años. Ella y su buena amiga Stephanie Swengel iniciaron su camino como estudiantes de Edgar Cayce. Así es como se conocieron y se hicieron buenas amigas, estudiando en Atlantic University, la organización educativa de A.R.E. [Association for Research and Enlightment], el grupo de Edgar Cayce en Virginia Beach, Virginia. En un momento dado, cuando ya llevaban años en el camino espiritual, encontraron *UN CURSO DE MILAGROS*, y aunque se sintieron atraídas por él, no podían entender su mensaje. "Era como francés", dijeron después. Frustradas, finalmente renunciaron al Curso.

Posteriormente, hace unos años, la hermana de Jannine, Lynne, que también está en el camino espiritual, estuvo viviendo con ella durante algún tiempo. Lynne había escrito un libro y estaba buscando el modo de publicarlo. Salió a dar un paseo y conoció a un tipo junto a un semáforo. Sin razón aparente, Lynne inició una conversación y empezó a decirle que quería publicar su libro. El hombre, que ahora se mostraba interesado, le dijo: "Oh, yo también soy un autor". Él le contó lo que había escrito y le dio algunos consejos, y a continuación cada uno siguió su camino.

Cuando Lynne volvió a casa, le contó a Jannine que había conocido a este tipo amable que era un autor y que habían hablado junto a un semáforo. Cuando Lynne mencionó el nombre del autor, Jannine pensó que le resultaba muy familiar, pero no podía ubicarlo. A continuación, se sintió impulsada a ir a su buzón de correos dentro del complejo de apartamentos donde vivía. Cuando miró al buzón del vecino, vio el nombre del autor que Lynne acababa de conocer. ¡Vivía en el apartamento de al lado!

El autor era yo. Yo era el vecino de al lado, pero viajaba mucho y nunca habíamos tenido ocasión de hablar. Jannine supo que esta no era la típica experiencia que te ocurre cada día.

Consultó mi nombre en Internet y descubrió *LA DESAPARICIÓN DEL UNIVERSO*. Lo leyó en dos días y le dijo a Stephanie, su compañera desde hacía mucho tiempo en el camino espiritual: "Esto te va a cambiar la vida". Ellas dos, como muchas personas que habían renunciado a seguir con UCDM, leyeron *LA DESAPARICIÓN* (como se le suele llamar), y cuando volvieron a leer el Curso, empezó a cobrar sentido para ellas. A partir de ahí se hicieron estudiantes entusiastas del Curso y de mis libros, y ahora UCDM es el camino espiritual que han elegido. Las he observado sé que no solo lo estudian, sino que lo viven.

Jannine y Stephanie contaron esta historia en la serie de vídeos producidos por mi cuñada, Jackie Lora-Jones, llamada *THE 24TH HOUR*. Actualmente, Jannine, Stephanie, Cindy y yo, Jackie y Mark (mi cuñado y productor de los vídeos) nos sentimos muy cerca unos de otros. Jannine y Stephanie graban una serie de audios llamada *THE COURSE, OF COURSE*, donde tanto gente nueva como estudiantes experimentados van aprendiendo sobre UCDM. Toda esta serie de sucesos es un ejemplo de cómo opera el Espíritu Santo, y este tipo de cosas ocurren continuamente.

ARTEN: Gracias, Gary. ¿Y por qué crees que Lynne salió a dar un paseo exactamente en el momento en que lo hizo, y se encontró contigo, y empezó a hablarte junto al semáforo en el momento justo? ¿Fue una coincidencia?

GARY: ¿Quieres decir que el Espíritu Santo le empujó en la dirección correcta exactamente en el momento justo?

ARTEN: Tú lo sabes. De modo que cuando decimos que el Espíritu Santo tiene un papel activo, no estamos bromeando. Sin embargo, has de recordar que el Espíritu Santo *NO* hace que pasen cosas en el mundo. Eso daría realidad al mundo. E.S. no manipula el nivel de la forma, sino que te *GUÍA* a través de la mente. Todo lo que el E.S. hace, y todo lo que el Curso enseña, siempre está en el nivel de la mente. Cualquiera que recuerde esto se ahorrará mucho tiempo, lo cual, como puedes ver a estas alturas, es uno de los principales objetivos del Curso. De hecho, este rasgo de ahorrar tiempo que tiene el Curso no lo encontrarás en ningún otro lugar. El perdón, hecho desde un lugar de causa y no de efecto, es verdaderamente un milagro.

PURSAH: Hablando del nivel de la mente, la raza humana continuará desarrollando sus habilidades mentales a lo largo de los siglos.

GARY: Espera un momento. ¿A lo largo de los siglos? ¿Estás diciendo que la raza humana y el planeta van a sobrevivir durante siglos? Es lo más alentador que he oído en bastante tiempo.

PURSAH: No te sientas tan encantado. No va a ser fácil. Habrá momentos en los que la raza humana sobrevivirá por los pelos. Está el calentamiento global, que alterará el clima terráqueo y la topografía, desplazando a muchos millones y matando a muchos más. Hay intentos encubiertos de limitar la población mundial haciendo que los hombres sean estériles sin que ellos se den cuenta. Está la posibilidad no solo del terrorismo nuclear, sino también de guerras nucleares regionales, que podrían producirse en distintas áreas. Tenéis a políticos en puestos de poder, y a otros que vendrán, que a falta de un término mejor se puede decir que están locos. Esto no es un juicio, solo la extensión lógica de un sistema de pensamiento. No olvides lo que el Curso dice sobre el ego: "Es absolutamente cruel y completamente demente".[12]

A los humanos les va a tocar vivir una gran aventura. La colonización de otros planetas ayudará a asegurar la supervivencia de la raza, haciendo que sea más difícil que os matéis todos de una vez.

GARY: ¿Sin duda también debe haber cosas buenas en el futuro?

PURSAH: Sí, optimista disparatado. He empezado diciendo que la raza humana seguirá desarrollando sus habilidades mentales a lo largo de los siglos. Sabes por el Curso que los individuos, a medida que deshacen el ego y adquieren más del poder de la mente, pueden desarrollar habilidades que podrían resultarles muy sorprendentes. A medida que la conciencia *(awareness)* mental aumenta, también lo hace la capacidad cerebral del ser que la utiliza. Esto solo es un reflejo de lo que está ocurriendo en la mente.

Por ejemplo, como te encantan los delfines, sabes que usan el doble de su capacidad cerebral que los humanos: un 20 por cien en lugar del 10 por cien. Esto es función de su conciencia *(awareness)* superior.

GARY: Los nativos hawaianos siempre han creído que los delfines pueden leer tus pensamientos y saber cuáles son tus intenciones, e incluso pueden decir qué tipo de persona eres. Todo lo que he visto estando con ellos tanto en libertad como en cautiverio, nadando y jugando con ellos, me confirma que esto es cierto.

ARTEN: Sí, lo es. Aunque los delfines tienen su propio lenguaje, que los humanos no pueden descifrar ni con sus ordenadores, buena parte de su comunicación es todavía más avanzada. Se comunican mutuamente por telepatía mental, y tal como has dicho, pueden leer tus pensamientos y saber si eres pacífico o si estás lleno de conflicto mental. Sabiendo que el conflicto conduce a la violencia, ellos evitan a los que están en conflicto, a menos que sea para salvar a alguien de ahogarse, y gravitan hacia los seres amables. Te has dado cuenta de cuánto aman a Cindy.

GARY: ¡Sí! Es como si ella fuera una diosa para ellos. Incluso si estamos al borde del agua, vienen a ponerse a su lado. Yo también les gusto, pero ella es su atracción principal. Ella les habla y ellos responden con amor. Incluso le lanzan un poco de agua a la nariz para decirle hola.

La última vez que estuvimos en Oahu, fuimos al hotel Kahala a decirles hola, y se avecinaba una tormenta tropical. El viento soplaba muy fuerte, a más de setenta kilómetros por hora, y se podía adivinar que la cosa iba a empeorar. Nos acercamos a los delfines, y aunque no sacaban las cabezas por encima del agua excepto para tomar una respiración cada pocos minutos —esto es algo que tienen que hacer porque son mamíferos— se acercaron para estar con nosotros. Uno de ellos se quedó debajo del agua al lado de nosotros como si estuviera meditando: con la cabeza quieta bajo el agua, el cuerpo bajo y la cola en el fondo. Nunca habíamos visto algo así. En cualquier caso, estuvimos tanto tiempo con ellos que tuvimos suerte de poder volver al lugar donde nos quedábamos aquella noche antes de que la tormenta estallara con toda su fuerza. No fue un huracán, pero aun así fue bastante loca.

ARTEN: Los delfines, y no los humanos, son los seres más inteligentes de vuestro planeta. Pero como no tienen pulgares ni dedos, no fabrican herramientas, y no fabricarían armas aunque pudieran. No obstante, a medida que pasen los siglos, la gente desarrollará la capacidad de comunicar con los delfines. Serán capaces de usar la telepatía mental. Por supuesto, hay razas alienígenas que ya son capaces de hacer eso. Los humanos también adquirirán esta habilidad.

GARY: Si eso es cierto, entonces, por definición, ¿no estás diciendo que la mente humana crecerá en conciencia *(awareness)*; que la gente va a ser más inteligente y más avanzada; y que por lo tanto la raza humana será mejor en general?

PURSAH: Por una parte, sí. Pero no olvides que vives en un universo de dualidad. Mientras el ego parezca existir, tendrás reveses y tragedias. Con el ego nada resulta fácil, a menos que sea para engañarte y para que caigas en la complacencia. En tu mundo onírico cotidiano la raza humana tendrá que esforzarse y luchar mucho simplemente para sobrevivir.

GARY: Había empezado a sentirme bien por un minuto. Gracias por espabilarme y sacarme de ello.

PURSAH: Ya sabes dónde se encuentra la verdadera alegría, hermano. ¿Cuál es una de tus citas favoritas del Curso, esa que habla sobre la alegría?

GARY: Ah, sí. "¿De qué otra forma puedes encontrar dicha en un lugar desdichado, excepto dándote cuenta de que no estás en él?" [13]

ARTEN: Recuerda dónde está tu verdadera felicidad. Estás haciéndolo, Gary. Puedes llegar hasta el final. Puedes conseguirlo en esta vida y Cindy también. No es que tengáis que hacerlo juntos. Pero tengo la sensación de que ambos habéis decidido recientemente que vais a ir a por ello en esta vida, sin esperar a la siguiente. Teníamos la esperanza de que este fuera tu caso —no es que tengas que hacerlo— por cómo respondiste a una pregunta que te planteamos hace mucho tiempo: ¿Cuánto quieres prolongar tu sufrimiento?

GARY: Tengo que admitir que ya no me siento tan afectado por las cosas del mundo, excepto un poco por la elección presidencial. Me resulta duro, sabes, porque me crié en un ambiente donde la política estaba muy presente. A los nueve años vivía en Massachusetts y John Fitzgerald Kennedy era mi héroe. Empecé a interesarme por la política muy pronto y aprendí mucho al respecto. Sigo sabiendo más de política que la mayoría de la gente, incluyendo a muchos políticos. Estuve a punto de dedicarme a ella profesionalmente.

Ahora estoy contento de no haberlo hecho. Ya no queda civismo ni decencia humana. No es que las elecciones presidenciales no hayan estado siempre llenas de mentiras y odio, pero, al menos, generalmente era más sutil. Actualmente los internos dirigen el manicomio. La capital Washington D.C. es un chiste. No es posible gobernar, y eso no me gusta.

Cindy y yo fuimos a Washington D.C. hace unos pocos meses. Estábamos haciendo un taller en Manassas, Virginia, donde se produjo la primera batalla importante de la guerra civil, y pudimos acercarnos a la capital con facilidad. Me encanta visitar el National Mall, los monumentos conmemorativos a Lincoln, Washington y Martin Luther King, el Capitolio y la Casa Blanca. ¡Fue genial! Estos lugares son mucho más impresionantes cuando vas allí en persona. En la televisión y en las películas no se capta su verdadera dimensión. En cualquier caso, me encontré deseando que nuestro gobierno pudiera estar a la altura de sus intenciones originales. Nuestros Padres Fundadores no eran perfectos, pero eran hombres muy interesantes, muchos de ellos masones. Actualmente, creo que el adjetivo *INTERESANTE* es la última palabra que emplearía para describir a muchos de los políticos de Washington.

ARTEN: Entiendo cómo te sientes Gary. Yo también fui humano, ¿recuerdas? Pero no olvides nunca lo que J dice en el Curso: "De nada sirve lamentarse del mundo".[14] Ahora sabes para qué son todas las cosas, y si la política es lo que te afecta más, entonces es lo que más tienes que perdonar. Mantente tan determinado como puedas y lo conseguirás.

PURSAH: Has mencionado Manassas. La Guerra Civil es uno de los ejemplos más gráficos de cómo opera el ego. En primer lugar, estaba implicado el asunto de la esclavitud, que se deriva directamente de que el ego da realidad a los cuerpos. Algunos cuerpos tienen un color distinto de otros, y el ego saca provecho de ello. En aquel tiempo algunos cuerpos se consideraban más valiosos que otros, y tenían derechos que otros no tenían. Algunas personas consideran que su cuerpo es su propiedad personal. Al ego le encantan las diferencias, y siempre tentará a la gente a usarlas para juzgar y proyectar.

En segundo lugar, la guerra tenía que ver con los estados y los derechos estatales. En aquel tiempo el estado de procedencia era más importante que el país de procedencia. La mayoría de la gente nunca viajaba muy lejos de casa, y se sentían muy orgullosos de ser de lugares como Ohio, Massachusetts, Maine, Texas o Virginia. Pero, ¿qué es un estado sino una idea de separación? Lo mismo ocurre con los países. Solo son una idea de separación. Cuando ves un vídeo de la Tierra desde el espacio, ¿ves alguna frontera?

GARY: No. Eso es porque Dios, en su infinita sabiduría, decidió dejarnos establecer nuestras propias fronteras, y después defenderlas a muerte para probar nuestro coraje; y, por supuesto, para ver quién puede derrotar a los demás. ¿Por qué crees que nos llaman la RAZA* humana?

PURSAH: Necesitas una siesta. Como sabes, Dios, en su infinita sabiduría, sigue estando en casa y pasándoselo bien. Y mucha

---

* Aquí el autor juega con el doble significado de la palabra race en inglés, raza y carrera. *(N. del t.)*

gente pensó que estaba aquí, luchando en la Guerra Civil. El conflicto en la mente imploraba plasmarse externamente. Aunque Abraham Lincoln esperaba que prevalecieran lo que él denominaba "los mejores ángeles de nuestra naturaleza", no pudo ser. Antes de que pudieras darte cuenta de ello, tu nación estaba tratando de suicidarse.

Cuando acabó la guerra, contando tanto los soldados del norte como los del sur, habían muerto casi tres cuartos de millón. El recuento oficial da un cifra menor, pero este no es muy preciso. En muchos lugares todos los hombres de menos de 40 años estaban muertos. Murieron más americanos en la Guerra Civil que en las dos guerras mundiales juntas. Sí, la Segunda Guerra Mundial fue la guerra más destructiva de la historia con diferencia, porque en ella intervinieron muchos de los países más poblados del mundo, pero Estados Unidos nunca volverá a ver nada parecido a la Guerra Civil. Fue uno de los logros destacados del ego, hirviendo de locura.

GARY: Conociéndoos, ¿tenéis alguna razón para mencionar esto?

ARTEN: Varias razones. Estados Unidos no ha cambiado tanto como la gente cree en lo relativo al racismo. El racismo nunca desapareció, solo quedó enterrado. La clave de todo esto es que, a pesar de todas las muertes y los horrores, a pesar de la pseudo-resolución del problema a través de la guerra, a pesar de todo el trabajo realizado por mucha gente en los movimientos por los derechos civiles y los derechos humanos, el ego no ha cambiado. Ha sido deshecho en algunas personas que están en el sendero, pero ciertamente no en las masas. No puedes cambiar el ego tratando de arreglar el mundo. Eso no resolverá el problema. De modo que ahora hay tanto racismo y prejuicios como hace 150 años. Sí, está tomando otras formas, pero el sórdido juego del ego de conflicto, separación y división sigue presente para que todos puedan verlo, tan patético como siempre.

GARY: Eso es cierto. Pensé que cuando elegimos a Obama iba a ser un gran paso adelante para Estados Unidos. Por fin teníamos un presidente negro. ¿Y qué ocurrió? Todos esos zumbados salieron en tropel. "Queremos recuperar nuestro país", decían. A lo que se referían es que querían volver a los años 50, cuando estaba bien odiar a la gente que era distinta de ti. "Vuelve a hacer grande a Estados Unidos", un eslogan de campaña acuñado por un hombre profundamente perturbado, en realidad significa: "Devuelve Estados Unidos al racismo". Incluso llegó a cuestionar la legitimidad de Obama como presidente, afirmando que había nacido en Kenia. ¿Hasta dónde puede llegar el racismo?

ARTEN: Entonces, ¿puedes no hacerlo real y perdonarle?

GARY: Por supuesto. No es él. Solo está siendo su yo-ego de mentalidad tóxica. ¡Lo que me molesta es que haya tanta gente que le haya votado! Eso es lo difícil de entender. Votarle es de enfermos, y me indica que estamos en un país enfermo.

PURSAH: No totalmente enfermo. Sois un país parcialmente enfermo que también tiene una mente recta. Y este es un mundo parcialmente enfermo que asimismo tiene una mente recta. El Espíritu Santo está disponible para todos, pero finalmente cada cual tendrá que perdonar a *TODO* el mundo. Esto se debe a que, mientras tengas conflicto en la mente, ya sabes a qué conduce.

ARTEN: Por supuesto, el ego sigue subiendo el nivel y tratando de ponértelo más difícil. Internet, que puede ser usado para propósitos maravillosos, también se usa para extender odio. Y el odio de los fanáticos no está dirigido únicamente a los que tienen otro color de piel.

Tu país ha hecho un gran progreso aprobando leyes y alcanzando decisiones en los tribunales que prohíben la discriminación contra la comunidad de gais, lesbianas, bisexuales y transexuales. Pero el odio sigue ahí. La tragedia de las 49 personas que fueron asesinadas en el club nocturno Pulse sirve para poner en claro lo que continuará ocurriendo mientras combines odio y armas de fuego. El ego tiene muy bien pillado a Estados Unidos. Y los de la derecha continuarán sacándole el máximo partido para sus propósitos egoístas.

GARY: Lo sé. Las cámaras legislativas de los estados republicanos están siempre tratando de aprobar leyes que discriminan contra cualquiera que no sea un blanco republicano. Imagínate, —y esto es lo que realmente me molesta— aprobar leyes que están claramente destinadas a impedir votar a la gente negra. ¿Cómo pueden dormir por la noche? ¿Cómo pueden llamarse estadounidenses? ¿Cómo pueden deshonrar a todos los que han muerto por la democracia y el derecho de voto? ¿Y cómo pueden los votantes dar poder a estos políticos locales mentalmente enfermos?

PURSAH: Esto se debe a que, en el nivel de la forma, el fanatismo, la misoginia y el racismo siguen vivos y saludables en Estados Unidos y en el resto del mundo. A día de hoy las mujeres no reciben el mismo salario por el mismo trabajo, y son tratadas como inferiores a los hombres por sus jefes corporativos. Cualquiera que no sea un hombre blanco y rico es, en algún momento u otro de su vida, relegado a la posición de ciudadano de segunda clase. Y ahora tenemos el asunto de la inmigración potenciado a su máxima expresión, dando al ego más gente a la que odiar.

ARTEN: Déjame que te aconseje algo, Gary. Sí, ciertamente estos problemas parecen existir en el sueño. Pero este es un hecho que llega a ti desde fuera del sueño: *ESTOS PROBLEMAS NO SERÁN RESUELTOS POR LA POLÍTICA*, si bien, finalmente *PARECERÁN* ser resueltos por la política. En fechas relativamente cercanas, los blancos dejarán de ser mayoría en Estados Unidos; los hispanos serán el mayor grupo de votantes. No necesitas ser un genio para saber hacia dónde se dirigirá la política de Estados Unidos, y no es hacia la derecha. Pero esto no es lo que realmente resolverá los problemas.

Lo único que resolverá los problemas que parece haber en el mundo será arreglarlos donde están: en la conflictiva mente inconsciente.

GARY: Bueno, al menos sois consistentes. En todos los años que llevamos manteniendo estas conversaciones, y después de haber hablado de tantas cosas, me doy cuenta de que antes o después siempre orientáis la conversación hacia el tema del perdón. Se debe a que eso es lo que deshace el ego. Y si te ocupas de la causa, el efecto se ocupará de sí mismo.

ARTEN: Sí, y en general te ha ido muy bien. Esto de la política es esa última oportunidad de perdonar de la que tienes que encargarte. Y digo "general" porque es algo aplicable a tu mundo en general. Ya has perdonado prácticamente todo lo demás. Ahora bien, hay lecciones de perdón que no son generales, como la muerte de un ser querido. Tú también has perdonado este tipo de sucesos en tu vida. Pero tienes que mantenerte vigilante a favor de Dios cuando se presenten oportunidades personales de perdonar, el tipo de oportunidades que no tienen que ver con el mundo en general.

Como ya hemos dicho, y esto merece la pena repetirse como se hace a lo largo del Curso: sabrás seguro que has perdonado algo cuando ya no te moleste, cuando ya no te afecte. Cuando ese político que no puedes soportar salga por televisión diciendo algo que antes te hacía subirte por las paredes, y veas que no hay nada a lo que reaccionar, y te sientas en paz, entonces sabrás realmente que lo has perdonado.

PURSAH: Acuérdate de hacer un seguimiento de tus pensamientos y de aplicar los pasos que conoces cuando te topes con las cosas que aún te afecten: (1) Nota que estás siendo activado en un sentido negativo. Eso es el ego. *DETÉN EL PROCESO de* pensar o sentir con el ego. Deja de darle realidad. (2) *EMPIEZA* a pensar con el Espíritu Santo. Esto es el Instante Santo. El Espíritu Santo te recuerda que no es real, que esto es un sueño y que no puede afectarte a menos que creas en ello. No eres una víctima. Este es tu sueño y no puede hacerte daño. (3) Entra en la visión espiritual. Esa persona no es un cuerpo. Es perfecto Espíritu, pero no una parte de ello; más bien, es la *TOTALIDAD* y es totalmente inocente, exactamente lo mismo que Dios. ¿Recuerdas la cita del Curso que dice libera a mi hijo?

GARY: Claro, justo antes del último capítulo: "¿Podrías tú a quien Dios exhorta: '¡Libera a mi hijo!' caer en la tentación de no escuchar, una vez que te has dado cuenta de que es tu propia liberación la que se te pide? ¿Y qué otra cosa sino esta pretende enseñar este curso? ¿Y qué otra cosa sino esta tienes que aprender? [15]

ARTEN: Ahí lo tienes. De modo que hablemos de otro tema importante. Sabes que, de acuerdo con el Curso, todo dolor está causado por la culpa inconsciente. ¿Te has parado alguna vez a pensar que tu experiencia de la muerte será diferente dependiendo de cuánta culpa hayas sanado en tu mente gracias al perdón y cuánta te quede todavía?

GARY: Nunca había pensado en eso. Pero, ¿por qué debería hacerlo? Es broma. Nunca pensé que nuestra experiencia pudiera variar en función del perdón, pero tiene sentido.

ARTEN: En la mayoría de los casos, y digo la mayoría pero no todos porque al ego le gusta que las cosas sean complicadas, cuando tu cuerpo se detiene, no sientes ningún dolor. Puede que sientas dolor al morir, pero no después. Al contrario. Generalmente es una experiencia muy buena. No sientes dolor físico, solo el alivio de parecer que dejas el cuerpo y eres libre; al principio, para la mayoría, es una experiencia beatífica.

GARY: Últimamente he estado pensando un poco sobre esto. Recuerdo cuánto lloré y lo disgustado que estaba cuando murieron mi padre y mi madre. En los años 70 no le llamábamos "hacer la transición". Mis padres murieron. Mi padre estaba trabajando, y simplemente cayó muerto, su cuerpo cayó al suelo. Cuando oí al médico darme la noticia por teléfono, fue como una pesadilla. *MI POBRE PADRE,* pensé. Imaginé que debía haber sido muy doloroso y horrible para él. Pero pensando en ello ahora, me doy cuenta de que, en primer lugar, falleció rápidamente. Y en segundo lugar, probablemente no sintió ningún dolor desde el momento en que falleció. Probablemente el dolor cesó de forma inmediata, ¿correcto?

ARTEN: Eso es correcto. De modo que ahí estabas tú, desconsolado y llorando, y allí estaba tu padre, pasándoselo bien. Te aseguro que cuando tus dos padres hicieron la transición, desde el instante en que sucedió fue una experiencia maravillosa para ellos. Y esto es cierto por muy horrible que parezca la muerte de la persona. Digamos que a alguien le disparan en la cabeza. Cualquiera que lo vea o que oiga hablar de ello, especialmente los íntimos de la persona, se sienten horrorizados. Pero lo que no entienden es que la persona entra inmediatamente en una experiencia fantástica. Como dice el anexo al Curso llamado *EL CANTO DE LA ORACIÓN*: "Llamamos a eso muerte, pero es libertad".[16]

PURSAH: Fue lo mismo con tu madre. Sí, ella sufrió antes de hacer su transición. El médico no debería haberla operado. Tenía la presión sanguínea demasiado baja, y en cualquier caso la operación fue una chapuza. Posteriormente, cuando estaba en la unidad de cuidados intensivos, sufrió un ataque al corazón, y toda la situación acabó siendo un desastre. Tú estabas en agonía pensando en ella. Pero cuando más lloraste fue después de su muerte aparente. ¿Y sabes qué? Para ella esa fue la mejor parte. Cuando el cuerpo parece detenerse y la mente sigue adelante, esa es una de las mejores experiencias que puede tener la mente ego. De modo que mientras tú estás llorando en medio del funeral y después, el ser querido que ha fallecido se lo está pasando tan bien que sentirías celos si supieras lo divertido que es.

En cualquier caso, después de pasar por todas esas aventuras mentales de las que habla la gente en las experiencias cercanas a la muerte, que ciertamente parecen ocurrir a la mayoría de la gente —y de esto hablaba Arten al indicarte que tu experiencia de la muerte será diferente, dependiendo de cuanta culpabilidad haya sido sanada en tu mente— llega un momento en el que vas a la luz. Ahora bien, digamos que te has iluminado en esa vida. Si estás iluminado, no tienes que pasar por todas las etapas de las que habla la gente en la experiencia cercana a la muerte. Si estás iluminado, dejas suavemente tu cuerpo a un lado por última vez, como diría el Curso. E inmediatamente estás en casa en Dios. Por supuesto, siempre has estado allí, pero estamos hablando de tu conciencia *(awareness)*. De hecho, en el instante en que te iluminas estando todavía en un cuerpo —que es donde ocurre la iluminación, y no durante el periodo entre vidas— tomas conciencia del hecho de que eres Uno con Dios, siempre lo has sido y siempre lo serás, y lo EXPERIMENTAS a partir de ese momento. Entonces, cuando dejas tu cuerpo a un lado, tu experiencia de tu perfecta Unicidad con Dios continúa durante la eternidad, en la que no hay tiempo.

GARY: Quiero esa experiencia. Y sé la respuesta a la siguiente pregunta, pero me gustaría oírla de vosotros. ¿Qué ocurre si NO estás iluminado?

PURSAH: Hemos dicho que todo el dolor está causado por la culpa. Eso incluye tanto el dolor psicológico como el físico. Pero, aunque no estés iluminado, si ha habido una sanación real, y la habrá habido por definición si has estado practicando el perdón, entonces la vida entre vidas es un periodo mucho mejor para ti de lo que hubiera sido si no hubiera habido verdadera sanación. Cuando hay sanación, esto es lo que dice el Curso de tu experiencia de muerte: "Ahora nos dirigimos en paz a una atmósfera más despejada y a climas más suaves, donde no es difícil ver que los regalos que dimos nos fueron salvaguardados".[17] De modo que, incluso si vas a revisar una vida más, si has venido practicando el perdón tu experiencia de la muerte será buena.

Si la persona no practica el perdón, no es un pecado, pero todavía habrá mucha culpa inconsciente en su mente. Entonces, cuando va hacia la luz, que es un símbolo de Dios, la culpa, el dolor y el miedo empiezan a salir a la superficie. Las personas empiezan a sentir este dolor psicológico y quieren escapar de él. Quieren esconderse, y el lugar donde se esconden de ello es aquí, en la proyección del mundo, en el universo. Es una nueva representación de la separación de Dios. El mundo onírico es el escondite donde el miedo y la culpa son proyectados fuera de la persona. Ahora la persona parece haber escapado, porque la causa y la culpa parecen estar ahí fuera, en alguna otra persona; pero todo ello es un mecanismo defectuoso, porque no ha escapado. La culpa sigue estando allí, en su mente. A pesar de la ilusión proyectiva del ego, el Curso dice: "Las ideas no abandonan su fuente, y sus efectos solo dan la impresión de estar separados de ellas".[18] Estas son las malas noticias. La culpa y el miedo siguen estando en tu inconsciente. Y la buena noticia es esta: como las ideas no abandonan su fuente, en realidad tú tampoco has dejado a Dios.

Sin embargo, para aquellos que creen en la separación y que todavía no han aceptado la verdad, el mundo vuelve a convertirse en su hogar una vez más. J dice: "La culpabilidad clama por castigo, y se le concede su petición. No en la realidad, sino en el mundo de las ilusiones y sombras que se erige sobre el pecado".[19]

GARY: De modo que si alcanzo la iluminación esta vez, y vosotros me estáis diciendo que es posible, no volveré a pasar por toda la experiencia cercana a la muerte. Experimentaré mi perfecta Unicidad con Dios mientras parezca que estoy aquí, y apenas seré consciente de mi cuerpo. Mi conciencia *(awareness)* estará en mi realidad. Y más adelante, cuando deje mi cuerpo a un lado, ahí se acabará todo. Estaré en casa. Entonces, ¿cómo es esa indicación del Curso que dice que Dios da el último paso? Dice... aquí está, voy a leerlo:

El perdón es algo desconocido en el Cielo, donde es inconcebible que se pudiese necesitar. En este mundo, no obstante, el perdón es una corrección necesaria para todos los errores que hemos cometido. Perdonar a otros es la única manera en que nosotros mismos podemos ser perdonados, ya que refleja la ley celestial según la cual dar es lo mismo que recibir. El Cielo es el estado natural de todos los Hijos de Dios tal como Él los creó. Ésa es su realidad eternamente, la cual no ha cambiado porque nos hayamos olvidado de ella.

El perdón es el medio que nos permitirá recordar. Mediante el perdón cambiamos la manera de pensar del mundo. El mundo perdonado se convierte en el umbral del Cielo, porque mediante su misericordia podemos finalmente perdonarnos a nosotros mismos. Al no mantener a nadie prisionero de la culpabilidad, nos liberamos. Al reconocer a Cristo en todos nuestros hermanos, reconocemos Su presencia en nosotros mismos. Al olvidar todas nuestras percepciones erróneas, y al no permitir que nada del pasado nos detenga, podemos recordar a Dios. El aprendizaje no puede llevar más allá. Cuando estemos listos, Dios Mismo dará el último paso que nos conducirá de regreso a Él.[20]

GARY (continuado): Este es un muy buen resumen del Curso, ¡y está en el Prefacio! Recuerdo la primera vez que leí eso. Cuando dice que Dios mismo dará el último paso de nuestro retorno a Él, pensé que eso significaba que Él iba a matarme.

ARTEN: Ah, no. Recuerda, Dios te creó a ti, tú no lo creaste a Él. Por eso él da el último paso, lo cual, por supuesto, es una metáfora. Tú simplemente retomas donde lo dejaste —en realidad nunca te has ido—, con Él como Creador y tú como creador. Como dice el Curso: "...no se perdió ni una sola nota del himno celestial".[21] Pero Dios siempre será tu creador, y después tú creas de la misma forma que Él. La extensión infinita del amor perfecto no es algo que la mente finita pueda comprender, pero llegará el tiempo en que realmente lo experimentarás.

PURSAH: En cuanto a la parte del Prefacio que acabas de leer, me recuerda algo que queremos que tengas absolutamente claro. De principio a fin, en los 31 capítulos del Texto, en el Libro de ejercicios, en el Manual para el maestro, en la Clarificación de términos y en los anexos de Psicoterapia y El canto de la oración —todo lo que Helen canalizó de 1965 a 1977— el Curso es totalmente consistente y no hace ningún tipo de concesión. Hay algunos profesores que piensan que han encontrado la interpretación correcta del Curso, refiriéndose a su propia interpretación. No. La verdad es que *SOLO HAY UNA INTERPRETACIÓN POSIBLE DE UN CURSO DE MILAGROS*. Hemos estado dándotela desde que empezamos a presentarnos ante ti hace veinticinco años. También la has oído de la Escuela de Wapnick. Nosotros no hemos flaqueado, y estamos contentos de ver que tú tampoco.

GARY: Sí, pero nunca podrás impedir que algunas personas sean puntillosas a muerte con el Curso. He escuchado a algunos decir que no puedes confiar en el Curso porque se eliminó la palabra *ALMAS* en los primeros cinco capítulos, y esta palabra implica que las almas individuales fueron creadas por Dios.

ARTEN: Es cierto que no hay manera de detener a alguna gente, pero la palabra *ALMAS* fue usada temporalmente al principio del Curso, por deferencia hacia Helen, mientras ella volvía a acostumbrarse a canalizar; como sabes, había trabajado con J en otras vidas. La palabra estaba pensada para ser una metáfora que hace referencia a las mentes aparentemente divididas de la Filiación. Esas partes escindidas, o almas, son ilusorias, y así es como se usó la palabra.

Poco después, cuando Helen limpió las telarañas, la palabra dejó de usarse, y por eso J le instruyó que la eliminara. ¿Por qué confundir a la gente? Ya son lo suficientemente diestros en confundirse ellos mismos, como acabó demostrándose. La palabra Filiación y la descripción Hijos de Dios pronto empezaron a usarse en lugar de *ALMAS*, pero donde quiera que el Curso hace referencia a los Hijos de Dios, o a cualquier cosa que esté en plural —como cuando se refiere a aquellos que aún tienen que cambiar de mentalidad—, se trata de una metáfora. Está claro que el Curso dice que en realidad solo existe el Hijo *UNO* de Dios, que es Cristo: perfecta Unicidad e igual a Dios. Pero el ego hará cualquier cosa para aferrarse a la idea de individualidad y separación.

PURSAH: Quiero juntar un par de cosas con una idea de la que has hablado antes. Dijiste que estabas en el aeropuerto y que te sentías muy cansado. Entonces empezaste a darte cuenta de que no estabas cansado, sino que estabas teniendo un sueño de estar cansado. En verdad, como no eres un cuerpo, no puedes estar cansado. Solo la mente puede pensar que está cansada.

Procura aplicar esto a la enfermedad y al dolor. Como sabes por el Curso y por nuestros comentarios, toda enfermedad y dolor son de la mente, y toda sanación es también de la mente. El verdadero médico es la mente del paciente. Quiero que unas esto con algunas otras ideas del Curso que hemos venido empleando: (1) El cuerpo está fuera de ti y no es algo que deba preocuparte. Esto te retrae de la idea de que eres un cuerpo. (2) No reaccionarías en absoluto a las figuras del sueño si supieras que estás soñando. Quiero que tomes esta idea y que la apliques a tu *PROPIO* cuerpo. Una vez que te acostumbras a la idea de que los cuerpos que ves no son sino figuras oníricas que no tienes que dejar que te afecten, también quieres ir acostumbrándote a la idea de que tu propio cuerpo no es sino otra figura en el sueño, ¡y tampoco tienes que dejar que tu cuerpo te afecte! No tienes que reaccionar a tu propio cuerpo tal como no tienes que reaccionar a las figuras del sueño. (3) Eres totalmente inocente, están en casa con Dios, y Él te cuida para siempre. De modo que la próxima vez que te sientas cansado, enfermo, o que sientas dolor, recuerda estas tres ideas y júntalas.

GARY: Lo entiendo. Bueno, voy a parafrasearlo. (1) El cuerpo está fuera de mí y no debe preocuparme. No tiene nada que ver conmigo. (2) No reaccionaría en absoluto a una figura del sueño si supiera que estoy soñando. Entonces, ¿por qué reaccionar a mi propio cuerpo? No es quien yo soy. Yo no soy él. Solo es una figura en un sueño, y ahora que sé que estoy soñando, no tengo que dejar que me afecte. Si no soy un cuerpo, en realidad no estoy sintiendo dolor; solo estoy soñando que siento dolor. No tengo que hacerlo real. (3) En verdad, soy completamente inocente. Dios me ama y cuidará de mí eternamente.

PURSAH: Sí, y procura visualizarte estando fuera de tu cuerpo, como mente. Cuando haces eso, tu conciencia *(awareness)* es potencialmente ilimitada. La mente puede ir a cualquier parte y puede estar en cualquier parte; un cuerpo no.

GARY: Me gusta. Lo voy a hacer. Dime, ¿cómo curó J a los enfermos? Estás diciendo que lo hace la mente del paciente. Entonces, ¿cuál fue su parte en ello?

PURSAH: Él responde a tu pregunta en el Manual para el maestro, pero la mayoría de la gente no presta atención porque quieren ser grandes sanadores que practican la imposición de manos y reciben mucho reconocimiento. Encuentra "La función del Maestro de Dios" y lee el segundo y tercer párrafos. J sabe que la persona enferma, pensando que él o ella es culpable, ha elegido a nivel inconsciente estar enferma. Y lo que J describe en el Manual es la manera en que se acercó a los enfermos, en el nivel de la mente, hace dos mil años. Por supuesto que tienes que darte cuenta de que su conciencia *(awareness)* era total; podía unirse al enfermo a un nivel muy profundo, y el enfermo captaba desde dónde venía J aunque no se dijera nada. Cuando empiezas a leer, J está hablando de la persona que ha elegido estar enferma.

GARY: De acuerdo.

Los maestros de Dios van a estos pacientes representando otra alternativa que dichos pacientes habían olvidado. La simple presencia del maestro de Dios les sirve de recordatorio. Sus pensamientos piden el derecho de cuestionar lo que el paciente ha aceptado como verdadero. En cuanto que mensajeros de Dios, los maestros de Dios son los símbolos de la salvación. Le piden al paciente que perdone al Hijo de Dios en su Nombre. Representan la Alternativa. Con la Palabra de Dios en sus mentes, vienen como una bendición, no para curar a los enfermos sino para recordarles que hay un remedio que Dios les ha dado ya. No son sus manos las que curan. No son sus voces las que pronuncian la Palabra de Dios, sino que dan sencillamente lo que se les ha dado. Y exhortan dulcemente a sus hermanos a que se aparten de la muerte: "He aquí, Hijo de Dios, lo que la Vida te puede ofrecer. ¿Prefieres elegir la enfermedad en su lugar?"

Los maestros de Dios avanzados no toman en consideración, ni por un instante, las formas de enfermedad en las que sus hermanos creen. Hacerlo sería olvidar que todas ellas tienen el mismo propósito y que, por lo tanto, no son en modo alguno diferentes. Los maestros de Dios tratan de oír la Voz de Dios en ese hermano que se engaña a sí mismo hasta el punto de creer que el Hijo de Dios puede sufrir. Y le recuerdan que él no se hizo a sí mismo y que aún es tal como Dios lo creó. Los maestros de Dios reconocen que las ilusiones no pueden tener efectos. La verdad que se encuentra en sus mentes se extiende hasta la verdad que se encuentra en las mentes de sus hermanos, y de este modo no refuerzan sus ilusiones. Así éstas se llevan ante la verdad; la verdad no se lleva ante ellas. Y de esta manera se disipan, no por medio de la voluntad de otro, sino por medio de la única Voluntad que existe en unión Consigo Misma. Ésta es la función de los maestros de Dios: no ver voluntad alguna separada de la suya, ni la suya separada de la de Dios.[22]

PURSAH: La próxima vez que vayas a ver a alguien al hospital o que visites a un amigo que esté enfermo en su casa, antes lee esto. Te recordará la actitud del maestro de Dios avanzando.

GARY: Lo haré, y creo que entiendo lo que está diciendo. No estoy totalmente fuera de ello.

PURSAH: Tampoco entres completamente en ello. No trates de ser un gran sanador. Y si alguien se pone bien en tu presencia, no asumas ningún mérito por ello. Simplemente remíteles a la sección del Manual que acabas de leer.

ARTEN: Así, has aprendido del Curso que en tu estado actual eres una mente, y que tienes el poder de elegir. Y aquello en lo que elijas creer es lo que te afectará, y en último término determinará lo que crees ser. Nunca subestimes el poder de la mente. Mediante sus elecciones o bien permanecerás separado de tu Fuente en tu experiencia, y te sentirás como un ego entre egos, o regresarás a casa a tu Fuente en la gloriosa condición de la Unicidad, guiado hasta allí por el Espíritu Santo. Has aprendido del Curso que la *MENTE* es el agente activador del espíritu. Usa esta mente para ir en la dirección correcta con cada elección que hagas. Haciéndolo así podrás iluminarte en esta vida.

GARY: Me parece bien. Sabes, la mayor parte del tiempo he ido mejorando mi práctica del perdón. Es como cuando tocaba la guitarra: encontraba formas mejores de tocar simplemente haciéndolo. Lo mismo ocurre con el perdón. Cuanto más lo practicas, tanto más mejoras. Pero una de las cosas que me molesta es que, aunque llevo mucho tiempo practicándolo, de vez en cuando aún me cuesta mucho perdonar. Algunas cosas me pulsan la tecla. Y oí decir a Ken que él mismo se enfadaba de vez en cuando. ¿Acaba esto alguna vez?

ARTEN: Llega el momento en que sí, acaba. Acabó para Ken. Requiere mucha dedicación y práctica, y sentirás la frustración que antes has mencionado. Te preguntarás si alguna vez llegarás al punto en el que nada te moleste. Cuando eso ocurra, recuerda que no siempre puedes ver los resultados del perdón y la sanación, y que no puedes juzgar lo que no puedes ver. El Curso dice: "La función de los maestros de Dios no es evaluar el resultado de sus regalos. Su función es simplemente darlos".[23] Ten fe, y *LLEGARÁ* el momento en que la paz quede totalmente restaurada en tu mente, independientemente de lo que parezca suceder. Entre tanto, estás mejorando mucho. ¿No estás en paz la mayor parte del tiempo?

GARY: Es verdad. Me acuerdo de cómo era yo antes de que os aparecieseis ante mí por primera vez. Era cualquier cosa menos pacífico. Me preocupaba por *TODO*. Quiero decir que me preocupaba tanto que ni siquiera sabía que estaba preocupado. Simplemente pensaba que era lo normal. Aparte de mi hermano Paul, apenas había nadie con quien tuviera una relación pacífica y agradable. No podía conseguir que nada funcionara. Aunque entonces ya llevaba unos 15 años en el camino espiritual, mi vida seguía siendo un fastidio. Sí, era mucho mejor de lo que había sido antes de entrar en el camino espiritual, y eso te indica el fastidio que había sido anteriormente. Pero, como os he dicho antes, faltaba algo. Me impliqué tanto en las elecciones presidenciales de año 92 que casi caigo enfermo. No me sentía feliz en absoluto, y no tenía ni idea de qué hacer al respecto.

Entonces, recuerdo con claridad que tomé una decisión. Me dije a mí mismo: *QUIERO ELIMINAR EL CONFLICTO DE MI VIDA*. No tenía ni idea de las exigencias que esto supondría porque no sabía cuánto conflicto había en mi mente. Y no estoy culpando a nadie por cómo me sentía; era yo. Incluso entonces, gracias a *EST*, ya había aprendido que no soy una víctima. Sabía que no había ningún poder en serlo. Y tomé esa decisión. Creo que fue esa decisión la que condujo a que vosotros os presentarais ante mí. Tenía que estar preparado para escuchar lo que teníais que decir.

He cambiado tanto con el Curso y aplicando lo que me habéis enseñado que me olvido de cómo era antes. Como la mayoría de la gente, creo que siempre he sido así. Pero no es cierto. Cuando pienso en ello, veo que he cambiado enormemente. Ya no me preocupo de las cosas como antes. Ya no me importa tanto lo que la gente piense. Recuerdo que solía importarme mi aspecto. Ahora, ¿a quién le importa? En cualquier caso, todos vamos a estar muertos en unos pocos años. Perdonemos, sigamos adelante y pasémoslo bien.

Actualmente no puedo recordar a nadie con quien no tenga una relación perdonada. Y cuando viajo, dirigirme al público me resulta fácil. La primera vez que me puse de pie y hablé del Curso delante de un grupo de gente estaba aterrorizado. Después de cinco o seis veces y de mucho perdón, ya no me resultaba difícil. Era divertido. Actualmente, no me produce más estrés que lavarme los dientes.

Sin embargo, los viajes siguen siendo una oportunidad de perdonar. Cuando empecé a viajar estaban bien. En aquel tiempo las aerolíneas me trataban como a un cliente. Ahora me tratan como a un sospechoso. Y también lo hace la TSA (Administración para la seguridad en el transporte) aunque dispongo de un "número de viajero conocido", lo que les permite incluirme de forma automática en la pre-lista de embarque. Se supone que esto debería permitirme pasar más rápido por el control de seguridad, pero siguen tratándome como si hubiera algo malo en mí. Me pregunto si es por lo que he escrito. En cualquier caso, al menos ahora sé para qué es todo esto.

De modo que si me tomo el tiempo de pensar en ello, sí, todo es distinto de la primera vez que vinisteis a visitarme. Y puedo ver que el proceso se está acelerando. Me he hecho pequeñas heridas en un par de accidentes menores y eso debería haberme hecho sentir dolor, pero no lo sentí. Y pensé: ¡Qué raro! Esto debería doler. Mi cuerpo es más elástico y lo siento más ligero, aunque peso más que antes. Es una figura en un sueño. ¿Sabéis qué? Voy a empezar a sentirme más agradecido. Gracias. Me habéis dado todavía más en lo que pensar y con lo que trabajar.

PURSAH: Y gracias a ti, hermano. Ha sido una visita larga pero gratificante. Vamos a dejarte con una palabras de J. Volveremos para mantener un diálogo más, el último de esta serie. Hasta entonces, estate bien. Nuestro amor está contigo.

Tu relación con tu hermano ha sido extraída del mundo de las sombras, y su impío propósito conducido sano y salvo a través de las barreras de la culpabilidad, lavado en las aguas del perdón y depositado radiante en el mundo de la luz donde ha quedado firmemente enraizado. Desde allí te exhorta a que sigas el mismo camino que tu relación tomó, al haber sido elevada muy por encima de las tinieblas y depositada tiernamente ante las puertas del Cielo. El instante santo en el que tú y tu hermano os unisteis no es más que el mensajero del amor, el cual se envió desde más allá del perdón para recordarte lo que se encuentra allende el perdón. Sin embargo, es a través del perdón como todo ello se recordará.

Y cuando el recuerdo de Dios te haya llegado en el santo lugar del perdón, no recordarás nada más y la memoria será tan inútil como el aprendizaje, pues tu único propósito será crear. Mas no podrás saber esto hasta que toda percepción haya sido limpiada y purificada, y finalmente eliminada para siempre. El perdón deshace únicamente lo que no es verdad, despejando las sombras del mundo y conduciéndolo —sano y salvo dentro de su dulzura— al mundo luminoso de la nueva y diáfana percepción. Allí se encuentra tu propósito *AHORA*. Y es allí donde te aguarda la paz.[24]

Entonces Arten y Pursah desaparecieron, ya que tenían el hábito de hacerlo, pero yo supe que siempre estaban conmigo. Había sido un diálogo largo, pero me sentí renovado por su sabiduría y animado porque me habían asegurado que no tenía que esperar otra vida para iluminarme. Esta era una información nueva y bien recibida. Ahora bien, ¿podría hacerlo?

Determiné que la respuesta a esa pregunta era sí. Ahora podía ver que todo había ocurrido por una razón. Todo encajaba. El Espíritu Santo sabía muy bien lo que Él estaba haciendo, aunque yo no siempre supiera lo que estaba haciendo. Esta iba a ser mi última parada, la que acaba en Dios.

10
La escalera desaparece

El cuerpo se libera porque el cuerpo reconoce lo siguiente:
"Nadie me está haciendo esto a mí, sino que soy *yo* quien me
lo estoy haciendo a mí mismo". Y así, la mente queda libre
para llevar a cabo otra elección. A partir de ahí, la salvación
procederá a cambiar el rumbo de cada paso que jamás se haya
dado en el descenso hacia la separación, hasta que lo andado
se haya desandado, la escalera haya desaparecido y todos los
sueños del mundo hayan sido des-hechos.

UN CURSO DE MILAGROS[1]

En los dos meses que siguieron a la última aparición de mis
profesores favoritos sentí que mi mente se inundaba de visiones
de J y Buda, y de las vidas oníricas de las que había oído hablar
en las que ellos se conocieron. Pensé en Saka e Hiroji y en su
aprendizaje como shintos. Habiendo estado en Japón, casi podía
sentirlos en el campo, hablando con los animales a través de la

mente unificada, enfocándose en aprender la gran verdad. Ellos no creían en el sueño tanto como otros, y no se les negaría el conocimiento que los liberaría, independientemente de lo que eso exigiera o del tiempo que les llevara.

Podía ver y oír a Shao Li y a Wosan en China con Lao-Tsé, entendiendo las enseñanzas del taoísmo al mismo nivel que él, sintonizando la mente con la verdad no dualista y alejándola de los sueños de las sombras. Y en India, como los hindúes Harish y Padmaj, conociendo y sintiendo la verdad de Brahmán, y descartando la locura de maya, que significa magia.

En Grecia, con su profesor Platón, Ikaros y Takis aprendieron que la especulación filosófica puede estar bien para algunos, pero ellos solo se sentirían satisfechos experimentando una verdad permanente. Y al final, haber probado la realidad permanente condujo a Siddhartha y a su hijo Rahula a una realización sorprendente: que la Unicidad de Dios era la verdad gloriosa e inamovible que habían estado buscando en todo momento.

Mi corazón cantaba al saber de la alegría de Y'shua, María y Nadav, que vinieron conociendo en su interior la pura verdad no dualista, teniendo el conocimiento de Dios, viviendo en el tesoro inmortal del ser permanente.

Me pregunté cómo se habría sentido Valentino sabiendo que todo esto es un sueño, y si había descubierto con qué reemplazarlo. Debido a la destrucción causada por la iglesia, nunca llegaremos a saberlo. Como se me había dicho, desde J y Buda había habido otras personas que se habían iluminado. Es posible que el mundo no sepa sus nombres, pero la mayor parte del mundo solo sabe del mundo.

Apenas podía imaginarme lo que debía haber sido estar allí, en el primer grupo de estudio con Helen, Bill, Ken y Judy antes de que el Curso fuera publicado. Ese era un privilegio que yo nunca conocería, pero al menos me había hecho amigo de dos de ellos. Siempre me sentiría agradecido por su contribución de traer *Un curso de milagros* al mundo, y a Ken por negarse a hacer concesiones con respecto al inexorable mensaje de J de no dualismo puro.

Sentía una gran humildad ante todo lo aprendido de las vidas en las que J y Buda se habían conocido, y me preguntaba cómo podría parecerme alguna vez a estos genios espirituales de la iluminación y la salvación. Entonces recordé una línea de *Un curso de milagros* en la que no había pensado durante años. Dicha línea hablaba de Dios: "Sé humilde ante Él, y, sin embargo, grande en Él".[2] Me di cuenta de que J no quería que fuera humilde ante él, sino solo ante Dios. Nosotros éramos hermanos, y en el Curso no había ahorrado palabras para enseñarnos que todos somos iguales, excepto en el tiempo, y el tiempo no existe. Así, todos llegaremos inevitablemente a la misma conciencia de la que nunca nos hemos ido. Decidí seguir avanzando.

Durante un día de lluvia en el Sur de California, que me sorprendió que no fuera declarado vacacional en el estado, de repente mis profesores estaban conmigo.

ARTEN: ¿Cómo estás, hermano? Has estado procesando mucho.

GARY: Lo único que puedo hacer es expresar mi sorpresa y admiración. Hay mucho que integrar. He estado pensando en todo lo que me habéis enseñado, incluyendo lo de esta serie de visitas, y voy a tener que repasar mis notas unas cuantas veces y reflexionar todavía más.

PURSAH: Tómate tu tiempo, hermano. Tienes todo el tiempo del mundo, y además el tiempo no existe.

GARY: Sé que no debería sentirme fascinado por ninguna cosa del mundo, pero a veces creo que sería divertido tener el tipo de aventuras que J y Buda tuvieron en esos sueños suyos, exóticos y altamente educativos.

PURSAH: ¿Y qué te hace pensar que tú no los has tenido? Déjame que te explique algo. La mayoría de la gente —y esto te incluye— que parece estar en este planeta, excepto los recién llegados, han vivido *miles* de vidas oníricas aquí. Como media, en la ilusión lineal de tiempo y espacio, vuelves una o dos veces cada siglo.

GARY: Déjame ver. De modo que si vuelvo una media de dos veces por siglo durante los últimos cincuenta mil años, eso solo ya serían mil veces, ¿correcto?

PURSAH: ¡Correcto! Bien calculado. El punto relevante es el siguiente: tú y todas las personas que conoces habéis vivido todos los tipos de vidas, habéis sido todos los tipos de personas, lo habéis hecho todo, y habéis tenido *cada* tipo de experiencia que cualquier otra persona haya tenido nunca. No te has perdido nada; no hay nada por lo que no hayas pasado ya. ¿Crees realmente que las personas a las que has envidiado en esta vida están teniendo experiencias que tú no has tenido ya, o que son capaces de hacer cosas que tú no has hecho antes? Has estado en todas partes y lo has hecho todo. Has sido la persona más rica del mundo y la más pobre, la más famosa y la más desconocida, la víctima y el victimario, el rey y el prisionero, el hedonista y el célibe. Simplemente te olvidas, y eso teniendo en cuenta que recuerdas más que la mayoría de la gente.

Cierto, estas experiencias, que en realidad ocurrieron todas a la vez —solo que en realidad no ocurrieron—, parecerán distintas desde un tiempo y un lugar o desde otro, pero las *experiencias* son las mismas. Asimismo, tus lecciones pueden parecer distintas de una vida a otra, pero el *significado* es el mismo. De modo que no pierdas tiempo sintiéndote celoso de otros. Has estado allí y has hecho eso, tanto si lo recuerdas como si no. Y nada de ello te aportará felicidad duradera, pero perdonarlo sí que te la aportará.

Estás tan acostumbrado a creer lo que es visible para el ego que te has olvidado de qué es la realidad. Recuerda lo que J dice con respecto a esto:

Cuando hiciste que lo que no es verdad fuese visible, lo que *es* verdad se volvió invisible para ti. No obstante, de por sí no puede ser invisible, pues el Espíritu Santo lo ve con perfecta claridad. Es invisible para ti porque estás mirando a otra cosa. Mas no es a ti a quien le corresponde decidir lo que es visible y lo que es invisible, tal como tampoco te corresponde decidir lo que es la realidad. Lo que se puede ver es lo que el Espíritu Santo ve. La definición de la realidad es la que Dios provee, no la tuya. Él la creó, y, por lo tanto, sabe lo que es. Tú, que sabías lo que era, lo olvidaste, y si Él no te hubiese proporcionado la manera de recordar, te habrías condenado a ti mismo al olvido total.[3]

GARY: Eso es muy contundente. Y entiendo lo que dices de haberlo experimentado todo. Dices que hemos soñado miles de vidas, de modo que, en la ilusión, eso requeriría una enorme cantidad de tiempo, más que solo cincuenta mil años, ¿cierto?

ARTEN: Este planeta ha pasado por diferentes fases históricas en las que una civilización acaba destruyéndose a sí misma, y el progreso técnico, si realmente le puedes llamar progreso, se pierde. Por eso no sabes gran cosa de lo que ocurrió hace más de diez mil años. Lo que la gente llama la Atlántida y Lemuria solo son dos ejemplos de lo ocurrido anteriormente. Estuviste en esos lugares con algunas de las personas que conoces hoy.

Como te dijimos en la primera serie de visitas, los humanos han existido desde hace tiempo en otros planetas y algunos emigraron finalmente a la Tierra. De modo que tienes que tomar en consideración todas las vidas oníricas por las que tú y otros habéis pasado para llegar adonde ahora creéis estar, o, en tu caso, adonde creías que estabas. Te estás liberando, e incluso si no alcanzas la iluminación esta vez, solo vendrás una vez más.

GARY: No voy a volver otra vez. Y, hablando de la iluminación, me habéis contado algo de ella, pero no demasiado. ¿Os gustaría contarme un poco más sobre cómo es? Me daría algo a lo que aspirar.

ARTEN: A medida que te aproximas al momento de tu iluminación, la realidad del Cielo se convierte más en la norma para ti, y empiezas a sentir el mundo más distante. La experiencia de Revelación que has tenido se hará más común. En esa experiencia vives la realidad, que es inmutable y eterna. No puedes permanecer en ese estado todo el tiempo mientras aún estás aquí, o el cuerpo desaparecería. No es posible mantenerlo a menos que la mente se enfoque en él, al menos un poco. Pero en lugar de mantenerte en la puerta y ligeramente hacia fuera, estás mayormente fuera de la puerta y ligeramente hacia dentro.

Cuando vas haciendo tus actividades diarias, descubres que tu conciencia *(awareness)* ha aumentado. Te das cuenta de que las cosas que te muestran los ojos del cuerpo están en tu mente. Son imágenes que han sido hechas por tus pensamientos. No hay necesidad de preocuparse por las figuras del sueño. Ellas aprenderán la verdad tal como hiciste tú. Y ahora has aprendido que lo que solías pensar que era la culpa en los demás era tu propia culpa, vista fuera de ti, intentando volver a ti y destruirte. Y a veces lo consiguió.

A medida que tu conciencia *(awareness)* aumenta, puedes saber lo que piensa la gente. No escuchas necesariamente sus pensamientos exactos. Si oyeras todo lo que cada persona piensa, sería demasiado. Sería como una sobrecarga para el sistema. Eres capaz de distinguir cuál es su actitud y qué tipo de persona es, sin todos los detalles. Pero si QUISIERAS leer sus pensamientos exactos podrías hacerlo.

También te haces mucho más consciente del hecho de que lo que estás viendo es una proyección que viene de ti. El sueño está siendo proyectado desde tu mente, como una película, pero ahora puedes sentir, y a veces incluso ver, que el proyector eres tú. Una vez que llegas a ese punto el miedo es imposible, siempre que tengas en mente la realidad que está más allá del sueño. Hemos dicho repetidamente que tienes que saber con qué reemplazar la ilusión. Y cuanto más reemplaces lo falso con la verdad de Dios, más experimentarás que tú estás en Él.

La dicha de la iluminación está más allá de las palabras. Apenas notas tu cuerpo. Sí, cuidas de él y lo mantienes limpio, pero apenas comes nada. Bebes agua, pero no demasiada. Al final mismo, no necesitas alimento ni agua. Y cuando llegas al final, entonces, por definición, no vas a estar aquí mucho más.

Si tu cuerpo está enfermo, eso no te importa. A veces el guion pide que un maestro enseñe que él o ella no está en el cuerpo, y que demuestre que es posible vivir la muerte de un cuerpo aparentemente enfermo sin dolor, tal como J pareció morir en la cruz pero lo hizo sin dolor. Como maestro, podrías curar tu cuerpo con tu mente. Pero eliges no hacerlo, tal como J podría haberse ahorrado la cruz pero eligió no hacerlo, y de esta manera enseñó una lección importante.

Y entonces, en tu último acto como persona iluminada, llega el momento en el que dejas delicadamente el cuerpo a un lado por última vez. No importa la forma que la muerte parezca tomar. Para otra persona podría parecer una muerte terrible, pero, ¿cómo de terrible puede ser para ti si no sientes ningún dolor? Una vez más, de esto es de lo que J habla cuando dice que dejas el cuerpo a un lado delicadamente. Esto se hace en paz y sin dolor, y es una bendición. Entonces, la conciencia *(awareness)* de tu perfecta Unicidad con Dios que estabas experimentando la mayor parte del tiempo se convierte en tu experiencia permanente. Dios mismo da el último paso de tu retorno a Él. Esto está más allá de la comprensión humana. Todo lo que necesitas saber ahora mismo es que la verdad es inalterable, y tú también.

GARY: Eso es maravilloso. La grandeza de todo ello suena impresionante, y lo que parecemos estar experimentando aquí, en la vida de cada día, resulta muy limitado. Pasamos por todos esos momentos duros, como por ejemplo un divorcio, y resulta difícil imaginar que detrás de nuestras pequeñas vidas hay algo tan inexpresablemente alegre.

PURSAH: Lo importante es que uses la vida sabiamente. Y tal vez la grandeza de todo ello esté todavía más allá de lo que te imaginas. ¿Recuerdas el mensaje que Cindy y tú recibisteis de Karen y Steve?

GARY: Oh, Dios mío. Sí.

~~~~~~

NOTA: Después de mi divorcio de Karen, ella me envió un mensaje, era un poema de Suzanne Berry. Increíblemente, el primer marido de Cindy, Steve, de quien ella también se acababa de divorciar, le envió *EXACTAMENTE EL MISMO MENSAJE*. Cuando Cindy me lo mostró, no podía creérmelo. Tanto Karen como Steve se habían sentido conectados con las mismas palabras, profundas y significativas. Las mentes están unidas, y tanto Cindy como yo también pudimos identificarnos con el mensaje:

~~~~~~

Ojalá pudiera volver atrás en el tiempo... volver a esos
momentos puros de nuestra relación
antes de que el dolor llegara a tocar nuestros corazones,
antes de que la duda entrara en nuestras mentes.
Porque, si pudiera volver atrás
y empezar desde esos momentos una vez más,
te abrazaría durante más tiempo,
y nunca perdería la oportunidad de decirte
cuánto significas para mí...
Y nunca, jamás, te haría daño.
Pero sé que no podemos volver a esos días.
Sé que no puedo borrar los errores.
No puedo eliminar las preguntas que debes tener
ni el dolor que ambos sentimos.
Pero puedo asegurarte una cosa:
Te quiero
Como te quería entonces y como siempre te querré.[4]

GARY (continuado): Después de ver eso no pude decir nada. Incluso el amor especial de este mundo puede encontrar una expresión humilde y digna. Yo siempre querré a Karen, y sé que Cindy siempre querrá a Steve. Sin embargo, llegará el momento en nuestras relaciones en el que lo temporal será sustituido por lo permanente. Nadie se quedará fuera. Como J dijo una vez, hace mucho tiempo, el Cielo es como una boda, y todo el mundo está invitado.

ARTEN: Muy hermoso, hermano. Ninguno de vosotros sois pequeños. Lo que realmente sois es algo que no puede ser contenido por el universo de tiempo y espacio. No aceptes la evaluación que el ego hace de ti. Él no ve verdaderamente.

GARY: Sí, tengo que recordar que lo que realmente soy no tiene nada que ver con las mentiras que he estado pensando durante eones. Las personas, incluso los estudiantes del Curso, han tenido esta culpa desde siempre, y no es representativa de la verdad. Tengo que recordarme esto, y acordarme de deshacerlo.

ARTEN: Entonces recuerda estas palabras, Gary, y no temas vivir como si realmente las creyeras, porque el Espíritu Santo *sí QUE* ve verdaderamente:

Tú eres absolutamente irreemplazable en la Mente de Dios. Nadie más puede ocupar tu lugar en ella, y mientras lo dejes desocupado, tu eterno puesto aguardará simplemente tu regreso. Dios te recuerda esto a través de Su Voz, y Él Mismo mantiene a salvo tus extensiones dentro de Su Mente. Mas no las conocerás hasta que regreses a ellas. No puedes reemplazar al Reino, ni puedes reemplazarte a ti mismo. Dios, que conoce tu valía, no lo permitiría, y, por lo tanto, no puede suceder. Tu valía se encuentra en la Mente de Dios y, por consiguiente, no sólo en la tuya. Aceptarte a ti mismo tal como Dios te creó no puede ser arrogancia porque es la negación de la arrogancia. Aceptar tu pequeñez *ES* arrogancia porque significa que crees que tu evaluación de ti mismo es más acertada que la de Dios.

Sin embargo, si la verdad es indivisible, tu evaluación de ti mismo tiene que *SER* la misma que la de Dios. Tú no estableciste tu valía, y ésta no necesita defensa. Nada puede atacarla ni prevalecer contra ella. No varía. Simplemente *ES*. Pregúntale al Espíritu Santo cuál es tu valía y Él te lo dirá, pero no tengas miedo de Su respuesta, pues procede de Dios. Es una respuesta exaltada por razón de su Origen, y como el Origen es verdad, la respuesta lo es también.[5]

273

GARY: Me encanta. Verdaderamente necesito los recordatorios para seguir adelante. Y ya sé que habéis dicho que este sería el último comentario de esta serie de visitas. ¿Creéis que habrá otra serie?

ARTEN: ¿Por qué no tratas de digerir esta primero? Creo que a estas alturas ya sabes que la razón por la que seguimos apareciéndonos ante ti es que el deshacimiento del ego es un proceso, y, a medida que avanzas, vas captando el Curso a niveles cada vez más profundos. Las comprensiones siguen llegando a ti a medida que el ego sigue yéndose de ti.

GARY: Genial. De modo que seguiré deshaciendo el ego con el poder de elección de la mente. Pero, ¿sabéis? Algunos estudiantes del Curso, o personas que creen ser estudiantes del Curso, están diciendo que tienes que olvidarte de la mente y pensar con el corazón. Dicen que solo puedes tener amor si piensas con el corazón. Ya sabes, el "corazón de la conciencia *(consciousness)* Crística", y todo eso.

PURSAH: Detesto decepcionarles, pero no puedes pensar con el corazón. Tu corazón forma parte del cuerpo. No tiene un pequeño cerebro dentro. Y el cerebro también forma parte del cuerpo. La mente no es el cerebro. El cerebro está en la mente. ¿Te acuerdas de Georg Groddeck? Y recuerda, no hay una "e" al final de Georg.

GARY: Claro. Él sanó a Mary Baker Eddy, la fundadora de la Ciencia Cristiana.

PURSAH: Él fue el facilitador de la curación. La mente de Mary fue la sanadora. Finalmente ella tuvo una recaída, pero las semillas estaban sembradas, y ella siguió adelante y ayudó a muchos. Y Groddeck fue un visionario, un verdadero pionero de la mente. Él comprendió que toda enfermedad es de la mente, al igual que toda sanación. A propósito, Mary dijo y escribió muchas cosas interesantes.

GARY: Una de mis favoritas es: "La Verdad es inmortal; el error es mortal".

PURSAH: Sí, y, a propósito, entendemos que la gente que hace énfasis en el corazón está hablando del amor, y no hay nada malo en hablar de él. Pero no encontrarás amor real y permanente hablando de él, o intentando ser más amoroso, o incluso tratando de emular a J. Encontrarás el amor deshaciendo las barreras que le pones. Deberías seguir tratando de perdonar cualquier cosa que hayas interpuesto entre tú y tu verdadera naturaleza. El ego es una formidable ilusión. Es como una máquina. Sigue persistiendo, y por eso tienes que mantenerte vigilante. Recuerda siempre esta cita vital del Curso:

> Tu tarea no es ir en busca del amor, sino simplemente buscar y encontrar todas las barreras dentro de ti que has levantado contra él. No es necesario que busques lo que es verdad, pero sí ES necesario que busques todo lo que es falso. [6]

GARY: De modo que siempre volvemos al hecho de que la salvación es un deshacer, y el perdón es la manera de deshacer el ego. De esta manera el amor, que es lo que eres, estará allí de forma natural. Pero no puedes saltarte la parte del deshacimiento, o tu amor será temporal, mezclado con el ego, y tu mente será una mezcolanza. Sin la sanación completa del Espíritu Santo, te quedarás atascado en el planeta psicótico para siempre.

ARTEN: Sí, o un facsímil razonable de lo anterior. Tanto si es en este planeta como en otro, solo cambia la forma. El contenido sigue siendo el mismo. ¿Has hablado del Curso en 30 países y 44 estados de Estados Unidos? Además de la emoción que te ha producido el haberlo hecho, ¿no te has dado cuenta de que las personas son básicamente iguales en todas partes?

GARY: Sí, eso es cierto. Vas a China y te hacen el mismo tipo de preguntas que en cualquier otro lugar. Un tipo levanta la mano y quiere saber cómo puede llevarse bien con su suegra.

ARTEN: Y tú conoces el Curso lo suficientemente bien como para darle una respuesta.

GARY: El Espíritu Santo conoce el Curso lo suficientemente bien como para darle una respuesta. Y hablando del Espíritu Santo, recuerdo la historia del teniente coronel Stanislav Petrov, de la Unión

Soviética, que salvó al mundo de la aniquilación nuclear en el año 83, y estoy contento de que haya recibido cierto reconocimiento por eso, puesto que me hablasteis de él en los años 90. Pero esto hace que me pregunte: decís que él escuchó al Espíritu Santo para tomar la decisión de no lanzar los misiles nucleares. ¿Interviene el Espíritu Santo con frecuencia en las situaciones del mundo?

ARTEN: Lo que el Espíritu Santo hace es hablar a todo el mundo a través de la parte recta de la mente. Por supuesto, la persona tiene que estar dispuesta a escuchar. La mente de Adolf Hitler estaba influida por el ego en un 99 por ciento, y él no escuchaba al Espíritu Santo. No tenía esa disposición. Todo el mundo tiene al menos un 1 por ciento de Espíritu, incluso el Presidente Mao, que mató a muchas más personas que Hitler. Esto se debe a que no puedes destruir la verdad, solo puedes taparla. Por otra parte, tienes a alguien como Gandhi, con un mente influenciada por el Espíritu en un 99 por ciento; él estaba más que dispuesto a escuchar.

Debido a la dualidad, parece razonable afirmar que mucha gente está en la banda del 50-50. Tienen una oportunidad, pero tienen que tomar la decisión de escuchar. Si escuchan, se vuelven más como Gandhi. Esto solo es un ejemplo, por supuesto. Tú no tienes que influir en los asuntos mundiales tal como hizo Gandhi. Pero si te sientes guiado por el Espíritu a hacerlo, entonces ve a por ello. Lo importante es que la mente se mueva en la dirección correcta. Que se esté haciendo más pacífica, pues la paz es la condición del Reino.

PURSAH: A lo largo de los eones, la gente se ha sentido fascinada por la lucha entre el bien y el mal, entre lo que ellos percibían como Dios y el diablo. Bueno, esta es una de las cosas que el Curso dice sobre el diablo:

> La mente puede hacer que la creencia en la separación sea muy real y aterradora, y esta creencia es lo que *ES* el "diablo". Es una idea poderosa, dinámica y destructiva que está en clara oposición a Dios debido a que literalmente niega Su Paternidad. Examina tu

vida y observa lo que el diablo ha hecho. Pero date cuenta de que eso que ha hecho se desvanecerá completamente a la luz de la verdad, ya que su cimiento es una mentira.[7]

De modo que en realidad el diablo es la separación, y la creencia de la mente en ella. Después de todo, ¿qué es la guerra sino separación? ¿Qué es la proyección, el culpar a la gente, las inquisiciones, la tortura y el castigo sino separación? ¿Qué es toda la violencia y el terrorismo? ¿Cómo puedes tener juicios, y todas sus tragedias, sin separación? Se puede culpar al diablo, pero la creencia en la aparente separación de Dios y los interminables símbolos que la acompañan siempre serán la causa.

Todos los dolores de tu vida están causados por algún tipo de juicio, que hace que la creencia en la separación sea real, pero dentro de ti tienes la posibilidad de acabar con todo el sufrimiento mediante el perdón, y de disolver el sistema de pensamiento del ego. El diablo desaparece junto con él, porque son uno y el mismo.

ARTEN: Todo cambia con el Espíritu Santo. Si entregas las tareas de tu vida al Espíritu Santo, eso es una entrega espiritual. Has mencionado la película de Matt Damon. Aunque no se dice verbalmente, en la película está claro que su don psíquico acaba transformándose en una herramienta usada por el Espíritu Santo para Sus propósitos, en lugar de para el propósito de separación del ego. Esta idea está en bella armonía con lo que dice el Curso sobre las personas que tienen este don:

Cualquier capacidad que alguien desarrolle tiene el potencial de hacer bien. En esto no hay excepciones. Y cuanto más insólito e inesperado sea el poder, mayor será su potencial para ayudar. La salvación tiene necesidad de todas las capacidades, pues lo que el mundo quiere destruir, el Espíritu Santo lo quiere restaurar. Se han usado las facultades "psíquicas" para invocar al demonio, lo cual no hace otra cosa que reforzar al ego. Mas estas facultades pueden ser también un canal de esperanza y curación si se ponen al servicio del Espíritu Santo. Aquellos que han desarrollado poderes "psíquicos" no han hecho sino permitir que se erradiquen de sus mentes algunas de las limitaciones que ellos mismos les habían impuesto. Si utilizan esta mayor libertad para aprisionarse aún más, no hacen sino imponerse mayores limitaciones. El Espíritu Santo tiene necesidad de esos dones, y quienes se los ofrecen a Él y sólo a Él caminan con la gratitud de Cristo en sus corazones y con Su santa visión siguiéndoles muy de cerca.[8]

PURSAH: Recuerda, el Espíritu Santo sabe que tu valía fue establecida por Dios, no por el mundo. En esto, todos sois iguales. La próxima vez que sientas la tentación de atacarte a ti mismo, de sentirte indigno, o descorazonado, acuérdate de nosotros, acuérdate de J, acuérdate del Espíritu Santo, y recuerda a Dios. Una vez que alcanzas el nivel del Espíritu, todos somos el Espíritu Santo, porque somos la verdad. No puedes ganar con las mentiras del ego, pero no puedes perder con la verdad del Espíritu Santo.

ARTEN: Cuando trabajas con nosotros, estás ayudando a descubrir el amor, que es el Espíritu que existe en la mente de cada uno. Hay una similitud entre el amor y el Reino de los Cielos sobre la que deberías reflexionar. Responde a esta pregunta honestamente: ¿Qué es lo más real que tienes en tu vida? ¿Qué significa más para ti?

GARY: Bueno, lo más real que tengo en mi vida es mi experiencia, y la experiencia más real que tengo es el amor.

ARTEN: ¡Sí! ¿Y no te parece interesante que la cosa más real de tu vida sea algo invisible, algo que no puedes ver? No puedes ver el amor. Sí, puedes ver el amor en acción, pero no puedes ver el amor en sí.

Ahora bien, ¿puedes ver el Reino de los Cielos? No. No puede ser visto con los ojos del cuerpo. Sí, puedes ver símbolos de él brevemente, pero no puedes ver el Reino. ¿No te parece interesante que la cosa más real que puedes tener en tu conciencia *(awareness)* sea algo que no puedes ver?

Haz el trabajo para retirar las anteojeras que te impiden ver lo que no puede ser visto. Como sabes, el Reino de los Cielos *PUEDE* ser experimentado. Y es esta experiencia la que te da un vislumbre de la verdad que nunca olvidarás, haciendo imposible que puedas volver a creer plenamente en el ego.

PURSAH: Cuando Helen Schucman conoció a Ken Wapnick por primera vez, Bill Thetford ya le había dicho que Ken era un hombre muy interesante. Ella dio a Ken dos secciones del Texto del Curso para que las leyera. Después de leerlas Ken supo que el Curso sería el trabajo de su vida. Tenía la intención de irse a vivir a un monasterio, pero el simple hecho de leer dos secciones del Curso le cambió la vida. Las dos secciones eran "Pues ellos han llegado", que contiene muchas metáforas preciosas, y "Elige de nuevo", que expresa plenamente el contenido del Texto, como el final de una gran sinfonía. Voy a recitar para ti una parte de "Pues ellos han llegado". Tal vez entenderás por qué significaba tanto para Ken, y por qué continuó dedicando su vida al Curso.

GARY: ¿De modo que esta fue la primera parte del Curso que Ken leyó?

PURSAH: Sí. Habla de los que han oído la Llamada a despertar y están redimiendo el mundo con su Santa Visión:

La sangre del odio desaparece permitiendo así que la hierba vuelva a crecer con fresco verdor, y que la blancura de todas las flores resplandezca bajo el cálido sol de verano. Lo que antes era un lugar de muerte ha pasado a ser ahora un templo viviente en un mundo de luz. Y todo por Ellos. Es Su Presencia la que ha elevado nuevamente a la santidad para que ocupe su lugar ancestral en un trono ancestral. Y debido a Ellos los milagros han brotado en forma de hierba y flores sobre el terreno yermo que el odio había calcinado y dejado estéril. Lo que el odio engendró Ellos lo han des-hecho. Y ahora te encuentras en tierra tan santa que el Cielo se inclina para unirse a ella y hacerla semejante a él. La sombra de un viejo odio ya no existe, y toda desolación y aridez ha desaparecido para siempre de la tierra a la que Ellos han venido.

¿Qué son cien años para Ellos, o mil, o cientos de miles? Cuando Ellos llegan, el propósito del tiempo se consuma. Lo que nunca tuvo lugar desaparece en la nada cuando Ellos llegan. Lo que el odio reivindicaba se entrega ahora al amor, y la libertad ilumina toda cosa viviente y la eleva hasta el Cielo, donde las luces se encienden con mayor fulgor a medida que cada una vuelve al hogar. Lo incompleto se vuelve completo de nuevo, y el gozo del Cielo aumenta porque lo que era suyo le ha sido restituido. La tierra ha quedado limpia de toda mancha de sangre, y los dementes se han desprendido de sus vestimentas de demencia para unirse a Ellos en el lugar donde tú te encuentras.

El Cielo se siente agradecido por este regalo que por tanto tiempo le había sido negado. Pues Ellos han venido a congregar a los Suyos. Lo que se había clausurado se abre; lo que se mantenía oculto de la luz se le entrega a ésta para que pueda iluminarlo sin dejar ningún espacio o distancia entre la luz del Cielo y el mundo.

El más santo de todos los lugares de la tierra es aquel donde un viejo odio se ha convertido en un amor presente. Y Ellos acuden sin demora al templo viviente, donde se les ha preparado un hogar. No hay un lugar en el Cielo que sea más santo. Y Ellos han venido a morar en el templo que se les ha ofrecido para que sea Su lugar de reposo, así como el tuyo. Lo que el odio le ha entregado al amor, se convierte en la luz más brillante de todo el resplandor del Cielo. Y el fulgor de todas las luces celestiales cobra mayor intensidad, como muestra de gratitud por lo que se les ha restituido.[9]

GARY: Gracias, Pursah. Es precioso. Sé que hay mucha metáfora en eso, pero me recuerda cómo acabará el mundo.

PURSAH: Sí, pero no te olvides de lo básico. El Curso dice:

El mundo acabará cuando su sistema de pensamiento se haya invertido completamente. Hasta entonces, algunos fragmentos de su mentalidad darán todavía la impresión de tener sentido. La lección final —que trae consigo el fin del mundo— no puede ser captada por aquellos que aún no están preparados para abandonar el mundo e ir más allá de su limitado alcance.[10]

GARY: Yo estoy preparado para ir más allá de su limitado alcance.

PURSAH: ¡Ya lo has hecho! Eres un hombre salvajemente metafísico. Es divertido trabajar contigo, hermano. Puedes captar que el sistema de pensamiento del mundo tiene que ser invertido COMPLETAMENTE. No puedes dar tu fe ni siquiera a una ilusión. O bien todas son verdad o todas son falsas.

ARTEN: Está llegando la hora de cerrar los diálogos de esta serie de visitas. No hay prisa por absorber todo lo que hemos hablado. Vuelve a leer tus notas. Ya sabes que el Curso necesita repetirse para ser entendido, y que cualquier nueva comprensión debe ser aplicada con constancia para que haga su labor de permitir que el Espíritu Santo sane el inconsciente.

Vamos a dejar en tus manos que nos llames si nos necesitas. Nunca te dejaremos desconsolado, como tampoco lo haría J. Si llega el momento de que se requiera otra serie de visitas, cuando eso ocurra estaremos aquí para ti. De no ser así, siempre estaremos en tu mente como el Espíritu Santo. Te queremos, y estaremos juntos para siempre en Dios.

GARY: Muchas gracias, Arten. Y a ti también, Pursah. Os quiero a los dos. Las palabras nunca podrán expresar lo agradecido que me siento. Pero creo que lo sabéis. Lo sabéis todo. Y, a propósito, os perdono por una decisión que habéis mantenido desde el comienzo de nuestros encuentros. Me dijisteis que no me ibais a contar mucho sobre mi futuro personal, porque no queríais privarme de mis oportunidades de perdonar. Al principio eso no me gustó, pero ahora puedo ver que ha sido para bien. Mis lecciones de perdón no habrían tenido el mismo impacto si hubiera sabido lo que me iba a ocurrir. Supongo que el Espíritu Santo verdaderamente sabe qué es lo mejor. Os habéis ganado mi confianza.

ARTEN: La escalera de la iluminación será ascendida de manera sostenida por aquellos que estén dispuestos a escuchar al Espíritu Santo. J promete que tendréis éxito.

La escalera ha llegado muy alto. Ya casi estás en el Cielo. Es muy poco lo que queda por aprender antes de que la jornada finalice. Ahora puedes decir a todo aquel que venga a unirse a ti en oración: *NO PUEDO IR SIN TI, PUES ERES PARTE DE MÍ*. Y así es en verdad.[11]

PURSAH: A medida que tu viaje llega a su fin, sientes una omniabarcante gratitud hacia Dios, a quien reconoces como tu creador y la única realidad:

Este es el final de la escalera, pues ya no hay nada más que aprender. Ahora te encuentras ante el umbral del Cielo, con tu hermano a tu lado. Los jardines son amplios y serenos, pues ahí el lugar señalado para el momento en que debías venir ha estado esperando por ti desde hace mucho. Ahí finaliza el tiempo para siempre. En ese umbral la eternidad se une a ti.[12]

Gary, te pedimos que te unas a nosotros al nivel de la mente y que te hagas Uno con nosotros en Dios. El Espíritu no conoce la separación, y nosotros seremos plenos para siempre. Oye esta oración antes de que no haya oídos con los que oírla, porque todo lo que es visible pronto desaparecerá:

Estamos eternamente agradecidos por la naturaleza inmortal e indestructible de nuestro ser. El miedo no puede entrar en una mente que es solo Espíritu. Todos los antiguos pensamientos desaparecen, porque no hay mundo que recordar, ni queda nada que perdonar. Nos elevamos más allá de las limitaciones del pensamiento finito. La alegría es inimaginable. El amor, inexpresable. Nunca ha habido tal plenitud. Nada queda fuera, porque todos y todas las cosas que parecían viajar por el mundo de las ilusiones han despertado.
Nuestro hogar es perfecto, porque nunca nos hemos ido. La canción celestial nunca se ha detenido. La pequeña brecha que nunca estuvo allí hace ya mucho que sanó y ha desaparecido. No existen opuestos que oculten la verdad. Aquí somos cuida-

dos para siempre. Solo la abundancia, la belleza y la vida abundan. No hay culpa ni perdón, porque los inocentes no los necesitan. Hemos tomado las decisiones que nos han llevado a seguir la buena dirección, donde no podemos evitar estar una vez más en nuestro legítimo lugar. Nuestro Padre está complacido; Él sabe que Su Propia voluntad siempre está dentro de Él.

Dios, Cristo, Espíritu: estas son palabras que no tienen significado aquí. En la perfección no quedan distinciones. La santidad de nuestro amor es lo único que hay.

El tiempo ha desaparecido. Hemos retornado a nuestro legítimo lugar. Y así desaparecemos en el Corazón de Dios.

Índice de referencias

Todas las citas de *Un curso de milagros*© están tomadas de la edición realizada por la Fundación para la Paz Interior, publicada en 1992 y de Anexo a Un curso de milagros, publicado por El Grano de Mostaza Ediciones. Se han usado con permiso del editor y propietario de los derechos, Foundation for Inner Peace, P.O. Box 598, Mill Valley, CA 94942-0598, www.acim.org e info@ acim.org y de El Grano de Mostaza Ediciones.

En el índice que sigue, por favor sigue los ejemplos siguientes para correlacionar las referencias con el sistema de numeración usado en *Un curso de milagros*.

T-26.IV.4:7. = Texto, Capítulo 26, Sección IV, Párrafo 4, Frase 7.

L-p1.169.5:2. = Libro de ejercicios, Primera Parte, Lección 169, Párrafo 5, Frase 2.

M-13.3:2. = Manual, Pregunta 13, Párrafo 3, Frase 2.

C-6.4:6 = Clarificación de términos, Término 6, Párrafo 4, Frase 6.

P-2.VI.5:1. = Psicoterapia, Capítulo 2, Sección 6, Párrafo 5, Frase 1.

S-1.V.4:3. = El canto de la oración, Capítulo 1, Sección 5, Párrafo 4, Frase 3.

Una nota del autor sobre *Un curso de milagros*: lo que enseña y su relevancia para Jesús y Buda. 1. T-1.VI.2:1. 2. Introducción.
3. Introducción. 4. M-21.1:9-10. 5. T-31.VI.2:1. 6. L-pl.201.h.
T-10.1.2:1. 8. L-pl.158.4:5. 9. T-18.II.5:12. 10. Introducción. 11.
T-6.II.6:1. 12. L-pl.169.12:1. 13. M-28.2:2. 14. T-5.II.h 15. T-20.
VIII.7:3-5. 16. C-1.1:1. 17. T-I.I.29:3.Principio 29. 18. T-22.II.10:1.
19. T-I.I.5:1. 20. T-2.II.I:11-12. 21. L-pl.132.6:2-3. 22. T-12.III.1:1-
3. 23. L-pl.201.h. 24. T-8.III.4:2. 25. T-6.II.12:5. 26. T-31.VIII.6:5.
27. T-21.in.1:5 28. T-23.III.6:1. 29. T-1.II.3:10. 30. T-3.IV.7:12. 31.
T-31.VIII.1:5. 32. T-31.VIII.9:1-3.

1: La escalera a la iluminación. 1. T -28.III.1:1-2. 2. T-6:V.C.2:8. 3.
T-27.VIII.3:1. 4. T-31.VIII.3:1. 5. T-27.VIII.6:1-5.

2: Del sintoísmo a Lao-Tsé: primeras experiencias cumbre. 1.
Kerouac: Selected Letters: Volume 2: 1957-1969. 2. T-31.VIII.9:2.

3: Una vida como hindúes. 1. T-18.VII.5:7. 2. T-18.VII.5:7-7:3.
T-18.VII.7:7-8:3. 4. M-27.7:3.

4: Platón y sus amigos. 1. Platón, en TIMEO, 27d. 2. T-20.
III.9:1-2.

5: Siddhartha y su hijo. 1. M-4, 1.A.6:11.

6: Las últimas vidas de J y Buddha. 1. T-6.V.C.2:8.

7: Gnosticismo. 1. El Evangelio de la Verdad, 1.22.12-21,
en THE NAG HAMMADI LIBRARY, página 40, editado por James M. Robinson, publicado por Harper Collins. 2. Ibid.,
28. 30-32. 3, página 43. Ambos usados por el doctor
Kenneth Wapnick en su libro, LOVE DOES NOT CONDEMN:
THE WORLD, THE FLESH, AND THE DEVIL ACCORDING TO PLATO-
NISM, CHRISTIANITY, GNOSTICISM, AND A Course in Miracles,
páginas 251-252. 3. C-1.1:1, en El manual para el maestro.
4. M-4.I.A.6.4-5.

**8: J canalizado, 1965–1977: Esta vez la verdad no será en-
terrada.** 1. L-p1.200.5:1-2. 2. T-18.II.6:1. 3. T-13.VII.17:7. 4.
T-18.II.5:12-14. 5. T-27.VII.8:1-3. 6. T-10.I.2:1. 7. M-12.6:6-
9. 8. Introducción.6-7. 9. T-27.VII.13:1-5. 10. T-27.VII.14:1-
8. 11. T-28.II.7:1. 12. T-19.II.6:7-8. 13. L-p1.182.1:1-6.
14. T-20.VIII.7:3-5. 15. T-27.VIII.10:1-6. 16. T-17.I.5:4-5.

17. T-20.IV.1:1. 18. T.30.VI.1:1. 19. T-8.VI.9:8-11. 20. T-5.I.5:1-7. 21. T-9.III.I:1-8:11. 22. T-9.IV.4:1-6. 23. T-9.V.6:3. 24. T2.V.A.11:3. 25. T-1.III.7:1. 26. T-3.IV.7:12. 27. L-pII.361-365.h. 28. T-29.VII.1:1-3. 29. L-pII.I.4:4. 30. L-pII.I.I:1-4. 31. T-8.III.4:2. 32. T-8.III.4:5. 33. T-3.VI.5.5:7. 34. T-16.III.7:7-8. 35. T16.V.14:1-2. 36. L-pl.134.6:I-10:4.

9: La importancia de la mente. 1. T-4.IV.8:3-4. 2. L-p1.155.1:1-5. 3. L-p1.132.6:2. 4. L-p1.186.14:2. 5. L-p1.188.1:5. 6. L-p1.189.1:1-2. 7. L-pII.3.1.4. 8. T-31. VIII.6:5. 9. M.26.2:7-9. 10. S-2.II.1:1. 11. M.in.2:1. 12. T-16. VII.3:2. 13. T-6.II.6:1. 14. L-p1.23.2:2. 15. T-31.VII.15:5-7. 16. S-3.II.3:1. 17. S-3.II.3:4. 18. T-26.VII.4:7. 19. T-26.VII.3:1-2. 20. Prefacio. xvi. 21. T-26.V.5:4. 22. M-5.III.2:11-3:9. 23. M-6.3:1-2. 24. T-18.IX.13:1-14:5.

10: La escalera desaparece. 1. T-28.II.12:5-7. 2. T-15.IV.3:1. 3. T-12.VIII.3:1-8. 4. Suzanne Berry. 5. T-9.VIII.10:1-11:7. 6. T-16.IV.6:1-2. 7. T-3.VII.5:1-4. 8. M-25.6:1-9. 9. T-26.IX.3:1-6:6. 10. M-14.4:1-3. 11. S-1.V.3:5-10. 12. S-1.V.4:1-5.

Sobre *Un curso de milagros*

El volumen combinado,[*] la tercera edición de *Un curso de milagros*, es la única edición que contiene en un único lugar todos los escritos que la doctora Helen Schucman, su escriba, autorizó que se imprimieran. Está publicado únicamente por la Fundación para la Paz Interior, la organización elegida por la doctora Schucman en 1975 para este propósito. Este volumen combinado también incluye los anexos del Curso: Psicoterapia: propósito, proceso y práctica y El canto de la oración. Estas secciones son extensiones de los principios del Curso, que fueron dictadas a la doctora Schucman poco después de que completara *Un curso de milagros*.

---

[*] El autor se refiere aquí a la edición inglesa de 2007. (N. del t.)

Sobre el autor

Gary R. Renard vivió un poderoso despertar espiritual a comienzos de la década de los 90. Tal como le instruyeron sus dos maestros ascendidos, Arten y Pursah, que se le aparecieron en carne y hueso, escribió su primer libro *La desaparición del universo* —que fue un éxito de ventas— a lo largo de un periodo de nueve años. Posteriormente fue guiado a hablar en público, y ha sido descrito como uno de los oradores sobre temas espirituales más interesantes y valientes del mundo. Los dos libros siguientes de Gary: *Tu realidad inmortal* y *El amor no ha olvidado a nadie,* también fueron éxitos de ventas.

A lo largo de los últimos 14 años Gary ha dado conferencias en 44 estados de Estados Unidos y en 30 países del mundo, y ha sido el orador principal en numerosos congresos de *Un curso de milagros*. También ha recibido el Premio Infinity Foundation Spirit Award, concedido a quienes hacen una contribución significativa al crecimiento personal y espiritual. Entre los últimos galardonados se encuentran Dan Millman, Ram Dass, Gary Zukav, James Redfield, Byron Katie, y Neale Donald Walsh.

Más recientemente Gary ha estado ocupado enseñando (y a veces introduciendo) *Un curso de milagros* mediante conferencias y talleres en todo el mundo. Ha hecho cientos de entrevistas de radio y por escrito, ha participado en nueve documentales, ha realizado 60 grabaciones de audio con Gene Bogart, y colgado docenas de vídeos en YouTube, ha creado tres CD de audio para Sounds True (uno de los cuales contiene siete horas de material sin editar), ha hecho un CD de música y otro de meditación con Cindy Lora-Renard, ha filmado varios DVD, y está desarrollando una serie de televisión basada en sus libros. También ha escrito los prólogos de siete libros, ha respondido a decenas de miles de emails, ha desarrollado el mayor grupo de estudio de *Un curso de milagros* en el mundo (D.U. Discussion Group en Yahoo), y sus libros se han publicado en 22 idiomas. Para el creciente número de sus lectores fieles, Gary es la persona a la que acudir cuando se trata de acceder a la espiritualidad más vanguardista. Página web: www.GaryRenard.com.